좌파정권은 왜 국정원을 무력화 시켰을까

좌파정권은
왜
국정원을
무력화 시켰을까

이병호 저

기파랑

머리말

국정원은 최고의 적폐청산 사냥터였다.

350명 넘는 전·현 직원이 검찰 조사를 받았고 국정원장 3명을 포함해 46명의 직원들이 감옥에 갔다. 국정원은 그렇게 범죄 소굴 같은 오명의 이미지를 뒤집어썼고 세상에서 가장 불쌍한 정보기관이 되었다.

국정원 직원은 자신의 직무 경험을 평생 함구(緘口)하는 침묵의 직업윤리를 지녔다. 나는 감옥에 갇혀 있으면서 이 침묵의 윤리를 깨고 국정원에 대한 부당한 박해를 항변 해야겠다고 생각했다.

국정원은 그렇게 많은 직원들이 한꺼번에 검찰 조사를 받고 형사 처벌 받아야 할 정도로 나쁜 짓을 저지르는 몹쓸 정보기관이 결코 아니다. 국가안보를 책임지는 다른 나라 정보기관에 비해서도 결코 부끄럽지 않은 정보기관이다. 어느 정부 부처보다 더 애국적인 직원들이 매일 밤을 낮 삼아 국가안보를 위해 헌신하고 있는 조직이다. 이것이 평생을 정보 관리로 살면서 내가 경험한 국정원의 참모습이고 진실된 나의 증언이다.

국정원은 적폐 청산으로 상상을 초월하는 큰 상처를 입었다. 통상적인 정보 업무로 여겼던 일이 어느 날 갑자기 범죄로 둔갑하고, 자신들의 지휘관인 국정원장을 비롯해 동료, 선후배들이 형사 처벌을 받는 것을 보고 국정원 직원 모두 망연자실했다. 모두 의기소침해졌고 국정원 직원으로서 긍지와 자존감, 활력을 잃었다. 정보기관다운 영혼(spirit)을 다친 것이다.

이런 내상(內傷)을 입은 국정원은 국가안보의 중추인 국가 정보기관의 소명을 감당할 수 없다. 당연히, 국정원을 이처럼 멍든 상태로 그냥 놓아 둘 수는 없다. 정권이 교체되었으니 이제 국정원이 정보기관다운 활력을 자연히 되찾을 수 있을 것이라고 기대할 여유도 우리에겐 없다. 우리의 엄혹한 안보 정세가 그런 여유를 허용치 않는다.

나는 이 책을 통해 국정원이 처한 어려운 현실을 지적하고, 윤석열 대통령이 국정원의 정보 역량을 강화하기 위한 특단의 리더십을 발휘해 줄 것을 제안했다. 현재 국방부에서 추진 중인 '국방개혁 4.0'과 유사한 국정원 혁신 TF를 설치하여 국정원의 정보 역량을 강화하는 방안을 강구할 것을 제안했다.

국정원을 개혁하려는 시도는 정권이 바뀔 때마다 있어 왔다. 그러나 이 시도들은 모두 국정원을 어떻게 하면 약화시킬까에 초점이 맞추어져 있었다. 앞으로 제기되는 국가안보 소요(所要)를 감당하게 하기 위해 국정원의 정보 역량을 강화하려는 개혁 시도는 한 번도 없었다.

지금 국정원의 처지는 경기(景氣)로 비유하면 바닥을 친 상황이다. 새로운 도약을 위한 특단의 조치가 절실하다. 현 국정원의 지휘부와 국정원 혁신위원회가 이를 위한 구체적인 조치를 연구 검토하기를 바란다. 국정원이 멍든 상처를 극복하고 일류 정보기관으로 재도약하기 위한 사기와 활력을 되찾게 되기를 소망한다.

나는 이 책이 나의 자서전이나 회고록으로 읽히기를 원치 않는다. 이 책에서 드라마틱한 스파이 소설 같은 일화를 기대한다면 실망할 것이다. 나는 이 책을 나 스스로 철저한 보안 의식의 자기검열 하에서 썼다. 아무리 오래된 일화라도 국정원에서 이루어진 일은 현재적 의미를 지녔기 때문이다. 그래서 독자들이 이해하는 데 도움이 되기 위해 국정원이 수행하고 있는 정보 업무를 소개하더라도 쓸 수 있는 일화만 제한적으로 소개했다.

　우리 사회가 이 책을 통해 국정원과 정보 업무의 특성을 보다 잘 이해하게 되었으면 한다. 국정원은 오랫동안 좌파 정치권이 설정한 '나쁜 정보기관'이라는 프레임에 갇혀 있었다. 이 책을 통해 우리 사회가 국정원에 대해 갖고 있는 오해와 편견, 불신이 해소되고 국정원의 진실된 모습을 새롭게 인식하는 계기가 조성되기를 바란다. 그래서 우리 사회 안에 국정원의 헌신을 이해하고 성원하는 국민적 공감대가 형성되기를 바란다. 국정원이 일류 정보기관으로 도약하는 혁신은 국정원 혼자의 노력으로만 이루어질 수 없다. 국민의 이해와 성원이 밑바탕이 되어야 한다.

　마지막으로 나는 이 책이 국정원이 좋은 정보기관으로 약진하는 데 조금이라도 기여하게 되기를 간절히 소망한다. 그간 국가안보를 위해 헌신해 온 국정원 전·현 직원 모두에게 이 책을 바친다.

　끝으로 이 책의 초고를 읽고 의견을 준 많은 분들에게 감사하며 특히 염돈재 박사, 신언 대사, 김영준 박사에게 깊은 사의를 표한다.

2024년 2월

이병호

차례

III. 정보 관리의 삶 30년의 여정

IV. 국정원장의 책무

V. 한반도의 위기와 북한 체제의 본질

"조선이 없으면 지구는 없다":

VI. 국가정보원의 수난

VII. 미래를 위한 제언

VIII. 감옥에서 찾은 하나님

좌파정권은
왜
국정원을
무력화 시켰을까

I. 국가정보원의 소명과
역사

국정원에 아침이 밝으면

아침이 밝으면 서울 서초구 내곡동 국가정보원(국정원) 출입구는 직원들의 출근 차량으로 붐비기 시작한다. 새벽부터 서서히 차량이 증가하다가 8시경에 피크에 이른다. 차단봉이 설치된 출입구에는 차량이 길게 늘어선다. 다른 정부 부처나 큰 기업의 출근 모습도 비슷하리라. 그러나 국정원의 아침 차량 행렬에서는 남다른 긴장감과 비장감이 흐른다.

정보 업무는 정형화되어 있는 일이 아니다. 아무것도 아닌 것처럼 보이는 작은 여건과 단초에서 안보적 가치를 창출하는 창의적 업무다. 끊임없이 인내하고 고뇌하는 치열한 작업이다. 국정원 직원들의 차량 행렬에 긴장감이 흐르는 이유다.

국정원장 집무실에서 밖을 내다보면 태극기가 항상 펄럭이는 높은 국기 게양대가 정면으로 보이고 그 너머로 국정원 원훈석(院訓石)이 보인다. 국정원 직원 차량 행렬은 원훈석을 지나 각자의 일터로 흩어진다. 그들은 각자의 사무실과 일터에서 무엇이 나라의 안전을 위협하는가, 이 위협에 어떻게 대처할 것인가를 놓고 하루 종일 고뇌한다. 나는 집무실에서 매일 아침 차량 행렬을 지켜보면서 직원들이 느끼고 있는 고뇌와 긴장감을 공유하곤 했다.

내가 원장 재직 시 원훈석에는 '소리 없는 獻身(헌신) /오직 대한민국 守護(수호)와 / 榮光(영광)을 위하여'라는 국정원의 모토(motto)가 새겨져 있었다.

그 원훈석 밑 우측에는 '우리는 陰地(음지)에서 일하고 陽地(양지)를

指向(지향)한다'라는 과거 중앙정보부 시절 부훈(部訓)과 '情報(정보)는 國力(국력)이다'라는 국정원 초기 원훈, 그리고 '自由(자유)와 眞理(진리)를 위한 無名(무명)의 獻身(헌신)'이라는 그간의 원훈들이 적혀 있는 표지판이 함께 전시되어 있었다.

오랫동안 원훈석 자리에는 현행 원훈이 새겨진 원훈석만이 전시되어 있었고 과거 부훈과 원훈은 보이지 않는 곳에 치워져 있었다. 나는 과거의 부훈이나 원훈이 그렇게 방치되는 것이 바람직하지 않다고 생각했다. 과거 부훈과 원훈 밑에서 흘린 수많은 직원들의 땀과 피 그리고 고뇌와 헌신은 모두 소중하게 기억되어야 하는 국정원의 역사를 상징하고 있기 때문이다. 물론 기억하기 싫은 아픈 기억도 있다. 그러나 이 또한 국정원이 껴안고 가야만 하는 역사다. 그래서 나는 과거 부훈과 원훈을 표지석으로 만들어 함께 전시하도록 했다.

국정원의 전·현 직원들이 가장 좋아하는 원훈은 '음지에서 일하고 양지를 지향한다'는 중앙정보부 시절의 부훈이다. 그 부훈은 세계 어느 나라 정보기관의 모토와 비교해도 전혀 손색이 없다. 음지와 양지의 대비 표현은 음과 양을 기조로 삼는 동양철학의 우주관을 반영하고 있다. 음지에서 일한다는 것은 정보기관의 업무 속성을 표현한다. 양지는 정보기관이 지향해야 할 사명, 즉 국가안보, 국가 번영, 자유 민주주의 헌법 수호, 인권 보호, 한반도 통일 실현 등을 모두 포괄하는 개념이다. 정보기관의 역할과 정체성이 은유적으로 깊이 있게 함축되어 있다.

그러나 모두가 아는 대로 그 부훈은 살아남을 수 없었다. '중정'이라는 어둠의 시대를 상징하는 부훈이라 여겨졌기 때문이다. 그래서 1998년 김대중 정부가 들어서자 1961년 중앙정보부 창설 이래 사용되던 이 부훈은 버려졌다. 대신 '정보는 국력이다'라는 원훈이 채택되었다. 이명박 정부에서는 다시 '자유와 진리를 위한 무명의 헌신'으로 원훈이 바뀌었다. 그러나 이들 원훈에 대해서는 많은 전·현 직원들이 국정원의 사명과 역할을 상징하기에 미흡하다고 여겼다. 대체로 평이하고, 특히 진리와 자유를 강조한 원훈을 보고는 마치 대학교 표어 같다고들 했다.

국정원의 사명은 국가 수호다. 나는 새로운 원훈 제정을 통해 이 점을 분명히 하고 싶었다. 그래서 '소리 없는 헌신, 오직 대한민국 수호와 영광을 위하여'라는 원훈 문구를 선택했다. '오직'이라는 부사(副詞)로 다른 것은 신경 쓰지 않고 국정원의 사명에만 매진할 것이라는 점을 강조했다. 대한민국을 위해선 못할 일이 없다는 의지도 함유되어 있었다. '소리 없는 헌신'은 중정 부훈의 '우리는 음지에서 일하고'와 같은 맥락의 표현이다. 그리고 '대한민국 수호와 영광을 위하여'라는 표현은 국정원이 지향해야 할 소명과 가치, 즉 양지를 구체화한 표현이다. 대한민국의 수호라는 대명제를 기반으로 대한민국의 영광, 즉 통일, 자유민주주의 가치의 증진, 국가 명예와 국익 증진 등 대한민국에게 영광이 되는 모든 일을 적극적으로 추진하는 것이 국정원의 소명임을 명기한 것이다.

국정원 문장(紋章, emblem)에도 같은 정신을 담으려 하였다. 한가운데에 태극기와 국가의 진로를 밝히는 횃불이 그려져 있다. 이를 둘러싸고 고구려 벽화에 있는 청룡과 백호를 소환했다. 국정원의 상징 문장에 고구려의 씩씩한 기상과 외세에 당당히 맞선 강인함을 부여하였다. 그리고 주변에 '대한민국 국가정보원' 글자를 국문과 영문으로 둘러 새겼

다. 이스라엘의 모사드(Mossad)도 활동의 목표를 'Israel First, Israel Last'
라고 강조하고 있다. 그렇게 모사드는 모든 활동의 궁극적 지향점이 이
스라엘 수호임을 명확히 하고 있다. 대한민국은 국정원의 존재 이유다.
국정원은 대한민국의 국정원이다. 그러므로 국정원의 원훈과 문장에
대한민국의 국호가 자랑스럽게 명기되는 것이 마땅하다고 생각했다.
이후 문장은 횃불과 청룡·백호 대신 나침반이 들어가고, 국문과 영문
모두에서 '대한민국/KOREA'를 뺀 형태로 다시 바뀌었다.

필자가 원장 재직 시 제정한 문장(위)과 현재의 국정원 문장

국정원의 원훈은 공허한 구호가 아니다. 그것은 모든 모토가 그렇듯이 국정원이 해야 할 소명을 상징하고 있으며, 음지에서 일하는 정보인의 직업 윤리를 압축적으로 표현하고 있다.

소리 없는 전쟁(silent war)의 최전선에 서서

우리의 안보 현실은 늘 위태롭다. 지난 70여 년간 북한발 위협이 일상처럼 지속되어 왔다. 사실상 소리 없는 저강도 전쟁 상태의 지속이다. 특히 최근에는 위험의 강도가 나날이 높아지고 있다. 한반도 문명을 일거에 초토화할 수 있는 북한의 핵 위협의 칼날이 나날이 날카로워지고 있다. 그런데도 우리 사회는 대체로 태평하다. 무감각하고 걱정을 하지 않는다. 국정원은 소리 없는 전쟁(silent warfare)의 최전선에 서 있는 전사(戰士) 조직이며 촉수(觸手)다. 늘 눈을 부릅뜨고 깨어 있어야만 한다.

내가 2015년 3월 국정원장 부임 시 이 남북 간의 소리 없는 전쟁에 새로운 과제가 시급히 떠오르고 있었다. 그것은 북한의 핵전력과 미사일 능력 강화에 들어가는 김정은의 비자금 돈줄 죄기였다. 핵 개발에는 막대한 자금이 들어간다. 또한 김정은의 권력 유지에도 측근에 대한 선물 공세 등 막대한 자금이 들어간다. 정상적 경제가 이미 파탄 난 김정은으로서는 이 같은 자금 소요를 충당하기 위해 불법적 외화벌이에 의존할 수밖에 없었다. 외화벌이 루트는 다양하다. 석탄을 비롯한 광물 수출, 벌목공을 비롯한 건설 노동 인력 수출, 식당 사업, 무기 밀매, 해킹을 통한 가상화폐 절취 등 돈벌이가 될 만한 모든 분야에 손을 대고 있었다. 이에 관한 정보를 수집하는 일은 간단치 않은 작업이다. 스파이 운영, 도청, 해킹 등 가능한 모든 정보 기술과 수단이 동원된다.

박근혜 대통령 집권 3년차인 2016년 1월 6일 북한은 핵실험을 감행했다.

2009년에 이어 네 번째였다. 유엔 안보리 차원의 대북 제제가 본격적으로 발동했다. 핵확산 방지는 국제적 과제다. 그러나 북한의 핵 개발은 우리에겐 생존이 달린 치명적 사안이다. 북한 정보에 관한 한 국정원은 세계 최고 권위를 자랑한다. 우리 정부가 당연히 선도적으로, 적극적으로 국제 사회의 대북 제재를 이끌어야 했고 국정원은 정보적으로 이 국가 정책을 지원해야 했다. 돈줄 죄기를 통한 대북 압박 정책에는 정보가 핵심이다. 북한은 국제 감시를 벗어나기 위해 온갖 기피 수단을 사용했다. 이를 찾아내려는 국정원의 노력은 치열했다. 숨기려는 자와 찾으려는 자 간의 숨바꼭질 게임이 치열하게 전개되었다.

대북정보 노력, 물거품처럼 사라지다

그러다가 한 번도 경험하지 못했던 문재인 정권의 세상이 됐다. 북한을 쫓던 국정원의 대북정보 노력은 커다란 암벽에 가로막혔다. 더 이상 지속할 수 없었다. 동시에 국정원 원훈도 또다시 바뀌었다. 원훈의 교체는 문재인 정부에서 국정원이 입은 치명적 상처를 상징한다.

박지원 원장이 채택한 원훈은 '국가와 국민을 위한 한없는 충성과 헌신'이었다. 정보기관의 특성이 전혀 반영되어 있지 않은 평범한 문구다. 국방부를 비롯한 정부 어느 부처에 걸어도 전혀 이상하지 않은, 지극히 평범한 내용이다. 문재인의 어록에서 따온 문구로 알려져 있다. 더구나 국정원의 전신(前身)인 중앙정보부가 검거한 최대의 간첩 사건인 통일혁명당 사건의 연루자 신영복의 필체를 사용했다니, 어떻게 그런 발상을 할 수 있었는지 이해할 수 없다. 이는 국정원의 역사와 사명 그리고 정체성에 대한 심각한 부정이고 모욕이며 일대 도전이 아닐 수 없다.

특히 문재인 대통령은 원훈석을 공개하는 제막식 자리에서 "이제 국정원은 정치와 절연되었다"고 말했다고 한다. 국정원이 정치와 절연된 것은 벌써 오래전의 일이다. 더 이상 존재하지 않는 국정원의 정치 개입을 현실 세계에 다시 부활시킨 것은 문재인 대통령 그 자신이다. 정보 업무 경험이 전혀 없는 직업 정치인을 원장에 임명한 것, 그리고 자신의 어록을 신영복 필체로 원훈으로 새긴 것, 이 모두는 국정원 정치화의 강력한 상징이다. 간첩 잡는 국정원 직원들을 간첩의 혼령으로 세뇌시켜 보겠다는 고도의 정치적 술수라는 말 이외에 표현할 방법이 없다. 선진화된 어떤 나라에서도 정체성을 근본에서부터 흔드는 이런 비상식적 행태는 일어나지 않는다.

천만다행으로 문재인 정권은 역사의 뒤안길로 퇴장했다. 윤석열 정부의 새로운 국정원 지휘부는 첫 번째 조치로 신영복 필체의 원훈석을 즉시 철거하고 '우리는 음지에서 일하고 양지를 지향한다'라는 중앙정보부 부훈을 되살렸다. 오랫동안 음지에서 숨어 지내야만 했던 부훈이 양지로 나온 것이다. 참으로 잘된 일이다. 전·현 직원 모두가 공감하고 좋아하는 훌륭한 원훈이 되살아난 이상, 앞으로 원훈이 다시 바뀌는 수난의 역사가 되풀이되지 않을 것을 기대한다.

평범한 일터가 아닌 고귀한 소명 실현의 장

국정원 정문 오른쪽으로 100여 미터 떨어진 곳에는 보국탑(保國塔)이 서 있다. 정문 입구에서는 잘 보이지 않는다. 그러나 국정원 직원이면 누구나 그 탑이 그곳에 있다는 것을 안다. 그 탑 안에는 국정원의 소명을 위해 하나밖에 없는 생명을 바친 분들이 벽면의 별로 승화하여 안치되어 있다.

지금은 국정원 본관 입구 벽면에 '헌신의 별'을 옮겨 놓았다. 미 CIA 본부 청사 벽면에 새겨진 별을 본뜬 것이다. 역대 국정원 지휘관들은 거의 모두 CIA 본부를 방문해서 CIA 본부 청사 벽면에 새겨진 별들을 보고 그 존재를 알고 있었다. 그렇지만 따라 하지 않았다. 우리 방식대로 보국탑에 헌신의 별을 간직하고 있었기 때문이다. 국정원은 국정원 다움의 자존감을 견지해야 한다. 국정원을 방문하는 외국 정보기관 요원들이 이 벽면의 별을 보고 국정원이 CIA를 따라 한다고 생각하지 않기를 바란다.

대표적인 별은 1996년 북한 공작 요원의 테러로 살해당한 최덕근 직원이다. 최덕근 직원은 1996년 10월 1일 집으로 퇴근하는 길에 희생되었다. 3명의 북한 테러리스트가 아파트 계단에 숨어 있다가 도끼와 독침으로 살해한 것이다. 그 외에 밝힐 수는 없지만 여러 가지 형태로 하나밖에 없는 생명의 희생, 즉 최후의 헌신(last sacrifice. 미국 대통령이 미군 전사자들을 기릴 때 자주 사용하는 말)을 한 직원들도 별이 됐다.

국정원 보국탑(좌)과, 이제는 본관 입구로 옮겨진 '헌신의 별'

나는 국정원 직원이 아니면서 국정원을 도와 대한민국을 위해 최후의 헌신을 한 의로운 영령의 일부도 엄선하여 별이 되어 안치되도록 조치를 취했다. 우리를 돕다가 북한에 붙잡혀 처형된 사람들이다. 세상 어디에도 설 곳 없던 그들의 영혼이 보국탑에서 안식처를 찾도록 했다. 국정원은 그들의 희생을 결코 잊지 않는다는 선언이었다. 영국 정보기관인 해외정보국 MI6도 자신들이 활용하다 희생당한 분들의 영혼을 기리고 있다. 보국탑에 새겨진 별 하나하나의 스토리는 정보 업무가 얼마나 어렵고 위험한가를 상징적으로 보여 준다.

미 CIA를 소개하는 홈페이지는 이런 글로 시작한다.

> 우리는 국가의 제일의 방어선이다. 우리는 남이 하지 않는 일을 한다. 다른 사람들이 갈 수 없는 길을 간다.
>
> We are the nation's First line of Defense. We accomplish what others cannot and go where others cannot go.

정보기관의 업무 특성이 간명하게 잘 표현되어 있는 글이다.

국가안보를 위협하는 작고 큰 위험 요소들은 국내외 도처에 산재해 있다. 그 형태와 유형도 다양하다. 일상에 바쁜 보통 사람들에게는 이 위험 요소들이 보이지 않는다. 보려고도 하지 않는다. 그러나 방치하면 위기로 치닫는다. 그 위기는 수도, 금융, 전기와 같은 우리 사회를 지탱하는 기반 시스템을 마비시키는 대형 해킹 사건으로 나타날 수도 있고, 대형 인명 손실을 일으키는 테러 사건으로 나타날 수도 있다. 북한의 남침과 같은 국가 생존의 치명적 위기로 발전할 수도 있다. 그래서 모든 국가들은 이런 위험 요소들을 잘 살피고 대처하는 파수꾼 장치를 갖고 있다. 그것이 바로 국가 정보기관이다. 파수꾼은 늘 깨어 있어야 한다. 또한 예민한 감각과 통찰력 그리고 과감히 위기 경고를 내릴 수 있는 결단력을 지니고 있어야 한다. 국가정보원은 대한민국을 위기에 빠뜨릴 수 있는 각양각색의 위험 요소들을 누구보다 먼저 감지하고 일차적으로 대처하는 나라의 파수꾼이며 국가의 제일 방어선이다.

1990년대 초 로버트 게이츠 미국 CIA 부장 인준 청문회가 미 상원에서 열렸다. 그 청문회에 증인으로 나온 여성 분석관은 이렇게 증언했다.

"상황이 발생하면 우리는 새벽에도 사무실로 달려 나온다. 이를 당연시한다. CIA는 그냥 직장이 아니다. 우리가 하는 일은 고귀한 소명(lofty mission)이다. CIA는 그 고귀한 임무를 수행하는 일터다."

당시 워싱턴에서 근무하던 나는 이 증언을 인상 깊게 들어서 지금도 기억하고 있다. 그렇다. 국정원이 하는 일은 그 여성 분석관 말대로 고귀한 소명이다. 국정원은 월급 받고 일하는 일반적 직장이 아니다. 나라를 지키기 위해 국가를 위협하는 위험 요소를 살피고 초기에 제압하는 국가방위 최일선이다. 그래서 다른 정부 부처가 할 수 없는 험한 일도 마다하지 않는다.

국정원 직원은 그 업무에서 큰 성공을 거두어도 누구에게도 자랑할 수 없다. 가족도 모른다. 오직 자신과 관계자 몇 명만이 알 뿐이다. 반면에 실패는 도드라져 세상에 노출된다. 온갖 억측과 비난이 뒤따른다. 그래도 국정원은 입이 없다. 속으로 삭힐 수밖에 없다. 소리 없는 헌신은 국정원의 숙명이다. 국정원장 재직 시 세상에 알려지지 않은 자랑스러운 일들이 수없이 많았다.

국정원 직원들도 공유하는 한 CIA 간부의 술회다.

소리 없이 헌신하는 것처럼 애국적인 활동은 없다. 업무의 큰 성과를 거두
어도 자랑할 수도 없다. 자신과 관계자 수명만이 안다. 국가 안위를 위해 용
기 있게 봉사했다는 사실을.

There are a few sign of patriotism more powerful than offering
to serve out of limelight. You accomplish remarkable things, but
it is only known to a few. The credit you receive is the private
knowledge that you have done something to serve your country.

2021년 10월 21일, 한국형 발사체 누리호가 처음으로 하늘로 장엄하
게 떠오르던 날, 나는 그 장면을 갇혀 있던 남부교도소 독방에 설치된
작은 텔레비전으로 보았다. 남다른 감회가 가슴을 때렸다. 누리호 개발
에 기여한 국정원 직원들의 숨은 노력이 떠올랐다.

국정원장 재직 시 내 집무실로 한국항공우주연구원 원장이 예방을
왔다. 그분은 국정원의 그간의 도움에 고맙다고 인사를 했다. 국정원이
어떤 도움을 어떻게 주었는지 그 구체적인 내용은 공개할 수 없지만,
이 일화처럼 국정원이 한 많은 일들은 조용히 우리 역사의 숨겨진 부분
(hidden part of history)으로 남아 있다.

국정원에는 임무 수행 중에 고초를 겪은 직원들이 많이 있다. 외국
감옥에 갇혀서 온갖 고초를 겪은 직원도 있다. 심지어 외국에서 폭행과
린치를 당한 직원도 있다. 외국 근무 중 기피인물(PNG)로 지정돼 쫓겨

들어온 사례는 여러 건 있다. 외교부 직원이 PNG 당한 사례가 전무한 것과 비교된다.

북한에서 사용하는 독총을 연구하다가 독에 중독되어 근육이 모두 굳어 유아처럼 한 걸음도 걷지 못했던 직원이 있었다. 그 직원은 중독 즉시 병원으로 후송되었다. 담당 의사가 어떤 독에 중독되었는지, 신분이 누구인지를 물었지만 그 직원은 의식을 잃어 가면서도 국정원 직원임을 끝까지 밝히지 않았다. 급히 달려온 다른 직원에 의해서야 신분이 확인되었다. 그렇게 국정원 직원 대부분은 모두 철두철미한 직업 윤리를 지녔다. 험한 고초를 겪은 국정원 직원들은 그 누구도 원망치 않는다. 나라 지킴의 소명에는 개인적 위험이 내재되어 있음을 알고 이를 숙명으로 받아들이고 있기 때문이다.

정보기관은 야성의 조직이다. 10퍼센트의 가능성만을 보고 달려드는 집중력과 돌파의 의지로 지탱되는 조직이다. 미 FBI에 파견되어 일해 본 한 CIA 간부는 두 기관 간 차이를 이렇게 설명하고 있다.

"어떤 사건의 단서가 나오면 FBI는 사건 기소를 먼저 생각한다. 반면에 CIA는 이 단서를 어떻게 발전시켜서 더 큰 안보 가치를 창출할 것인가를 생각한다."

국가안보는 평범한 관료적 사고로는 지켜지지 않는다. 따라서 불가능한 듯한 여건에서도 가능성을 끊임 없이 고뇌하는 적극적 사고는 필수적인 요소다. 국가안보는 국가를 지키기 위한 절대적 가치다. 그 가치의 수호는 정보로부터 시작된다. 그 때문에 국정원 직원들은 한순간도 긴장의 끈을 놓을 수 없다. 일과 삶의 균형을 말하는 워라벨(work-life balance)을 생각할 여유조차 없다. 소명은 헌신을 요구하고, 국정원 직원들은 묵묵히 그 헌신의 길을 가고 있다. 국정원 직원들에게 국정원은 단순히 직장이 아니다.

치명적 위기로 몰아넣다

국정원은 60년 넘는 역사에서 여러 차례 위기를 겪었다.

1차 위기는 1979년 박정희 대통령 시해 사건 때다. 당시에 중앙정보부장 김재규가 시해범으로 밝혀지면서 중정은 위기를 맞았다. 모든 중정 간부가 강도 높은 조사를 받았다. 그 결과 중앙정보부는 1980년 12월 31일 국가안전기획부로 명칭을 바꾸었고 국장급 간부 거의 전원이 교체되었다.

2차 위기는 1998년 김대중 정권의 출범과 더불어 시작되었다. 김대중 대통령은 개인적으로 중앙정보부와 안기부의 최대 피해자 중 한 사람이다. 따라서 그가 대통령이 되면서 두 번째 위기가 찾아온 것은 당연한 수순이 되었다. 500명이 넘는 많은 직원들이 강제 퇴직 당했다. 명칭도 국가안전기획부에서 1999년 다시 국가정보원으로 개칭되었다.

특히 김대중 정부의 대북 정책을 상징적으로 드러내는 햇볕정책은 국정원 직원들이 해야 할 일에 대한 혼란을 초래했다. 우리 안보의 최대 위협이고 집중해야 할 정보 목표가 하루아침에 협력의 대상으로 떠오른 것이다. 자연스럽게 그간의 노력이 주춤할 수밖에 없었다. 햇볕정책 노선에 지장을 초래할 가능성이 있는 정보 프로젝트와 그간의 노력은 폐기되거나 주춤할 수밖에 없었다. 국정원 직원 간 지역적 갈등이 심화되기도 했다. 특정 지역 출신들이 그간 상대적으로 인사 불이익을 받아 왔다는 목소리가 커지면서 국정원 내부에도 지역 갈등의 병폐가 스며들기 시작했다.

그러나 김대중 정부가 초래한 위기는 20년쯤 지난 후에 등장한 문재인 정권이 초래한 위기에 비하면 조족지혈(鳥足之血)의 수준이었다. 문재인 정부는 국정원을 전대미문의 치명적 위기로 몰아넣었다. 그 위기는 국정원 역사에서 한 번도 경험해 보지 못한, 국정원의 존재 가치 자체를 부정하는 존재론적 위기였다. 북한으로부터의 위기를 그저 수수방관하도록 함으로써 정보기관으로서의 정체성과 정보 업무에 대한 직원들의 자부심, 그리고 직업 정신(spirit)을 본질적으로 훼손한 치명적 위기였다.

국정원은 정보기관다운 야성을 잃었다. 적폐 청산이라는 이름 아래 351명의 전·현 직원이 검찰 조사를 받았다. 그리고 이 통계 숫자외에도 백여명이 훨씬 넘는 직원들이 참고인 신분으로 검찰 조사를 받아 총 500명의 가까운 직원들이 검찰조사의 고초를 겪었다. 특히 국정원 직원들은 자신의 지휘관인 원장을 비롯해서 수 많은 동료직원들이 사법처리되는 과정을 목격하면서 국정원 직원들은 일 처리의 적극성을 잃었고 무사안일의 관료적 사고가 지배하게 됐다. 그렇게 국정원은 병들고 망가졌다. 이를 치유하고 온전한 모습을 되찾는 데는 긴 세월이 필요할 것이다.

중앙정보부, 정보기관이라기보다 통치기관으로 출범

대한민국의 역사는 질풍노도같이 숨 가쁘게 전개되어 온 파란만장의 역사다. 국정원은 그 역사 전개의 중심부에 늘 위치해 있었다. 국정원의 역사도 이름이 중앙정보부에서 국가안전기획부로, 다시 국가정보원으로 세 차례나 바뀔 정도로 굴곡진 역사다(문재인 정부 출범 시 또다시 바뀔 뻔했다).

국정원의 역사가 이처럼 평탄치 않았던 것은 중앙정보부 출범의 역사적 배경이 남달리 특별했기 때문이다.

국정원의 전신인 중앙정보부는 1961년 6월 10일 출범했다. 5·16 군사혁명 한 달 뒤의 일이다. 당시 나라 사정은 다 아는 대로 형편없는 수준이었다. 「혁명 공약」에 나와 있는 표현대로 나라는 글자 그대로 기아 선상에서 허덕이고 있었다. 지금은 상상조차 어렵지만 실제로 아사자가 발생하고 있었고, 산업은 있다고 해야 구멍가게 수준이었다. 1인당 GNP도 국제 사회에서 거의 꼴찌 수준이었다. 식량도 상당 부분 미국 잉여 농산물 지원에 의존하고 있었고, 군은 미국의 지원이 없으면 사실상 전투력을 유지할 수 없었다. 한마디로 스스로 지탱할 만한 자체 국가 역량이 결여된 극빈 국가였다. 미국의 국제정치 전문지 〈포린 어페어스(Foreign Affairs)〉는 5·16 군사혁명 직전인 1960년 10월호에서 한국의 경제 상황에 대해 "실업자는 노동 인구의 25퍼센트이며 1인당 국민소득은 100달러 이하, 수출은 2,000만 달러에 불과하다. 한국의 경제적 기적의 가능성은 전혀 없다"고 썼다.

북한은 우리보다 잘살았다. GNP도 높았고 군사력도 강했다. 1961년 기준으로 1인당 국민소득이 한국이 82달러로 당시 125개국 중 101위인데 비해 북한은 320달러로 세계 50위 수준이었다. 이런 가운데 김일성은 대남 적화를 정권의 강고한 의지로 계속 밀어붙이고 있었다. 무장공비가 남파되고 있었고 남한 내 지하당 구축 작업도 끊임없이 이루어지고 있었다.

독일을 비롯한 유럽 지역에서 북한의 유학생 포섭 공작도 기승을 부리고 있었다. 2013년 10월 청샤오허(成曉河) 중국 인민대 교수가 중국의 기밀 해제 문건을 바탕으로 국내 학술회의에서 발표한 자료에 따르면 김일성은 제2의 6·25 전쟁을 계획하기도 했는데, 이를 위해 1975년 4월에 중국을 공식 방문하여 마오쩌둥(毛澤東)에게 남한 해방 전쟁을 위한 지원을 공식 요청하기도 했다.

또한 미국의 "아시아 방어는 아시아인 스스로가 책임져야 한다"는 닉슨 독트린 발표에 따라 실제로 1971년에는 미군 제2사단 병력 2만 2,000명이 철수했다. 한반도를 둘러싼 국제 안보 상황이 요동치고 있었고 1960년대에서 '70년대 기간 동안 우리는 국가 존립이 실질적으로 위협받는 비상시국 상황이었다. '싸우면서 일하자'라는 구호는 당시의 시대 현실을 적나라하게 반영하는 절박한 문구이기도 했다.

1960~70년대에 북한이 일으킨 주요 안보 위해 사건을 살펴보면 1968년 1월 21일 김신조 등 31명의 무장공비 청와대 습격 기도와 1월 27일 미 해군 정찰함 푸에블로호 납치 사건에 이어, 10월에는 120여 명의 무장공비가 울진과 삼척에 침투하여 게릴라전을 시도한 바 있다. 1969년 4월 15일에는 미군 정찰기 EC-121기가 격추되었으며, 1974년 8월 15일 광복절에는 북한의 사주를 받은 일본 조총련계 문세광의 박정희 대통령 저격 시도로 육영수 여사가 서거하는 참변이 발생하기도 했다.

중앙정보부는 이러한 절박한 비상 상황의 환경에서 태어났다. 정보 기관은 어느 나라에서든지 정치 사회적 진공 상태에서 태어나지 않는다. 출범 당시의 시대적 상황이 출범의 배경으로 고스란히 반영될 수밖에 없다. 이스라엘의 정보기관은 유대인들이 오랜 디아스포라(diaspora)를 극복하고 팔레스타인 지역에 나라를 세우려는 시오니즘의 실현이라는 절박한 필요성을 배경으로 태어났다. 영국의 MI6는 제1차 세계대전 이후 방대한 식민지 경영 필요성을 배경으로, CIA는 2차대전 이후 냉전 상황에서 글로벌 리더로서 미국의 위상 유지 필요성을 배경으로 출범했다.

북한은 당시에도 우리 국가안보가 직면한 최대 위협이었다. 그러나 그보다 더 근원적인 위협적 요인은 가난이었다. 가난하면 아무것도 할 수 없다. 나라를 지킬 수도 없다. 당시 중앙정보부의 임무가 주적(主敵)인 북한의 위협에 대응하는 순수 정보기관 역할에 한정 될 수 없었던 이유다. 당시 우리나라의 국가안보 개념은 정치, 경제를 포함하는 국정 전반을 아우르는 포괄적이고 총합적인 안보 개념이었다. 다른 나라처럼 군사적 영역을 주로 의미하는 협의의 안보 개념으로 안보를 다룰 수 있는 형편이 아니었다. 초대 중앙정보부장 김종필은 "중앙정보부는 조국 근대화의 원활한 수행을 위해 창설되었다"고 말한 바 있다. 이 말에는 당시 중정이 총괄 안보 개념 속에서 어떤 역할을 해야 하는지가 함축되어 있다. 초기 정부조직법은 중앙정보부를 대통령 직속 기관이라고 명기했다. 이 법의 규정은 현재까지 이어져 오고 있다.

세계 모든 나라에서 정보기관은 '국가원수가 가지고 있는 권한의 주요 수단'으로 인식되고 있다. 이 인식은 정보기관이 근본적으로 국가원수가 국가안보 책무를 수행하는 데 필요한 수단으로 운영되고 있는 국정 운영 현실에서 비롯된 것이다. 따로 법으로 정하지 않아도 자연스럽게 형성된 인식이다. 그런데 우리나라는 굳이 이를 법으로 정해 놓고 있다. 중앙정보부를 단순한 정보기관이 아닌 강력한 국정 운영 수단으로 활용하겠다는 당시 국가지도자의 의지가 반영된 것이다.

부국강병은 당시 박정희 대통령의 국정 철학이었다. 앞에서 지적했지만 나라가 가난하면 아무것도 할 수 없다. 안보도 지킬 수 없다. 이런 인식 하에 어떻게 해서라도 산업화를 이루어 가난을 벗어나고 경제력을 바탕으로 북한과의 체제 경쟁에서 이기고 북한의 침략 의지를 억지하겠다는 것이 박정희 대통령의 안보관이며 국정 비전이고 신념이었다.

이를 위해 박정희 대통령은 모든 국가 역량을 경제 건설에 집중해야 했다. 여기 장애가 되는 요인은 강제적 수단을 사용해서라도 제거해야 한다고 생각했고 중앙정보부에게 그 역할을 맡겼다. 중앙정보부가 '몹쓸 기관'이라는 오명의 족쇄를 차게 된 배경이다. "내 무덤에 침을 뱉으라"라는 박정희 대통령의 유명한 말은 당시 박 대통령이 어떤 자세로 대통령의 리더십을 발휘했는가를 선명하게 보여 준다. 박정희 대통령의 리더십에는 이후에 등장한 지도자들에게서 종종 발견할 수 있는 인기 영합주의, 즉 포퓰리즘이 설 자리가 없었다. 박 대통령의 이 말에는 개인의 인기와 같은 사익보다는 오직 국가의 안위와 미래만 생각하겠다는 강고한 의지가 배어 있다. 중앙정보부는 이런 국가지도자의 의지를 실현하는 중요한 수단이 되었다. 경제 발전 장애 요인을 식별해 내고 이를 제압하는 데 동원되었다. 경제 발전은 정치 안정이 전제되어야 한다. 당시 야당 정치인들과 학생들은 정부 입장에서는 정치 안정을 방해하는 세력이었다. 야당이 경부고속도로 건설을 비롯, 중화학공업 건설 정책 노선에 격렬하게 반대했던 것은 잘 알려진 역사적 사실이다.

당시 중앙정보부는 정보기관의 역할뿐만 아니라 통치기구(governing body) 역할을 동시에 수행했다. 국정 운영의 사실상 브레인이었고, 실행의 강제적 수단이었다. 중앙정보부는 박 대통령의 국정 철학에 따른 정책 대안을 끊임없이 강구했고 대통령에게 직접 보고했다. 중앙정보부가 만든 정책 대안은 박 대통령이 직접 입안한 정책을 보완하면서 정부의 구체적 정책이 되었다. 중앙정보부는 이들 정책이 실행되는 과정을 철저하고도 지속적으로 모니터링했고 그 결과를 대통령에게 피드백했다. 피드백 내용이 다시 정책 효율화를 위한 자료로 사용되었음은 물론이다. 중앙정보부는 이처럼 국정 운영 사이클의 중심체였다. 이는 전통적이고 정상적인 정보기관 역할이 아니라 이탈의 성격을 띠었다. 그러나 이러한 역할은 당시 국가 최고지도자의 선택이었으며, 그 선택은 가난에 찌든 나라가 처한 비상 상황에서 내린 비상 조치였다.

독재는 원칙적으로 나쁘다.
그러나 원칙을 핑계로 아무것도 하지 않는 것은 더 나쁘다

1990년대 초 인터넷에서 인상적으로 읽은 글이 있다. 필자는 미상이다. 중국 신화사(新華社)통신 기자의 글이라고 알려져 있지만 확실치 않다. 내용은 박정희 대통령의 경제 개발 정책 구상, 추진 과정과 효과를 쉽게 풀이한 것이다.

> 박정희 대통령의 경제 개발 정책은 집중화 전략이었다. 1960년 당시 한국은 세계 최빈국의 하나로 경제 개발의 단초라고는 찾아볼 수 없는 한심한 상황이었다. 산업은 사실상 전무했다. 경제 발전은 눈사람을 만드는 것과

비교할 수 있다. 눈사람을 만들려면 먼저 최소한 주먹만 하게라도 눈을 뭉칠 수 있어야 하는데 이 주먹만 한 눈뭉치조차 만들 능력이 당시 한국에는 없었다. 박 대통령은 한국이 산업화하기 위해선 어떻게 하든지 눈을 만들어서라도 눈사람을 만들어야 한다고 결심했다. 그래서 한국인의 어머니, 누나의 머리카락을 잘라서 가발을 만들어 파는 것을 포함하여 국가가 동원할 수 있는 모든 자원을 다 동원했다. 그렇게 박 대통령은 눈사람을 만들어 나갔다. 말이 쉽지 자원을 총동원한다는 것은 능력과 리더십이 없으면 불가능하다. 브라질이나 아르헨티나 같은 국가들은 자원이 많아도 그 동원에 실패한 나라다.

박 대통령은 '우리도 잘살아 보자'라는 국민적 합의를 이끌어 냈다. 이 동원된 자원을 재벌이라는 창고에 쌓아 두는 것이 '집중화' 전략의 핵심이었다. 그렇지 않아도 빈약한 자원을 여기저기 분산시키면 힘으로 작용할 수 없다고 박 대통령은 보았다. 그래서 그 자원을 모아 두는 저수지가 필요했고 그것이 재벌이었다. 저수지에 물이 고이면 결국 고여 넘쳐흐르게 되어 있다. 그렇게 되면 아래로 흘러가게 마련이고 이 물은 결국 논과 밭으로 가게 되어 있다. 그 물이 저수지에 고이는 데 한국의 경우 20년이 걸렸고, 그 물이 저수지에 넘쳐흐르게 된 것은 1980년대부터이다. 그간 노동자가 제대로 대접을 못 받아 온 것은 사실이다. 그러나 그것은 미래를 위한 투자이고 희생이었다. 현재 한국이 누리는 세계 10위 경제 대국의 위상은 바로 이러한 노동자의 희생을 바탕으로 이루어진 것이다. 박 대통령이 독재를 한 것을 안다. 독재는 원칙적으로 나쁜 것이다. 그러나 더 나쁜 것은 원칙을 핑계로 아무것도 하지 않는 것이다.

이 글의 마지막 문장인 "독재는 원칙적으로 나쁘다. 그러나 원칙을 핑계로 아무것도 하지 않는 것이 더 나쁘다"라는 말은 박정희 시대의 딜레마를 함축하고 있다. 그 독재의 전위적 역할을 담당한 중앙정보부의 딜레마이기도 했다. 동시에 이 말은 번드르르한 명분을 앞세운 말뿐인 정치의 폐해를 날카롭게 지적하고 있다. 당시 중앙정보부는 박 대통령의 집중화 전략의 핵심적 도구였다. 집중화 전략에 장애가 되는 모든 요인을 제압하고 '눈사람을 만드는 데, 그리고 저수지에 물이 고일 수 있도록 하는 데' 역량을 집중했다. 눈과 귀의 역할뿐만 아니라 손과 발의 역할도 수행한 것이다. 이것이 당시 중앙정보부가 직면한 정보환경이었다. 당시 중앙정보부 직원들은 수천 년 우리를 옥죈 지긋지긋한 가난으로부터의 탈출이 시대적 소명임을 공감하고 있었고 이를 위해 최선을 다했다.

나는 당시 중정 직원들의 열정과 헌신을 직접 목격한 사람이다. 오늘날 대한민국의 성공 스토리는 그냥 이루어진 것이 아니다. 물론 국가정보원이 중앙정보부와 국가안전기획부를 거치면서 잘한 일만 한 것은 아니다. 말도 안 되는 잘못도 있었고 시행착오도 있었다. 그러나 분명한 것은 국정원은 대한민국의 기적과 같은 성공 스토리의 한 축을 담당해 왔다는 사실이다. 이것은 누구도 부인할 수 없는 역사의 진실이다. 그 시대가 시대적 소명을 제대로 수행하여 오늘날의 대한민국의 성공 시대를 열었다면 당시 핵심적 역할을 했던 중앙정보부도 그 성공의 공과를 공유하는 것이 마땅하다.

널리 알려진 얘기가 돼 있지만 제2차 세계대전 이후 140여 개 신생 독립국 중에서 산업화와 민주화를 함께 이룩하는 데 성공한 국가는 대한민국이 유일하다. 미국의 유명한 언론인인 자카리아(Fareed Zakaria)는 "민주주의는 국민소득 6,000달러 정도의 경제력을 바탕으로 실현될 수 있다. 한국의 민주화가 실증적 사례다. 한국의 민주주의는 민주화 운동 권에 의한 거리 투쟁에서 달성된 것이 아니다 한국의 놀라운 경제 발전에 기인한 것이다"라는 요지의 글을 쓴 적이 있다. 이 통찰적 견해는 2010년 아프리카와 아랍권 국가에서 유행처럼 번졌던 '재스민 혁명'의 실패에서도 그대로 입증되고 있다. 민주주의는 국민들의 바람과 의지만으로 꽃피울 수 없다. 경제가 뒷받침되어야 가능하다. 냉엄한 역사의 교훈이다.

앞에서 소개한 〈포린 어페어스〉의 평가처럼 한국의 경제 발전은 불가능하다는 것이 당시 국제 사회의 진단이었다. 그러나 짧은 기간 내에 국제 사회가 생각지도 못한 수많은 기업들이 한국에서 솟아났고, 이를 경이적으로 바라본 국제 사회는 어떻게 된 것이냐고 그 이유를 물었다. 이에 대해 국내외 많은 경제학자들은 "박정희 대통령의 리더십 덕분"이라고 지적하고, 모두 이에 공감하고 있다.

박정희 대통령은 민주화보다 경제 발전이 먼저라는 국가의 성공 방정식에 대한 명확한 비전을 지니고 있었다. 그리고 이 비전을 강고한 의지로 밀어붙였다. 그 과정에서 새마을운동이 등장했다. 새마을운동은 그간 우리 사회에 오랫동안 뿌리박혀 있던 무기력한 국민적 타성을 타파하고 근면, 자조, 자립, 협동의 새로운 국민적 기질로 변화시키는 국가 변혁 운동이었다. 박 대통령은 이런 변혁의 시도를 강력한 톱다운(top-down) 리더십으로 속도감 있게 밀어붙였다. 그 과정은 강압적이고 치열할 수밖에 없었다. 이 과정에서 절차적 민주주의가 훼손되었다. 반대 세력에 대한 인권 침해도 있었다. 수천 년 나라를 옥죈 가난의 탈출, 그리고 북한 체제와의 생존을 건 투쟁, 이런 악조건 하에서 새로운 국가의 수립(nation building)은 비상한 각오 없이는 불가능하다.

박정희 시대는 누가 무어라 하더라도 우리 역사가 한 번도 경험하지 못했던 대약진의 시대였다. 잠들었던 국민의 무기력이 깨어났고 민족적 자부심과 긍지가 새롭게 뿌리 내린 시대였다. 1965년 한일 기본조약(한일 청구권협정) 체결, 경부고속도로 건설, 중화학공업 육성, 베트남 전쟁 참전, 오일 머니를 겨냥한 중동 진출, 과학 기술 입국 기반 마련 등 많은 일들이 있었다. 하나같이 다 어려운 일이었다. 지금 생각해도 아무것도 없었던 당시 상황에서 이런 비전의 발상 자체가 경이로운 일이었다. 더구나 야당의 강력한 반대가 일상이었고 민주주의의 명분을 앞세운 학생과 일부 지식인들의 반대도 극심했다. 미국도 우호적이 아니었다. 온갖 비판과 반대에도 불구하고 박정희 대통령은 굽히지 않았다. 부국강병의 시대적 소명에 대한 굳은 신념으로 불굴의 흔들리지 않은 리더십을 발휘했다.

싱가포르 리콴유(李光耀) 전 총리가 1990년대 말에 한국을 방문한 적이 있다. 한 강연회에서 그는 '아시아에서 탄생한 위대한 인물' 반열에 박정희 대통령을 포함시켰다. 그리고 덩샤오핑(鄧小平)이 자신을 자주 베이징으로 불러 중국의 미래에 대한 의견을 교환했다고 하면서, 자신은 덩에게 "박정희 대통령의 경제 전략을 배우라"고 조언했었다고 밝혔다. 이처럼 박정희 대통령은 세계사적 모범이 되는 경제 전략가였고, 국가 리더십의 전범(典範)이었다.

특히 박정희 대통령은 절대권력을 쥐고 있으면서도 부패하지 않았다. 1979년 10·26 사건 당시 박정희 대통령의 시신을 처음 점검한 군의관이 낡은 혁대와 시계 그리고 속옷을 보고 그 검소함에 감동했다는 일화는 그의 청렴성을 상징하는 유명한 일화다. 평생 그 흔한 명예박사 학위를 갖지 않았던, 허례허식을 떠난 소박한 사람이었다. 정치는 막스 베버가 얘기한 책임 윤리가 지배하는 영역이다. 심정 윤리로만 정치를 평가할 수는 없다. 박정희 대통령은 정치의 책임 윤리를 다한 위대한 정치 지도자였다.

북한 체제는 이제 더 이상 우리의 경쟁 상대가 아니다. 그렇게 박정희 대통령의 리더십은 남북한 체제 경쟁에서 북한을 압도했다. 대한민국은 현재 세계 10위권의 경제 대국으로 도약했고 단군 이래 최고의 번영을 누리고 있다. 18년간의 박정희 대통령 시대가 튼튼하게 쌓은 국가 기반 덕택이다. 역사에는 '만약'이 없다고 한다. 그러나 당시 박 대통령의 정책이 강고하게 추진되지 못하고 비판과 반대 세력에 밀려서 지리멸렬하였다면 오늘날의 대한민국은 없다고 해도 크게 틀리지 않을 것이다.

고약하지만 필수적인 기관

당시 중앙정보부 직원들은 나쁜 사람들이 결코 아니었다. 우리가 평소에 접하는 너나 나와 다름없는 평범한 이웃들이었다. 그들은 시대적 요구에 부응하는 중정의 역할을 애국이라 여기고 부여된 임무를 충직하게 감당했을 뿐이다.

물론 중정의 임무 수행 과정에서 인권 탄압, 그리고 해서는 안 되는 무리가 있었던 것은 사실이다. 억울한 사연도 많았다. 어떤 경우에도 나쁜 것은 나쁜 것이다. 어떤 변명으로도 정당화될 수 없다. 그러나 당시 중정 직원들은 무고한 사람을 아무나 잡아다 고문을 자행하는 나쁜 사람들이 아니었다. 나는 국정원장 재임 기간을 제외하고는 해외 분야에만 근무해서 상세한 내용을 알 수 있는 입장에 있지는 않지만, 이점은 분명하게 증언할 수 있다. 대표적 운동권의 한 사람이었던 민경우 씨도 2023년 9월 26일 김윤덕 조선일보 기자와의 인터뷰에서 "운동권에 대한 박해 주장은 10배, 20배 이상 부풀려져 있고 당시 군에서 일상적으로 이루어졌던 폭력과 비교도 안 될 정도로 약했다"라는 취지로 말한 바 있다.

아이젠하워 대통령은 임기 말에 CIA에 대해 "고약하지만(마음에 들지 않지만) 꼭 필요한 필수 기관(distasteful but vital necessity)"이라는 소회를 밝힌 적이 있다. 군인 출신인 아이젠하워로서는 협박, 매수와 같은 비신사적인 일을 마다 않는 정보기관의 업무 추진 방식이 개인적으로는 싫지만, 국가를 위해서는 꼭 필요한 기능임을 깨달았다는 대통령으로서의 소회를 말한 것이다. 아이젠하워 대통령의 소회는 우리나라 중앙정보부의 역할에도 그대로 적용될 수 있을 것이다. 초기 중정의 역할은 보는 시각에 따라 혐오스러울 수 있다. 그러나 그 역할이 아이젠하워 대통령이 지적한 것처럼 그 시대 상황에서 '필요불가결(vital necessity)'한 일이었음을 누구도 부정할 수 없다. 중정이 당시 담당한 역할을 무차별적으로 폄훼하는 것은 그 시대를 살아 보지 않은, 나중에 태어난 사람들의 편견과 오만이다.

중앙정보부의 미약한 출발

1961년 6월 10일 중앙정보부가 출범했다. 역사적으로 획기적인 의의를 지닌 출범이었다. 4,000년 넘는 우리 민족사에 처음으로 국가 수준의 정보기관을 공식적으로 갖게 된 것이다. 1948년 대한민국 건국 초기, 그리고 6·25 전쟁을 거치면서 나름대로 정보 업무가 작동하긴 했다. 그러나 모두 군을 중심으로 한 정보 업무에 한정되었다. 중앙정보부 출범은 그간 군 중심의 정보 업무가 민간 중심의 체계적이고 조직적인 국가 수준의 정보 업무로 격상됨을 의미한다. 1961년 6월 중앙정보부 창설 전에도 정보기구 창설 시도는 있었다. 장면 정부 시절 국무원 산하에 '중앙정보연구회'라는 명칭의 정보기관 창설이 시도된 바 있다. 그러나 그 시도는 실체를 갖추지 못했다.

특히 중정 조직에 해외정보를 체계적으로 다룰 해외정보 차장 제도가 신설된 것은 참으로 특기할 역사적 의미를 지녔다. 조선의 역사는 500년 동안 중국만을 바라본 폐쇄적 역사다. 국제 정세의 흐름에 무지와 무관심으로 일관된 역사였다. 조선은 19세기 말 동아시아에 거세게 몰아친 제국주의의 물결에 위정척사(衛正斥邪)를 내세우면서 나라의 문을 안에서 걸어 잠그는 쇄국정책으로 대응했다. 그 결과는 조선의 멸망이었다. 중정 해외정보 분야의 출범은 더 이상 폐쇄적인 과거의 역사를 되풀이하지 않겠다는 국가적 각오이고, 더 이상 국제 정세 흐름에 무감각하지 않겠다는 국가 의지의 표출이었다. 국제 정세를 체계적으로 수집 분석해서 국정에 반영하겠다는, 우리 역사에 한 번도 없었던 국가이성(國家理性)의 발로였다.

이토록 출범의 의의는 창대했다. 그러나 그 시작 자체는 미약하기 그지없었다. 당시 중정은 지독히 가난한 나라의 가난한 정보기관이었다. 경험도 아는 것도 별로 없었다. 중앙정보부라는 그릇은 만들었지만, 그 그릇에 내용물을 채울 요리사는 거의 전무했다. 기껏해야 군에서 전술정보를 다루어 본 경험이 당시 대한민국이 지닌 국가정보 역량의 전부였다. 특히 해외 분야는 이런 현상이 극심했다. 외국어 인력도 부족했지만, 외국을 한 번이라도 방문해 본 사람도 극소수였다.

당시 해외 분야 책임자는 이철희 장군이었다. 육사 2기 출신으로 박정희 대통령과 동기다. 일본 나가노(長野) 지역은 일본군의 헌병학교, 그리고 정보학교의 소재지로 유명한 곳인데 이철희 장군이 나가노에서 일본군으로 복무한 것은 알려져 있지만 실제로 정보학교나 헌병학교를 다녔는지는 불분명하다. 그런데도 이철희 장군은 나가노 출신으로 정보 업무 교육을 정식으로 받은 정보 전문가로 알려져 있었다. 6·25 당시 군 첩보부대인 HID에 근무했고 후에는 부대장직을 수행한 바 있다. 그러나 이러한 그의 경력과 경험으로 보아 그가 중정의 해외 분야가 지향하는 전략정보 분야를 지휘할 수 있을 정도로 국제적인 안목과 지식을 갖추고 있었다고 믿기는 어렵다. 그것이 당시 해외정보 분야의 민낯이었다.

당시 해외 분야 조직은 다른 나라 정보기관 운영을 그대로 따왔다. 특히 CIA의 운영체계를 모방했다. 워싱턴, 도쿄 등 주요 국가에 정보요원을 상주시키고 본부가 이를 통제하는 데스크를 운영하는 방식이다. 대외적 신분은 외교관이었고, 당시는 파견된 정보요원을 파견관이라고 불렀다. 외국에 파견되어 근무하는 파견관들에겐 당연히 영어를 비롯해 외국어 능력이 필수 요건이다. 따라서 중정의 초기 파견관들은 그나마 영어가 되는 군 통역관 출신들로 채워질 수밖에 없었다. 오명 전 과기부총리는 육사를 졸업하고 1964년 서울공대 전자공학과에 편입하여 위탁교육을 받았다. 그는 자신이 위탁교육을 받을 당시 서울대학교 전자공학과에는 석사학위를 지닌 3명의 교수가 있었을 뿐이고 박사학위를 가진 교수는 한 명도 없었다고 얘기한 적이 있다. 이 말은 당시 우리나라의 국가 수준이 모든 분야에서 얼마나 낙후했는지를 잘 나타내고 있다. 중정의 해외정보 분야도 마찬가지로 후진적일 수밖에 없었다.

초기 중앙정보부, 무리수를 두다

이런 상황에서 초기 중정은 해외 부문에서 사고를 일으키게 된다. 1967년에 발생한 동백림(베를린) 간첩단 사건이 그 대표적 사례다. 동백림 사건은 그 성격 상 당시 중정이 당연히 수사해야 할 사건이었다. 그러나 문제는 그 수사 과정이 국제법이나 관행을 무시한 채 이루어졌다는 것이다.

동백림 사건은 1967년 8월 중정에 의해 그 전모가 발표되었다. 주요 내용은 북한이 동베를린을 거점으로 독일, 프랑스 등지에 유학하고 있던 유학생을 대상으로 대규모로 포섭 공작을 전개해 이 중 11명을 평양 방문까지 주선하며 포섭을 시도한 사건이다. 지금 기준으로 보아도 방치할 수 없는 중요한 사건이다. 더욱이 북한에 대한 경각심이 최고조에 달한 당시 기준으로 보면 도저히 그냥 넘길 수 없는 사건이었다. 유명한 음악가 윤이상, 화가 이응로를 비롯한 당시 유학생 수십 명이 관련되었다. 사건을 인지한 중정이 수사에 착수한 것은 당연하다. 수십 명의 요원들이 서독에 급파돼 관련자들을 비밀리에 국내로 송환했다. 그런데 그 과정에서 서독 정부에 통보도 하지 않았고 어떤 협의도 없었다. 남의 나라에서 주재국 동의 없이 수사 활동을 한다는 것은 명백한 주권 침해다. 지금 같아서는 상상도 할 수 없는 무리수다. 그러나 당시 중정은 수사의 당위성에만 치중하고 절차의 정당성을 간과한 것이다. 그 대가는 예상대로 참담했다. 유죄 판결을 받은 관련자 대부분이 서독 정부의 압력에 의해 석방되고 사면되었다. 국가 위상도 크게 추락하였다.

그러나 유럽 유학생을 포섭 활용하려는 북한의 대남 적화 프로젝트는 이 사건 수사를 통해 와해됐다. 동시에 북한의 대남 적화 전략의 실체와 위험성에 대한 국민의 경각심이 고조되었다. 큰 성과임에 틀림없다. 그러나 국제법 측면에서도 무리가 없는 정교한 수사 과정을 밟지 않은 것은 사건의 뼈아픈 교훈이었다.

그 후 1973년 유명한 김대중 납치 사건에서도 중정은 같은 맥락의 과오를 범했다. 이 사건은 우리나라 정보기관 역사에 최대 오점이 되는 사건이다. 김대중 씨는(대통령이 되기 전의 일반적 호칭) 당시 유신 반대 반정부 활동의 핵심이었다. 미국에서 활동하다가 일본으로 거점을 옮겨서 강도 높은 반(反) 박정희 활동을 전개하고 있었다. 망명정부를 수립한다는 움직임마저 있었다. 당시 일본에서는 조총련의 활동이 기승을 부리고 있었다. 김대중 씨는 반정부 핵심 조직인 한통련(한국민주주의회복 통일촉진국민회의)을 만들었고 이 한통련과 조총련 간의 연계 가능성이 우려되고 있었다. 정권 안보를 책임지고 있던 중정으로서는 이런 움직임을 위험스럽게 생각할 수밖에 없었다.

그렇다고 납치를 계획한다는 발상은 그 자체가 지나치게 무모한 과잉 대응이었다. 일본의 주권을 정면으로 침해하는 일이고 일본과의 외교적 마찰은 불을 보듯 뻔한 일이었다. 누가 그런 일을 계획했는지는 아직도 불분명하다. 정권 안보를 위한 이후락 당시 부장의 과잉 충성이 빚은 참사라고 알려져 있다. 그러나 중정 요원들이 동원되어 납치 행위를 한 것은 사실이다. 예상대로 일본의 강렬한 반발에 직면했다. 결국 김종필 특사를 통해 일본에 공식적으로 사과를 해야 했다. 그 과정에서 한국은 '국내 정치를 위해 국제법을 아랑곳하지 않는 국가'라는 이미지를 남겼다. 중앙정보부도 'KCIA'라는 악명 높은 비밀경찰의 이미지를 남겼다.

1970년대 후반에는 소위 박동선 사건이 한미 관계를 흔들었다. 당시 미국의 지미 카터 대통령은 주한 미군 철수를 추진하고 있었다. 이를 걱정한 박정희 정부는 미 의회에 로비를 해야겠다는 방침을 세우고 재미 교포인 박동선 씨를 로비스트로 활용했다. 중정이 이 로비 계획에도 주도적 역할을 했다. 문제는 로비 과정에서 미국의 로비법(FARA, 외국대리인등록법)을 제대로 지키지 않았고, 미 언론의 주목을 받을 정도로 소란스러운 행보를 보인 것이었다. 결국 미국 의회 청문회까지 여는 대형 스캔들 사건으로 번졌고 한미 관계를 흔들었다.

물론 이러한 일련의 실패 에피소드는 인력 운용, 자금, 활동 기반 등에서 당시 중정 해외 부문의 실력을 말해 주는 것이기도 하다. 사람도 조직도 처음부터 잘할 수는 없다. 시행착오를 겪어야 한다. 성장통을 겪어야 한다. 중정 초기의 많은 과오와 실수는 불가피한 성장통이었다고 할 수 있다. 이 실패 사례들은 그 후 우리 정보기관 활동에 뼈아픈 교훈으로 각인되었다. 그 결과 시간이 흐르면서 우리 정보기관의 대외 활동은 점차 정교해지고 세련되어 갔고, 그 후 유사한 실패 스캔들은 한 건도 일어나지 않았다.

좌파정권은
왜
국정원을
무력화 시켰을까

II. 국가정보(national
intelligence)의 이해

정보 업무

정보 업무에 대한 일반 대중의 인식은 현실과는 상당한 거리가 있다. 정보 업무는 영화나 드라마에서 보는 제임스 본드 식 스토리의 세계가 아니다. 오히려 극적인 요소가 배제된, 긴 인내가 지배하는 프로세스다. 사회과학을 연구하는 학자적 지성과 사건의 실체를 좇는 기자와 같은 집요한 속성이 일상화되어 있는 업무다. 이런 정보 업무의 실제를 다음과 같이 소개한다.

1) 정보 업무: 진실 추구의 기예(art)

정보 업무는 앞이 보이지 않는 안개 속에서 항로를 찾아내는 내비게이션 역할에 비유할 수 있다. 정해진 업무 처리 절차, 즉 관행적(routine)으로 이루어지는 행정 업무가 아니다. 불확실한 상황 속에서 끊임없이 국가안보 가치를 지켜 가는 창조적 업무다. 기업에 비유한다면 벤처 기업과 유사하다. 항상 실패의 위험이 도사리고 있다. 희미한 가능성의 여건이라도 그냥 지나치지 않는다. 어떻게 그 여건을 발전시켜 국가안보에 유용한 가치를 창출할 수 있을까를 놓고 늘 고뇌한다. 그리고 남이 하지 않은 일, 또 가 보지 않은 길이라도 가고 또 행동한다.

1990년대 말 안기부 시절 이스라엘 모사드 출신 고위정보관리를 초청하여 직원을 상대로 강의를 요청한 바 있다. 그는 정보 활동의 3요소는 사람, 환경, 과학 기술이라고 전제한 후, 정보 업무란 "과학의 도움을 받아 사람을 다루고 진실을 추구하는 기예(art)"라고 정의를 내리고 강의를 시작했다. art는 기술 또는 예술이라고 번역할 수 있다. 그러나 그가 사용한 art라는 표현은 단순한 기계적 기술이란 의미가 아니다. 예술가적 직관과 감성, 창의가 내포된 복합적 의미를 포함하고 있다. 그래서 기예라고 번역했다. 간단하고 평범한 정의지만 정보 업무가 사람과 과학 기술, 그리고 정보 환경이라는 3개의 핵심 요소의 상호 작용으로 이루어지는 현대 정보 업무의 특성을 잘 지적하고 있다. 그는 정보 환경과 과학 기술은 변하지만, 정보 업무에서 사람의 중요성은 변하지 않는다고 지적했다.

이 정의에는 이스라엘 정보기관 특유의 경험과 정보 환경이 배어 있다. 이스라엘 정보기관은 전통적으로 스파이 운영, 즉 휴민트(HUMINT)에 강하다. 그러나 지금은 정보 업무에 과학 기술을 접목하는 분야에서도 세계 최고 수준이다. 드론을 발전시켜 정보 수집과 정보 목표 파괴에 처음으로 사용하기 시작한 것도 이스라엘이다. 후에 미국이 이를 더욱 발전시켜 현재는 정보 업무와 대테러 전쟁에서 필수적 무기 체계가 되었다. 그뿐만 아니라 드론은 향후 전쟁 양상을 근본적으로 바꾸는 게임 체인저(game changer)가 되고 있다. 이스라엘 정보기관의 발전은 이스라엘이 직면한 늘 위태로운 안보 및 정보 환경의 산물이다. 국가 생존이 상시로 위협받는 환경에서 정보기관의 발전은 이스라엘 생존에 필수적 산물이었다.

이스라엘 대외 정보기관인 모사드는 직원 수 2,000여 명에 불과한 작은 규모의 정보기관으로 출범했다. 그러나 모사드는 전 세계 곳곳에 흩어져 있는 600만 이상의 유대인 모두가 모사드를 적극적으로 돕는 자발적 협조자 네트워크의 도움을 받는다. 2,000년 이상 디아스포라의 삶을 살았고 나치에 의해 600만 명이 홀로코스트 비극을 경험한 유대인에게 이스라엘 국가 건설, 즉 시오니즘은 민족적 염원이고 신앙이다. 그래서 전 세계 어느 곳에 있든지 유대인들은 모사드가 어떤 부탁을 하더라도 자기 일처럼 적극적으로 나선다. 다른 나라 정보기관이 가질 수 없는 엄청난 정보 자산이다. 이스라엘 정보기관이 세계 최강의 전설적 정보기관이 된 배경의 하나다. 우리 재외 동포도 700만 명에 이른다. 나는 이들 해외 동포들도 유대인들의 시오니즘처럼 자유 민주주의적 통일을 한국 민족의 염원으로 공유했으면 하는 소망을 가져 보곤 했다.

현대 정보 업무에서 과학 기술은 필수불가분의 요소이며 그 비중은 점점 더 커지고 있다. 인공위성, 드론, 해킹 기술, 인공지능 등 최첨단 기술이 총동원되고 있다. 그러나 이스라엘 고위 관리가 강연에서 지적했듯이 여전히 정보 업무의 핵심은 사람이다. 과학 기술은 정보요원이 활용하는 보조 수단일 뿐이다. 미국 CIA의 대테러 고위직을 역임한 헨리 크럼프턴(Henry Crumpton)은 『첩보의 기술(The Art of Intelligence)』에서 정보기관에서 가장 중요한 일은 양질의 직원을 찾아 고용하는 일, 즉 '인재 찾기(hunt for talent)'라고 썼다. 직원 개개인의 창의력과 순발력, 상상력에 정보 활동의 성패가 달려 있음을 지적하는 말이다. 훌륭한 정보요원의 자질로는 투철한 국가관과 애국심, 폭넓은 지식, 과학 기술에 정통할 것, 위기에 적시에 결정을 내리는 과단성과 날카로운 직관력 등을 들 수 있다.

국정원도 이러한 자질의 직원을 찾기 위한 방안을 끊임없이 강구하고 있다. 과거 한때는 대학에 물색 팀을 두어 인재를 찾기까지 했다. 이런 방식은 특혜의 시비가 제기될 수 있어 현재 직원 채용은 공개 시험으로 전환되어 있지만, 공개 채용 방식만으로는 정보기관이 필요로 하는 직원을 찾는 데 한계가 있어 선택했던 방법이다. 정보기관은 특채가 불가피하다. 그러나 이는 공정 가치를 우선하는 세태와 충돌한다. 좋은 자질의 직원을 찾는 방안을 강구하는 것은 국정원의 변함없는 과제일 것이다.

2) 정보의 단계별 순환

정보 업무는 소위 '정보 업무 사이클'이라고 불리는, 즉 '수집 지시→수집→분석→평가→배포'라는 순환적 업무 체계에 따라 전개되는 프로세스다.

수집 지시란 현재의 국가적 안보 상황에서 요구되는 국가정보적 소요가 무엇인가에 근거해서 어떤 정보를 우선하여 수집할 것인가를 정하는 업무다. 이 수집 지시에 따라 다음 단계에서 각종 수집 기술이 동원되어 정보 수집이 이루어진다. 수집 업무는 정보 업무 중 가장 핵심적 업무다. 이 업무는 뒤에서 자세히 살피기로 한다.

분석, 평가(analysis and assessment)

수집된 첩보(raw data)는 분석, 평가 단계를 거친다. 이 단계에서의 작업은 입수된 첩보가 사실이냐 아니냐를 분별해 내는 작업만을 의미하지는 않는다. 사실 여부 확인을 거친 후 정책 수립에 얼마나 유용한지 유용성(relevance)을 따지는 작업도 해야 한다. 그래야 비로소 정보, 즉 정책 수립에 유용한 지식인 정보가 되는 것이다. "사실은 정보가 아니다(Fact ain't intelligence)"란 말이 있다. 이 말은 정책 수립에 활용되지 않는 사실과 정보 자료는 무의미하다는 의미이기도 하다(Intelligence never exists purely for its own sake).

1950년대 미국 CIA의 초대 분석 부서 책임자이며 미 정보기관 분석 분야의 태두라고 불리는 예일대 역사학 교수 출신인 셔먼 켄트(Sherman Kent) 박사는 정보 분석과 평가 작업은 정교한 사회과학적(social science) 지식과 접근 방법이 사용되는 분야라고 정의한 바 있다. 분석관은 높은 학문적 지식과 통찰력, 국가안보 정책의 폭넓은 이해가 필요하다. 이를 바탕으로 수집된 첩보를 다른 많은 데이터와 상호 비교 검토를 통해 사실성을 확인하고 또한 그 정보가 현재의 국가안보 정책과 어떤 상관성을 갖는지를 판별해 나간다. 그 과정은 대학 교수의 학문 연구 과정과 유사하다. 켄트 교수는 바로 이 점을 지적한 것이다.

그러나 정보 분석 업무는 정보의 적시성(適時性, timeliness)이라는 시간의 제약 속에서 분석 결과를 제시해야 한다. 이 점이 일반 학문 연구와 다르다. 정책 결정자가 필요로 할 때라는 적시성을 놓치면 아무리 좋은 정보라도 의미가 없다.

국정원 분석관들은 모두 해당 분야에서 오랜 기간 한 분야만 파고든 정보 프로들이다. 대부분 대학에서 관련 분야를 전공했고 박사학위 소지자들도 있다. 정보분석관들은 늘 시간에 쫓긴다. 그래서 오랜 경험을 통해 형성된 직관을 중요시한다. 이러한 지적 통찰력은 하루아침에 길러지지 않는다. 정보가 아마추어가 아닌 프로의 세계인 이유다. 국정원의 정보 분석 역량은 외국의 유수 정보기관들에 비해 전혀 뒤떨어지지 않는 경쟁력을 지니고 있다. 특히 북한 분야 분석 요원들은 이 분야에서 세계적 권위자들이라고 할 수 있다.

국정원 직원 중에는 정찰위성 사진 해독을 전문으로 하는 분석관들이 있다. 이들은 영변 원자로에서 나온 희미한 작은 징후를 놓치지 않고 치밀하게 추적해서 영변 원자로 가동 상태를 분석해 낸 적이 있다. 2015년의 일이다. 북한 원자로 가동 여부는 굴뚝에서 나오는 연기로 주로 판단한다. 한때 연기가 중단된 적이 있었다. 따라서 원자로가 운영되고 있는지를 알 수 없었다. 국정원 분석 요원이 원자로에서 새어 나오는 물웅덩이의 미세한 변화를 추적해서 원자로가 가동되고 있음을 알아냈다. 수백 명의 미국 분석관들이 읽어 내지 못한 내용이어서 미국 분석관들이 감탄했다.

한미 정보기관 간 정찰위성 사진 해독 분야의 협력이 지속적으로 강화되고 있는 것은 미 정보당국이 국정원 분석관의 능력을 높이 평가하고 있기 때문이다. 북한을 찍은 미국의 위성 사진은 우리에게 더할 나위 없는 소중한 정보 출처다. 우리가 단독으로 동일한 사진을 확보하려면 어마어마한 예산이 든다. 이 정보를 미국과의 협력으로 접근할 수 있는 것은 우리 안보에 중요한 자산이다. 한미 정보 협력도 한국 방위를 위한 한미동맹의 중요 부분이다. 이 분야에서 한미 정보 협력은 상호 원원(win-win) 하는 가장 성공적인 협력 모델의 한 전형이다.

정보의 배포(distribution to intelligence consumer)

분석 평가를 거친 정보는 정보 순환 사이클의 마지막 단계로 필요한 정보 소비자에게 배포된다. 정보 소비자의 정점은 대통령이다. 구두, 문서 등 다양한 방법이 사용된다. 정책 결정자는 모두 바쁘다. 필요한 핵심 부분만 어떻게 적시에 설득력 있게 전달하느냐가 배포의 핵심이다. 정보 소비자가 보지 않으면 그간의 노력은 무의미해지기 때문이다.

미국의 경우 국가정보국(ODNI)이 매일 아침 대통령 일일 브리핑(PDB, Presidential Daily Brief)이라는 제도로 대통령에게 15분 남짓 정보 브리핑을 한다. 과거에는 이 브리핑을 CIA가 담당해 왔지만 현재는 신설 기구인 DNI(Director of National Intelligence)가 담당한다. 수십 년 이어져 온 미 정보기관의 전통이다.

내가 원장 재직 시 대통령에게 올리는 국정원의 보고는 문서 보고였다. 통상 'A 보고서'라고 칭하는 일일 정보 보고서가 매일 아침 일찍 대통령실에 배포된다. 노무현 정부 전까지 국정원장은 일주일에 한 번씩 대통령에게 대면 보고를 했었다. 노무현 대통령은 이런 정기 대면 보고를 폐지했다. 이를 자신의 업적이라고 홍보하기도 했다.

국정원이 정치로부터 절연되고 대북정보에 치중하면서 사실상 대면 보고 필요성은 사라졌다. 대북 및 해외정보에 관한 한 정기적으로 대통령에게 대면 보고할 정도의 정보가 많지 않다. 대통령 대면 보고는 대통령이 꼭 알아야 하는 정보나 보안 문제 등으로 대통령 이외의 사람이 알아서는 안 될 정보의 보고를 의미한다. 그러나 우리 대통령이 꼭 알아야 하거나 대통령 이외의 사람은 알 필요가 없는 중요한 정보가 매일같이 수집되는 것은 아니다.

나의 원장 재임 시 대통령에 대한 보고에는 불편함이 없었다. 앞에서 언급한 아침 'A 보고'(이 보고는 비서실장, 안보실장 등 청와대 주요 참모에게 동시 배포된다) 외에 나는 중요 휴민트 관련 보고는 대통령만 보는(eyes-only) 보고서를 썼고, 특별한 경우 박근혜 대통령에게 면담 신청을 해 특별 대면 보고를 했다. 그리고 박 대통령과 수시로 전화 통화가 있었다.

윤석열 정부 체제에서 어떻게 보고가 이루어지고 있는지는 알지 못한다. 보고 체계는 대통령과 국정원장 간에 상호 편하도록 만들어 가는 것이 정상이다.

정보 보고를 접한 정보 소비자, 즉 정책 결정자(대통령)는 다시 추가 정보를 요구하든지 새로운 정보 소요를 제기할 수 있다. 이는 다음 수집 지시의 기초가 된다.

이처럼 정보 업무는 정보 사용자인 정책 결정자와의 교감 속에서 단계별로 순환적으로 전개된다. 지금까지 소개한 정보 업무 사이클은 정보학 교과서에 제일 먼저 소개되는 기초이론의 하나다.

3) 정보 수집 수단의 혁명적 진화

앞에서 지적했지만 이 정보 순환 사이클의 각 단계는 모두 중요하다. 어떤 단계도 소홀히 할 수가 없다. 그래서 분야별로 특별히 훈련된 정보 프로들이 업무를 담당하고 있다. 그러나 정보 업무라면 통상적으로 정보 수집을 먼저 떠올린다. 정보 순환 4단계 중 정보 수집은 정보 순환 프로세스의 심장과 같은 핵심 업무(heart and soul of intelligence)이다.

이스라엘 모사드는 구약성경 「민수기」에 나오는, 모세가 파견한 가나안 정찰 팀을 정보 수집 업무의 효시로 여긴다. 모사드는 여호수아와 갈렙을 포함한 12명의 정찰 팀이 가나안 땅에서 수집한 거대한 포도송이를 장대로 운반하는 장면을 기념품으로 만들어 다른 정보기관에 선물한다. 나도 그 선물을 받은 적이 있다. 애굽(이집트)을 탈출한 이스라엘 민족은 약속의 땅 가나안을 앞두고 바렌 광야에 도착하여 그 땅을 정찰 팀이 40일간 정찰하고 귀환했다. 여호수아와 갈렙은 하나님이 약속한 땅이므로 이스라엘이 당연히 쳐들어가 차지해야 한다는 긍정적인 정찰 보고를 했지만 이스라엘 국민이 이를 배척, 결과적으로 하나님을 불신하는 죄를 범한 죄로 40년간 광야에서 방황했던 사실을 기억하기 위한 선물이다.

휴민트, 즉 스파이 운영(espionage)은 매춘과 함께 가장 오래된 직업이라고 한다. 스파이의 활용은 사람이 무리를 이루어 살게 되면서 집단의 필수적 생존 수단으로 등장했다. 처음에는 가나안 정찰 팀처럼 적지에 사람을 보내 염탐하는 원시적 방식이 주된 정보 수집 방법이었다. 그러다가 국가 형태로 공동체가 진화하면서 수집 방법도 다양화, 고도화되고 정보 업무도 체계화, 조직화하였다. 특히 디지털 시대의 개막과 같은 과학 기술의 발달은 정보 수집의 혁명적 진화를 가져왔다. 정보 수집 수단은 다변화되었을 뿐 아니라 첨단 과학의 정수가 총 집약되는 고도 기술 분야가 되었다.

제2차 세계대전 때만 해도 인공위성을 활용한 정보 수집은 상상할 수도 없었다. 그러나 이제 정찰위성은 가장 중요한 핵심 정보 수집 수단이다. 정찰위성의 효시는 1950년대 CIA가 개발하여 소련 영공에 높이 띄워 항공 사진을 찍은 U-2다. U-2기 콘셉트는 그 후 인공위성으로 진화했다. U-2기는 1950년대 미 CIA 공작차장보 비셀(Richard Bissel. MIT 출신) 주도 하에 개발되어 SR-71, RC135로, 그리고 글로벌 호크 같은 고공 정찰기로 끊임없이 고도화되고 있다. 이젠 정찰위성에서 지상에 있는 탁구공을 식별할 정도 해상도의 사진을 찍고 통신을 감청한다.

국정원도 일찍부터 과학 기술의 중요성을 인식하고 있었다. 중앙정보부 시절부터 과학 기술 연구단이 편성되어 연구를 했다. 우리나라가 IT 강국이 되면서 국정원의 과학 기술을 활용한 정보 수집 기술도 획기적으로 발전했다. 국정원의 사이버 정보 기술은 세계적이다. 앞으로도 혁명적 변화를 겪고 있는 과학 기술을 어떻게 정보 업무에 접목하느냐가 정보기관의 미래를 결정하게 될 것이다.

4) 사이버 공간, 정보의 새로운 전쟁터

컴퓨터의 출현은 현대인의 삶의 패러다임을 혁명적으로 변화시켰다. 전기, 수도를 비롯한 사회의 전 생활 기반 시설은 물론 TV, 냉장고 등 생활 가전 기기도 모두 인터넷과 연결되어 움직이는 사물 인터넷(IoT, internet of things) 세상이 되었다. 새로운 세상이 열린 것이다. 게다가 개인 휴대전화의 폭발적 보급은 현대인의 삶의 방식을 근본적으로 바꾸어 놓았다. 이제 사이버 공간은 우리 사회 전체를 초(超)연결 사회로 만들었고 우리 삶과 떼어 놓을 수 없는 불가분의 현장이 되어 버렸다. 동시에 사이버 공간은 정보의 새로운 전쟁터가 되었다.

1990년대 중반부터 미국은 사이버를 새로운 전쟁 영역(a new domain of warfare)으로 인식하기 시작했다. 육상(land), 해상(sea), 공중(air), 그리고 우주전(space)이 그간의 전쟁 영역의 분류였으나 이제 사이버 공간이 새로운 전쟁의 영역으로 추가된 것이다. CIA 부장을 역임한 마이클 헤이든(Michael Hayden)은 자서전에서 사이버전은 엄청난 속도(great speed)와 기동성(great maneuverability), 그리고 전 지구적(global)이며 전략적인(strategic) 특징을 지닌 새로운 전쟁 영역이라고 썼다. 헤이든 부장의 지적처럼 사이버전은 전 지구적으로 은밀하게 순식간에 전개될 수 있다. 해킹 기술을 통해 한 국가를 순식간에 마비시킬 수 있다. 사회 전체를 암흑으로 만들어 대혼란을 초래할 수도 있고 금융 시스템을 붕괴시켜 국가 경제를 일거에 파괴할 수도 있다.

1990년대 말 미국 학계는 뉴욕시가 해킹 공격으로 마비되는 시뮬레이션을 시도한 바 있다. 결과는 충격이었다. 그 어떤 전쟁 행위보다 파괴력이 놀라웠다. 해킹 공격이 성공하면 국가 기능 전체가 마비되어 버린다. 전 사회가 암흑으로 변하고, 고층 건물의 모든 엘리베이터는 가동을 멈추고, 물 공급조차 끊긴다. 특히 통신이 차단되면서 전쟁 지휘도 할 수 없게 된다. 문명이 파괴되고 사회는 극도의 혼란 상태에 빠지게 된다. 사회가 갑자기 원시 사회로 회귀하게 된다. 이처럼 사이버 공간의 파괴 잠재력은 치명적이다. 사이버 안보는 이제 국가안보를 지키는 모든 정보기관이 집중해야 할 새로운 업무 영역으로 급부상했다. 2022년 10월에 발생한 카카오 사태는 사이버로 연결된 우리 사회의 취약성의 한 단면을 잘 보여 준 사례였다.

사이버전의 특징 하나는 공격의 주체가 광범위하고 다양하다는 점이다. 공격의 주체가 국가만이 아니다. 테러리스트나 탐욕스러운 개인도 공격 주체가 될 수 있다. 상대방의 컴퓨터에 악성 바이러스를 심어 불능으로 만들고 이를 풀어 주는 대가를 요구하는 랜섬웨어 공격 방식은 탐욕스러운 개인 누구나 할 수 있다. 북한이 외화벌이를 위해 사이버 공간에서 온갖 짓을 다 하고 있다는 것은 잘 알려진 사실이다.

미국은 2023년 3월 2일 국가 사이버 안보 전략을 발표했다. 사이버 공간에서 벌어지는 국가 안보 위협을 더 이상 방치할 수 없다는 정책 의지의 표출이다. 미국 정부는 이 발표에서 북한, 중국, 러시아, 이란을 주요 사이버 적성국으로 분류했다. 이들 국가가 미국의 이익을 침해하고 국제 규범을 여기고 있다고 지적하고, 이들 국가의 행위를 저지하고 해체할 것이라고 했다. 특히 북한에 대해서는 북한이 핵 개발을 위해 암호화폐 탈취, 랜섬웨어 공격 등으로 수익을 올리는 등 불법 사이버 활동을 벌이고 있다고 적시했다. 또한 랜섬웨어 공격의 예로 2021년 미국의 최대 송유관 업체인 콜로니얼 파이프라인이 랜섬 공격으로 6일간 가동 중단되어 미 동부 지역 석유 값이 급등한 바 있다고 했다. 미국은 FBI 내에 설치되어 있는 국가 사이버 수사 합동 태스크포스(NCIJTF)의 역량을 확대 개편하고 국방부 및 정보당국과 합동으로 사이버 위협에 대처하겠다고 발표했다.

5) 북한의 해킹 역량은 만능의 보검

북한이 집중적으로 육성하는 분야가 해킹 역량이다. 영재를 발굴해 어렸을 때부터 별도의 교육 프로그램으로 해커를 체계적으로 양성한다. 이렇게 양성된 전문 해커는 6,000명을 상회한다. 이들은 세계에서 가장 적극적인 해킹 공세를 전 방위적으로 전개하는 국가 차원의 전문 해킹 집단이다. 이들은 2014년 소니 픽처스 해킹 사건(소니 픽처스 영화사가 김정은을 소재로 한 코미디 영화를 제작할 때 북한이 이를 해킹하여 제작을 방해한 사건)을 일으켰으며, 2016년에는 방글라데시 중앙은행 해킹으로 8,100만 달러를 탈취하는 데 성공했다.

그들의 주된 목표는 당연히 우리 사회다. 이들이 노리는 목표는 기밀 탈취를 비롯해 돈을 빼 가는 금융 탈취 등 다양하다. 대표적 사례로는 2014년 한국수력원자력 해킹을 통한 랜섬웨어 협박과, 2016년 국방부 전산망 해킹을 통한 한미 작전계획 5015 탈취 등을 들 수 있다. 북한은 거의 매일 우리 사회의 전 사이버 영역에 공세를 가하고 있다. 국가

사이버 기반 시설을 포함, 민간 영역까지 항시적으로 약점을 잡기 위한 사이버 정찰을 하고 있고 악성 코드와 유도 메일 심기를 지속적으로 시도하고 있다.

이에 대비해 국정원은 2000년대 초부터 국정원 내에 사이버 방어 센터인 '국가사이버안전센터'를 설치 운영해 왔다. 현재는 '국가사이버안보센터'로 확장 운영되고 있다. 민간의 주요 사이버 보안 역량을 포함, 군이나 과학기술부 등 모든 국가 사이버 역량을 한데 모아 사이버 공격에 대비하고 있는 것이다. 이 국가사이버안보센터는 북한을 포함해 외국으로부터 오는 해킹 공격을 방어하는 중심체 역할을 담당한다. 2022년 12월 22일 국정원 브리핑에 의하면 이 센터는 하루 평균 118만 건이 넘는 외국 해커 공격을 다루고 있는데 이 중 55.6퍼센트가 북한 해커들의 공격이다.

북한은 최근 미국이 4대 사이버 적성국으로 분류할 정도로 전 세계를 상대로 돈이나 기술 탈취를 노린다. 특히 현재 북한의 주된 외화 수입원은 해킹을 통한 돈벌이다. 2023년 11월 1일 국회 정보위원회 보고에서 국정원은 북한이 작년부터 올해까지 9억 2,000만 달러를 탈취했다고 밝혔다. 북한은 우리나라뿐만 아니라 국제 금융 시장에서 돈을 훔치기 위해 모든 분야에 무차별적으로 손을 댄다. 보이지 않지만 심각한 국가안보의 도전이 사이버 분야에서 매일같이 치열하게 전개되고 있는 것이다. 당연히 만반의 대비 태세를 갖추어야 한다. 사이버 분야의 국제적 연대, 특히 한미일의 사이버 동맹은 국정원이 지속적으로 발전시켜 나가야 할 정보 업무의 핵심 과제가 될 것이다.

6) 세계적 수준의 국정원 사이버 역량

국정원은 북한발 해킹 공격에 대비하는 세계 최고의 기술력을 지녔다. 해커들은 지문과 같은 각자의 기술 특성을 지니고 있다. 국정원은 북한 해커들의 해킹 특성 분석 자료를 상당량 보유하고 있다. 소니 픽처스사에 대한 해킹 공격, 방글라데시 중앙은행 8,100만 달러 탈취 사건이 북한 소행임을 밝힌 것도 우리 국정원이다. 최근 북한이 암호화폐 해킹으로 1조 7,000억 원 상당의 자금을 탈취한 것으로 한미 정보당국이 보고 있다는 보도도 있었다. 이 자금은 북한 미사일 프로그램 재원의 3분의 1에 해당하는 규모라고 한다. 공개되지는 않지만 국정원은 북한발 해킹 사건을 끊임없이 잡아 내고 있다.

나는 1996년 말에 안기부를 떠났다. 그리고 18년 만에 국정원에 돌아왔다. 내가 안기부를 떠날 당시 안기부에는 사이버 분야가 없었다. 그래서 나는 안기부 시절 이 분야에 대해서는 별다른 경험이 없었다. 18년 만에 돌아와서 나는 국정원의 사이버 역량과 경쟁력이 세계 최고 수준임을 발견하고 놀라워했다. 2016년 내가 국정원장 재임 시 미 CIA는 반(反) 해킹 업무에 대한 국정원의 협력에 대해 특별히 감사장을 보내온 바 있다. 미 정보기관으로서는 이례적인 조치였다. 사이버 분야에서 한국 국정원의 역량이 세계적 경쟁력을 갖추고 있음을 말해 주는 상징적 사례다.

앞에서 지적했지만 북한의 해킹 시도는 범세계적이다. 그 때문에 많은 나라들이 한국 국정원에 도움을 요청하고, 북한 해킹에 대처하기 위해 국정원의 기술을 배우고 싶어 한다. 새로운 전쟁터인 사이버 분야에서 국정원은 이처럼 북한과 치열한 전투를 벌일 뿐 아니라 북한의 사이버 도전에 직면한 많은 나라들을 돕고 있다.

최근 국정원은 중앙선거관리위원회에 대한 북한의 해킹 시도가 8차
례나 있었다고 밝혔다. 선관위에 대한 해킹 시도는 선거 조작 시도다.
북한의 해킹 위협이 우리 자유 민주주의 체제의 근간을 흔드는 심각한
수준에 이르고 있음을 극명하게 보여 주는 사례다. 이런데도 정치권은
아직도 이 위협을 강 건너 불처럼 여긴다.

7) 국회에서 잠자고 있는 국가사이버안보기본법

사이버 공간은 민간 영역과 공공 분야가 상호 연계되어 있다. 그런
데도 우리나라는 공공과 민간이 각각 독립적으로 사이버 위협에 대응
하고 있다. 사이버 위협에 구멍이 뚫려 있는 상태다.

2016년 당시 국정원의 사이버안보센터는 전기, 수도, 정부 등 공공
부문에만 한정해 방어하게 되어 있었고 민간 부분은 손댈 수 없었다.
언제라도 민간 분야에서 방어 태세의 구멍이 발생할 수 있는 구조였다.
북한은 이 약점을 파고들어, 민간 분야를 우회하여 공공 분야를 공격하
는 시도를 지속하고 있었다.

당시 민간 부문에서 북한의 해킹에 피해를 본 기업체가 있었다. 그
런데 민간 기업들은 피해를 보더라도 그 피해를 숨기려는 경향이 있다.
신용도의 손상을 꺼려 피해를 감수하는 것이다. 그러나 민간 부문에 대
한 해킹은 공공 부문으로 쉽게 연결된다. 이를 시정하기 위해 2016년
초부터 국정원은 민간 부문과 협력을 강화하는 사이버보안법 제정을
시도했다. 그러나 당시 야당(더불어민주당)은 국정원은 여전히 '나쁜 기
관'이라는 프레임을 걸었다. 국정원은 과거 전력으로 보아 사이버 분야

에서도 민간 사찰 등 권력 남용을 할 가능성이 있어 안 된다고 주장했다. 꼭 필요한 안보 조치도 국정원이 하면 안 된다는 주장이다. 그래서 결국 이 법의 제정 노력은 무산되었다.

2022년 말에 국가사이버안보기본법이 발의됐다. 그러나 이 법안도 여전히 국정원이 사이버 보안의 컨트롤타워 역할을 하는 구조는 안 된다는 야당의 반대에 직면해 있다. 국정원은 임시 조치로 앞에서 설명한 2022년 민간 부문이 참여하는 사이버안보센터를 설치 운영하고 있다. 이처럼 국가안보에 필수적인 국가안보 장치가 표류하고 임시 조치로 대응하는 한심한 상황이 지속되고 있다. 북한의 해킹 공격으로 우리 사회가 대혼란에 빠질 가능성을 원천 봉쇄하는 모든 가능한 법적 조치가 하루빨리 이루어져야 하는 것은 미룰 수 없는 국가적 당위다.

8) 훔침(steal)과 숨김(conceal)의 게임

정보 업무는 훔침(steal)과 숨김(conceal)의 게임이며 정보기관은 이 게임을 통해 나라의 안위를 지켜 나간다.

정보기관은 상대방이 숨기는 기밀을 훔친다. 반면 나의 기밀을 훔치려는 상대방의 노력을 저지한다. 이를 정보 용어로 표현하면 정보 수집(intelligence collection)과 방첩(counter intelligence)이다. 이것이 정보 업무의 양대 기능이고 국가 정보기관의 임무다.

이 양대 기능을 운영하는 방식은 나라마다 다르다. 두 가지 기능을 각각 전담하는 별도의 정보기관을 설립 운영하는 방식과, 한 정보기관에 통합하여 운영하는 방식이 있다. 국정원은 후자의 방식, 즉 두 가지의 기능과 임무를 통합하여 운영하는 정보기관이다. 우리와 달리 많은 선진국은 별도의 정보기관을 설치 운영하고 있다. 미국은 CIA와 FBI로, 영국은 MI5와 MI6로, 러시아는 SVR(대외정보부)과 FSB(연방보안부), 이스라엘은 모사드와 신베트(Shinbeit)로 구분하여 이 양대 기능을 수행한다.

양대 정보 기능인 정보 수집과 방첩의 통합 운영과 구분 운영은 각기 장단점을 지닌다. 그렇게 된 역사적 배경도 나라마다 다르다. 우리의 경우 1961년 출범 당시부터 통합 운영 체제를 택했다. 북한의 한반도 적화 전략에 효율적으로 대처하기 위해서는 국내외 정보의 긴밀한 통합이 필요한 데다, 앞에서 지적한 대로 박정희 대통령은 당시 중앙정보부의 역할을 순수한 정보기관의 역할로 한정시키지 않았기 때문이다. 박 대통령은 중앙정보부가 자신의 국정 수행을 위한 통치 보좌 기구의 역할까지 맡도록 했다. 이것이 중앙정보부가 통합 체제로 출발한 역사적 배경이다.

우리나라가 처한 안보 현실에서는 두 기능의 통합 운영 체제가 더 효율적이다. 중요한 국가 정책 결정 시에는 북한 문제가 중요한 고려 사항이 되기 때문이다. 북한의 위협에 성공적으로 대처해 온 국정원의 60년 넘는 역사가 이를 증명하고 있다. 일각에서 분리 운영 주장도 있었지만, 이와 같은 섣부른 시도는 혼란만 가중하고 성공적인 정보기관 운영을 해친다. 문재인 정부가 국정원의 대공수사권을 폐지하고 경찰에서 전담하도록 한 것도 비슷한 맥락의 시도다. 국가안보를 해치는 바보짓이다.

정보 업무의 핵심은 정보 수집이다. 수집된 정보 자료가 있어야 분석과 정책 자료의 배포라는 정보의 순환이 이루어진다. 정보 수집은 다른 말로 표현하면 기밀을 훔친다는 의미다. 즉, 상대방 정보 목표가 감추려는 기밀을 은밀하게 훔치는 작업을 의미한다. 이런 측면에서 정보기관은 공개되지 않은 기밀, 즉 정보 수집 대상 국가가 숨기려는 기밀을 효율적으로 훔치기 위해 디자인된 장치라고 할 수 있다. 물론 공개된 정보도 모든 정보기관이 중요시하는 정보 출처다. 그렇지만 정보기관의 공개 정보(OSINT, open source intelligence) 수집은 보조적인 일이며 본질적인 업무는 아니다.

정보 수집 기술은 다양하다. 이를 크게 나누면 과학 기술을 이용한 방법, 즉 기술 정보(TECHINTs, technical intelligence)와 스파이를 운영하여 수집하는 방법, 즉 인간 정보(HUMINT, human intelligence 또는 espionage)로 나누어진다.

과학 기술을 이용한 방법, 즉 기술 정보는 활용되는 과학 기술에 따라 다시 여러 형태로 나누어진다. 통신 신호를 감청하는 신호 정보(SIGINT, signal intelligence), 정찰위성이나 SR-71과 같은 항공 기술을 이용한 영상 정보(IMINT, imagery intelligence), 전자기파 등을 이용해 관측 대상에 관한 정보나 자료를 얻어 내는 원격 탐사(remote sensing) 등으로 구분된다. 최근에는 목표 지역의 컴퓨터 또는 휴대전화에서 정보를 빼내 오는 해킹 정보의 정보 중요성도 증가하고 있다. 그러나 기술 정보는 기본적으로 데이터의 성격이 강하다. 그 데이터는 정보 업무의 필요조건일 뿐, 정보 목표의 의도를 파악할 수 있는 충분조건은 못 된다. 목표의 의도를 파악할 수 있는 스파이의 포섭과 운영, 즉 휴민트는 정보기관이 존재한 이래 정보 업무의 핵심 업무였으며 지금도 그렇다.

장군이나 현명한 왕이 적을 격파할 수 있는 것은 상대방보다 더 많은 선지식(foreknowledge)을 확보하기 때문이다. 이 선지식은 영감에서 얻어지는 것도 아니고 신이 주는 것도 아니다. 전례를 참고하거나 계산에 의해 얻어지는 것도 아니다. 이는 적을 아는 자로부터 알아내야 하는 것이다.

『손자병법』에 나오는 말이다. 정보 업무에서 스파이의 운영, 즉 휴민트의 중요성을 지적한 말이다.

『잿더미의 유산(Legacy of Ashes)』이라는 책이 있다. 미 CIA의 역사를 다룬 이 책은 2008년에 미국의 베스트셀러였다. 이 책은 냉전 시대 미 CIA의 활동을 대체로 비판적인 시각에서 기술하고 있다. 이 비판에는 CIA가 운영한 휴민트 프로그램에 대한 혹독한 비판도 포함되어 있다. 이 책은 냉전 시대에 그렇게 많은 자금을 쏟아붓고 노력했어도 CIA가 운영한 가치가 있는 소련 내 스파이는 10여 명에 불과했다고 비판하고 있다.

정보기관에 관한 책은 대체로 과장되거나 왜곡되는 경우가 많다. 정보기관 내부에서 일어나는 일의 진실, 특히 극비 부분인 휴민트 운영은 결코 외부에서 알 수 없다. 그래서 이 책이 주장하고 있는 소련 내 고급 스파이 숫자의 사실 여부는 알 수 없다. 그러나 이 책에서 미 정보기관이 운영한 고급 스파이 숫자가 많지 않았다는 주장은 휴민트의 업무가 얼마나 어려운가를 상징적으로 말해 주고 있다. 휴민트는 정보 업무 중 가장 어려운 업무이고 세계 모든 정보기관이 직면한 가장 어려운 도전이다. 국정원도 그간 휴민트의 어려운 도전에 끊임없이 직면해 있었다. 현재도 마찬가지일 것으로 생각한다.

9) 북한, 세계 첩보 역사상 가장 어려운 정보 타깃

정보 수집 대상으로 극히 어려운 지역, 즉 적대적 관계에 있는 지역을 정보 용어로 '거부된 지역(denied area)'이라고 부른다. 철의 장막(iron curtain)으로 불렸던 과거 소련 체제가 거부된 지역의 대표적 예이다.

그러나 소련 체제는 폐쇄 강도 면에서 북한 체제와 비교 대상 자체가 안 된다. 북한 체제는 밀폐된 컨테이너 박스 같은 체제다. 체제에 대한 충성이 북한 주민의 생존과 직결된 사교(邪敎) 집단적 사고방식이 지배하는 극단적인 폐쇄적 체제다. 이런 체제를 비집고 들어가 휴민트망(網)을 구성한다는 것은 정보 관리에게는 악몽적 상황이다.

휴민트 포섭의 수단을 보통 MICE(money, ideology, compromise, ego)라고 한다. 즉, 돈을 통한 매수, 체제에 대한 환멸이나 이념적 신념의 활용, 개인의 약점을 이용한 강요와 타협, 그리고 개인의 자만심을 활용하는 방법이 스파이 포섭에 사용되는 일반적인 방법이다. 이 포섭 기술은 보통 포섭 대상의 물색 및 접근(spot and approach), 관계 설정과 여건 조성(develop), 포섭 시도(pitch)의 단계를 거친다. 이 가운데 관계 설정과 여건 조성은 영어로 'develop시킨다'고 표현한다. 포섭을 위한 조건, 즉 MICE를 어떻게 적용할 것인지를 정하고 포섭 환경을 점차 발전시킨다는 의미다. 마지막 단계는 영어로 'pitch'로 표현한다. 스파이 포섭을 야구장에서 피처가 투구하듯이 정식으로 제의하는 것을 말한다.

이상의 내용은 정보학 교과서에 나오는 포섭 기술이다. 이 기술을 적용하려면 우선 대상자를 만날 수 있어야 한다. 북한의 경우 포섭 목표인 북한인에 대한 접근 자체가 오랫동안 거의 불가능했다. 그나마 접근이 가능한 북한 사람은 해외에 나와 있는 북한 사람들이었다. 이들은 일반 주민들보다 김일성 체제에 대한 충성도가 훨씬 높다. 1990년대까지는 해외에서 거주하는 북한 사람은 북한 외교관과 무역 일꾼 정도로 그 수가 극히 제한적이었다. 그뿐만 아니라 그들은 모두 단체 생활을 했고 엄격한 상호 감시 체제를 유지하고 있었다. 이들을 포섭해 휴민트 망을 구성한다는 것은 거의 불가능한 작업이었다. 국정원이 오랫동안 직면한 휴민트 정보 환경은 이처럼 열악했다. 그렇다고 국정원은 손을 놓고 있지 않았다. 가능성의 문을 집요하게 끊임없이 두드렸다. 어려워도 그리스 신화에서 시시포스가 돌을 끊임없이 밀어 올리듯이 국정원은 휴민트라는 돌을 끊임없이 밀어 올렸다.

1990년대 고난의 행군 시기를 지나면서 강고했던 북한 체제에 균열이 생겨나기 시작했다. 북한 주민들이 이데올로기 부문에서 북한 체제를 불신하기 시작하게 되었다. 탈북자가 증가하고 북한 내 장마당이 활성화되기 시작했다. 북한은 제한적이나마 우리 종교계의 인도주의적 지원을 받아들였다. 우리 종교계 인사들이 북한을 방문하여 사람들을 접촉하기 시작했다. 게다가 북한 당국은 외화벌이를 위해 수많은 노동자를 해외에 파견하기 시작했다. 해외에 체류하는 북한 사람의 숫자가 증가했다. 해외 공관에 주어진 임무도 외화벌이였다. 해외에서 북한 사람을 만날 수 있는 여건과 환경이 크게 개선된 것이다. MICE를 활용할 수 있는 정보 여건이 호전된 것이다. 국정원은 이를 놓치지 않았다.

현재 국정원의 휴민트 수준이 어떤 상황인가는 언급하지 않겠다. 다만, 국정원이 정보기관으로서 무능하며 휴민트도 다 망가졌다는 비판은 사실과 다르다는 점만은 지적하고 싶다. 휴민트 세계에서 실패한 사례는 자주 알려지지만, 성공한 사례는 알려지지 않는 것이 이 세계의 불문율이다.

황장엽 비서의 탈북 이후 수많은 북한의 엘리트 인사들이 북한에서 탈출했다. 이들은 모두 북한 정보의 보고(寶庫)들이다. 황장엽 비서만 해도 그간 우리 정보당국이 파악할 수 없었던 김정일 체제의 작동 현실과 정보를 가장 권위 있게 진술했다.

자발적 귀순자들을 영어 정보 용어로 'walk-in'이라고 분류한다. walk-in의 동기는 다양하지만, 그들이 제공한 정보는 대부분 신뢰성 부분에서 상위에 속한다. 그래서 모든 정보기관은 walk-in 여건을 적극적으로 개발한다. 이것은 미국도 마찬가지다. 국정원은 북한 엘리트의 탈북 유도를 주요 사업으로 여기고 있다. 북한 정보의 출처로서의 중요성 외에 북한 정권을 흔들고 타격을 준다는 전략적 의미가 크기 때문이다. 그러나 탈북 walk-in들이 모두 자발적인 망명자들이지만 그들이 한국에 도착하는 과정은 결코 쉽지 않다. 모든 과정이 긴장감 넘치는 한 편의 드라마다.

내가 원장으로 재직 시 영국에 파견되어 있었던 북한 대사관 제2인자였던 태영호 공사가 탈북했다. 태 공사가 한국으로 오게 된 경우와 과정은 결코 간단치 않았다. 사연이 많았다. 영국 관련 기관과의 치밀한 교섭 끝에 한국행이 결정되었다. 그는 비밀리에 런던 주재 북한 대사관을 떠나 한국에 왔다. 태 공사는 북한의 외교 정책과 외교행태 및 관계 인물에 대한 정보의 보고였다. 황장엽 탈북 이후 가장 성공적인 탈북 케이스다. 국정원은 태 공사에 대한 철저한 디브리핑(debriefing) 등을 끝낸 후 국정원 산하 기관인 국가안보전략연구원에서 근무하도록 했다. 그의 경험과 시각을 지속적으로 활용하기 위한 조치였다.

국가안보전략연구원은 공개된 국정원의 싱크탱크다. 국가의 중장기 안보 전략을 연구한다. 그곳에는 태 공사와 같은 엘리트 탈북자들이 배치되어 근무한다. 북한에서 온 이들 엘리트보다 북한을 더 잘 아는 사람은 없다. 북한을 오랫동안 연구한 국내 학자도 많지만 이들처럼 북한 내 움직임의 의미를 본능적으로 파악해 내지는 못한다. 이들은 우리의 국가안보에 지속적으로 기여하는 국가정보 자산들이다.

태영호 공사는 문재인 정부에서 내쳐졌다. 국정원 산하 기관인 국가안보전략연구원에서 해직(표면상은 사직)되었다. 그는 『3층 서기실의 암호』라는 제목의 회고록을 썼다. 책은 16만 권을 상회하는 베스트셀러가 되고 일본·대만에서 번역판까지 출간되었다. 태 공사는 20대 국회에서 국민의힘 공천을 받아 국회의원에 당선되었다. 특히 2023년 3월 그는 국민의힘 최고위원 선거에 출마하여 최고위원이 됐다. 실로 놀라운 드라마틱한 인생 반전이다. 대한민국의 자유 민주주의 체제가 이루어 낸 놀라운 성취다. 이는 태영호 의원의 개인적 성취만이 아니다. 분명 김정은에게 큰 충격을 준 전략적 의미의 성취다. 절망에 빠진 북한 엘리트 지배층에 희망을 주는 사례로 작용할 것이다. 태영호 공사의 탈북은 다른 많은 엘리트의 탈북과 함께 이처럼 자유 민주적 남북통일 여건 조성에 기여한다는 전략적 의미를 가진다. 국정원 입장에서 태영호 의원의 탈북 사례는 국정원 휴민트 업무 성공 사례의 하나다.

나의 재직 중 태 공사 외에도 비밀리에 탈북하여 한국으로 온 엘리트가 여러 명 있다. 국정원은 그들을 모두 비밀리에 한국으로 데려왔다. 그 과정은 결코 간단한 작업이 아니다. 잘못될 경우 외교적 마찰과 파장을 일으킬 수 있다. 그간 국정원은 이러한 위험한 탈북자 이송 작전을 모두 성공적으로 수행해 왔다.

내 재임 시 탈북한 인사 중에는 북한의 전자전 능력에 정통한 사람도 있었다. 그가 지닌 정보는 북한의 전자전 역량 파악에 큰 도움이 되었다. 북한 정보당국은 남한행을 했다는 확실한 증거가 없는 한 탈북자가 주요 인사일수록 보통 행방불명으로 처리하곤 한다. 이처럼 엘리트 탈북자는 중요한 휴민트 출처다. 국정원은 앞으로도 엘리트의 탈북 유도를 위한 공작 활동을 적극적으로 추진할 것이다.

비밀공작 수행이 불가능한 국정원

앞에서 설명한 정보기관의 양대 기능 외에 세계 모든 나라의 정보기관은 또 하나의 특수한 기능을 수행하고 있다. 이 특수 기능을 미국에서는 비밀공작 활동(covert action)이라 부르며, 러시아에서는 적극적 조치(active measure)라고 부른다. 이 기능은 국가의 정책 목표를 달성하기 위해 정보 목표를 비밀리에 적극적으로 공략하는 작업을 말한다. 이 기능의 유형은 준군사작전(paramilitary operation)을 비롯해 심리전 활동, 정치 공작, 쿠데타, 암살, 테러 등 실로 다양하다. 과거 냉전 시대 미국 CIA는 여러 나라에서 정권 교체(regime change)를 시도했었다. 이란 팔레비 왕의 옹립, 베트남에서 쿠데타를 통한 (응오 딘 지엠(고 딘 디엠) 정권 몰락 유도, 유명한 쿠바 침공 등이 미국 정보기관의 대표적 비밀공작 사례다.

북한 정보기관은 그 어느 나라 정보기관보다 비밀공작 활동을 적극적, 공세적으로 전개하고 있다. 재일 교포 문세광을 이용한 박정희 대통령 암살 시도, 대한항공 여객기 폭파, 아웅산 테러, 최근에 있었던 천안함 폭침 등이 북한 정보기관이 자행한 대표적 비밀공작 사례들이다.

그런데 국정원의 직무를 규정한 우리 국정원법 제3조에는 국정원의 업무를 주로 국내외 정보 수집 및 배포로 한정시켜 놓고 있다. 비밀공작을 수행할 법 규정 자체를 두지 않고 있다. 그러나 법 규정의 뒷받침이 없어도 국정원은 사실상 비밀공작 활동 범주에 해당하는 활동을 한다. 또한 국정원은 북한과 비밀 교섭 활동도 한다. 우리 역사상 이루어진 남북 관계의 모든 비밀 접촉은 대부분 국정원의 작품이다. 이후락 전 중앙정보부장의 7·4 남북 공동성명, 김대중 정부의 4억 5,000만 달러 대북 송금과 제1차 남북 정상회담 등 그간 이루어진 북한과의 비밀 교섭은 모두 정보기관이 수행한 일이다. 모두 비밀공작 범주에 속하는 일이다.

문재인 정부는 국정원법을 전면 개정했다. 그러나 이 법 개정 시 정보 업무의 3대 기능의 하나인 비밀 활동에 관해서는 누구도 관심을 갖지 않았다. 개정된 국정원법에도 이 기능이 누락되었고 그 결과 국정원 정보 활동의 실제를 반영하지 못하고 있다. 개정된 국정원법 제4조는 국정원의 직무 범위를 '국외 및 북한에 관한 정보, 방첩(산업 경제 정보 유출, 해외 연계 경제 질서 교란 및 방위산업 침해에 대한 방첩 포함), 대테러, 국제 범죄 조직에 관한 정보' 등으로 한정하고 있다. 이 때문에 국정원이 수행하는 대북한 특수 활동은 모두 법적 근거가 없는 활동이 된다. 또한 북한과의 막후 접촉 업무도 법적 근거가 없는, 해서는 안 되는 업무가 된다.

선진국들은 정보기관의 직무를 법으로 세세히 정해 놓고 있지 않다. 선진국들은 정보기관의 역할을 국가안보를 위해 정보를 수집하고 분석하는 일, 그리고 필요 시 동원되어 비밀 업무를 수행하는 국가안보 수단이라고 상식적으로 인식하고 있다. 이러한 인식의 바탕 위에서 정보기관의 운영은 대통령과 국가안보 정책 결정 시스템에 맡겨져 있다. 대통령이 비밀리에 정보기관을 동원할 필요가 있으면 어떤 임무라도 정보기관에 맡기게 된다. 우리도 국정원의 실제 운영은 이런 선진국 정보기관 운영의 상식을 따랐다. 북한에 4억 5,000만 달러 송금 시 국정원을 이용한 김대중 대통령의 결정도 이와 같은 정보기관 운영의 상식에 따른 것이라 볼 수 있다. 국정원을 지휘 감독하는 지휘관인 대통령이 국정원에 할 일을 지시하게 되고 그러면 그것이 국정원의 직무가 된 명백한 사례라고 할 수 있다.

9·11 테러 직후 미국은 빈 라덴이 숨어 있는 아프가니스탄 침공 작전을 수행했다. 이 침공을 위한 초기 작전은 CIA가 수행하도록 결정되었다. 부시 대통령이 주재한 국가안보회의 결정이었다. 이 내용은 조지 테닛(George Tenet) 당시 CIA 부장이 쓴 『폭풍의 한가운데서(At the Center of the Storm)』라는 자서전에 상세히 나와 있다. CIA 요원들은 수백만 달러를 싸 들고 아프가니스탄에 침투했다. 아프가니스탄의 여러 부족 지도자들 중 당시 탈레반 지도자 물라 모하마드 오마르에 반대하는 탈레반군 지휘관 6명을 매수하기 위해서였다. 초기 투입 인원은 110명의 CIA 요원과 316명의 군 특수부대 요원이었다. 이들의 활약으로 아프가니스탄에서 반 탈레반 세력의 반격이 시작되고 미 공군의 지원에 힘입어 이 반군 세력은 작전 시작 2개월 만에 오마르를 몰아내고 오사마 빈 라덴을 토라 산악 지대로 도주하게 만들었다. 아프가니스탄 초기 전쟁을 CIA가 주도해서 이긴 것이다. CIA 역사에서 가장 자랑스러운 성과라고 조지 테닛은 자서전에 썼다. 이와 같은 정보기관이 동원된 작전은 현재

와 같은 우리 국정원법으로는 수행이 불가능하다.

여기서 잠깐 문재인 정부 당시 내가 겪은 재판 과정을 설명하면서 국정원이 처한 현실을 지적하고자 한다.

문재인 정부의 소위 적폐 청산에서 검찰과 법원은 "국정원은 국정원법에 나와 있는 업무만 해야지, 그러지 않으면 모두 국정원법 위반"이라는 법리를 폈다. 국정원이 대통령의 지시를 받아 수행한 활동을 불법이라고 한 것이다. 문재인 정부의 검찰에서 조사받을 때 나는 검사로부터 다음과 같은 질문을 받았다.

"국정원은 국정원법에 나와 있는 국정원의 직무인 국내외 정보 수집에 한정하여 국정원 예산을 사용해야 하는데, 청와대 예산 지원은 이와 같은 법적 직무와 무관하게 사용되지 않았느냐, 그래서 위법한 일을 행한 것이 아닌가?"

이에 대해 나는 "문재인 정부는 국정원을 남북 대화를 위한 대북 교섭 업무에 동원하고 있다. 이는 검찰이 주장하는 국정원법에 나와 있지 않은 활동이다. 검찰의 논리에 따르면 이 업무는 불법이다. 그렇다면 이 대북 교섭 업무에 사용되는 모든 예산도 국고 손실 범죄에 해당된다. 그렇지 않은가?"라고 반박했다. 이 반박에 담당 검사는 묵묵부답이었다.

검사들은 국정원 정보 활동의 실체를 모른다. 대통령의 국정 운영 행위의 실체도 모른다. 국정원법에 나와 있는 법 문구에만 집착한 편협한 시각을 드러내었다. 더구나 검찰은 국정원장들이 모두 유죄라고 답을 정해 놓고 유죄 증거를 찾고 있어서 무죄가 되는 증거는 외면해야만 하는 입장이었다. "국정원은 대통령 소속으로 두며, 대통령의 지시와 감독을 받는다"고 국정원법 제2조는 규정하고 있다. 검사들은 이 명백한 규정도 외면했다. 법 적용도 선택적으로 한 것이다.

정보 업무는 국가안보를 최고의 가치로 두고 전개되는 특수 업무다. 국가안보에 도움이 된다면 마피아와 같은 범죄 단체에도 돈을 대 준다. 이런 접근 방법은 모든 나라에서 용인되는 정보 행위다. 그런 이유로 정보기관 내에서 이루어지는 일은 기밀로 분류되어 있고, 선진국들은 일반 사법적 잣대로 이를 재단하는 것을 자제하고 있다. 특히 미국은 정보 업무 관련 혐의를 일반 법정에서 재판하는 것을 금지하고 있다.

대통령과 정보기관은 어느 나라에서든지 국가안보 공동체의 핵심이다. 국가원수인 대통령과 정보기관은 국가안보를 위해 한 몸으로 움직인다. 국정원장 특활비의 청와대 지원은 국가안보 공동체 내에서 정보 예산의 움직임이었다. 정보 업무 경험도 없고 이를 전혀 이해하지 못하는 검사와 판사들이 여기에 사법적 잣대를 들이댔다. 그들은 과거 관례가 어떠했든, 국가안보가 망가지든 말든 상관하지 않았다. 모두 오직 유죄를 만들겠다고 작심하고 있었다. 그렇게 답이 정해진 재판이 진행되었고, 문명국가에서는 있을 수 없는 법치의 농단이 일어났다.

미국에는 1875년 대법원 판례로 확정된 '토튼 독트린(Totten Doctrine)'으로 불리는 사법 원칙이 있다. 이 원칙은 미국 정보기관의 비밀 정보 활동과 관련된 혐의를 미국 법원이 재판 또는 심리하는 권한을 제한하는 사법 원칙이다(Legal principle that limits the ability of US Courts). 이 원칙은 남북 전쟁 당시 링컨 대통령의 지시로 첩보 활동을 했다고 주장하는 사람이 링컨 대통령이 첩보 활동 대가를 주지 않는다고 고소한 사건에서 비롯되었다. 당시 토튼 대법관은 법원이 이를 심리하면 첩보 활동과 연락 수단 등 비밀 내용이 노출될 수 있다고 지적하고 이는 사법적 검토의 대상이 될 수 없다고 각하했다. 이후 이 원칙은 정보 업무 관련 범죄 혐의에 대한 사법 처리의 원칙으로 굳어져 왔다.

1980년 미국은 정보기관과 국가 기밀 관련 범죄 혐의를 전문적으로 재판하는 특별법원을 설립하는 법률(The Classified Information Procedures Act of 1980)을 제정했다. 이 법률에 따라 CIPA라고 불리는 특별법정에서 국가안보와 정보 업무, 그리고 국가 기밀 관련 범죄 혐의를 재판한다. 재판은 비공개로 이루어지며 CIPA 판사는 사건 관련 정보의 공개를 막는 막강한 권한을 가지고 있다. 미국은 이런 법적 장치를 통해 국가안보와 정보기관, 그리고 국가 기밀을 보호하고 있다. 국가안보나 정보기관, 그리고 국가 기밀에 대한 경험과 지식이 없는 일반 검사나 판사가 국가안보 사안을 함부로 다루는 것을 금지하고 있는 것이다. 물론 정보 업무와 무관한 정보기관 요원의 살인, 뇌물 수수, 횡령과 같은 개인 부정이나 비리 혐의는 일반 법정에서 다룬다.

국가안보와 국가 기밀 보호의 중요성은 상식이다. 국가 기밀의 보호는 현대 국가를 지탱하는 원칙의 하나다. 검사와 판사들은 법률 지식만 가지고 있어서는 안 된다. 기본적으로 국가 공동체를 지키려는 의지와 국가 전체를 바라보는 지적 역량과 공직자의 마인드를 내면에 간직하고 있어야 한다. 미국과 같은 법적 장치가 없더라도 책임 있는 공직자들이라면 마땅히 그래야 한다. 그러나 아쉽게도 1875년의 토튼 대법관 같이 국가안보를 중시하는 책임 있는 공직자가 우리에겐 없었다. 국가 기밀 보호와 국가안보 강화를 위해서는 한 치의 빈틈이 있어서는 안 된다는 국가 운영의 기본 원칙을 위해 미국은 CIPA를 운영하고 있는 것이다(미국의 특별법정 부분은 후에 추가 설명한다).

우리나라의 안보 환경은 미국보다 훨씬 더 엄혹하다. 국가안보를 중요시하는 의식이 미국보다 더 강해야 하는 상황이다. 국가안보에 관해 한 치의 소홀함도 없어야겠다는 철저한 안보 의식이 국가를 지킨다. 이런 의식은 안보 부처만의 전유물이 되어선 안 된다. 공동체 구성원 전체의 의식이어야 한다. 안타깝게도 문재인 정부의 검찰과 법원에는 이런 의식 자체가 없었다. 기소와 판결이 국가안보에 어떤 부작용을 일으킬지는 그들의 관심 밖 일이었다. 적폐 청산의 사나운 기세 앞에서 보신이 급했다. 그들은 그렇게 국가의 안보를 해쳤다. 앞으로 국가안보 위기가 닥쳤을 때 상처를 입은 우리의 국가안보 체제가 제대로 작동할지 염려된다.

국가 정보기관, 군 통수권과 함께
대통령이 활용하는 국가안보 장치

대통령은 국가 수호의 궁극적 책임자다. 국가 수호는 헌법에 명기된 대통령의 제일의 책무다. 대통령은 이 헌법적 책무를 수행하는 데 두 개의 특별한 장치를 가지고 있다. 군 통수권과 국가 정보기관이다. 이는 모든 선진국이 공통으로 운영하는 국가안보 운영 체계다. 군 통수권에 대해서는 잘 알려져 있다. 반면 대통령과 국가 정보기관 간의 관계에 대해서는 상대적으로 덜 알려져 있다.

미국 CIA 본부 빌딩에는 역대 미국 대통령의 초상화가 전시되어 있다. 트루먼 대통령의 초상화에는 다음과 같은 친필 서명이 있다.

CIA를 아는 미국 대통령

The President of the United States, who knows CIA

트루먼 대통령은 CIA를 창설한 대통령이다. 이 서명은 짧지만, 대통령과 정보기관 간의 불가분의 관계를 간명하게 표현하고 있다. 이 서명에는 대통령만이 CIA를 아는 지도자이며 CIA를 지휘하는 사실상의 지휘관이라는 의미가 함축되어 있다.

우리나라도 마찬가지다. 우리나라는 대통령과 국정원의 불가분의 관계를 법으로 명시하고 있다. 즉, 국정원법은 "국가정보원은 대통령 소속으로 두며, 대통령의 지시와 감독을 받는다"라고 명시하고 있다. 이처럼 대통령과 정보기관 간 관계를 법으로 명시한 나라는 우리나라가 유일하다. 이런 법적 명시가 없어도 선진국들은 정보기관은 국가안보를 책임지고 있는 대통령이 사용하는 국가안보의 도구(tool)임을 인식하고, 그렇게 운영하고 있다.

동국대학교 법학대학원장을 지낸 한희원 박사는 『대한민국 국가정보원』(백년동안, 2014)에서 국가 정보기구는 헌법기관성을 지녔다고 다음과 같이 썼다.

국가 정보기관은 헌법에 명시되어 있지는 않다. 그러나 국정원이 수집하는 국가정보는 헌법기관인 대통령이 헌법이 부여한 임무를 차질 없이 수행할 수 있도록 지원한다. 그러므로 국정원의 내재적 헌법기관성을 부인할 수 없다. 국정원의 기본 업무는 헌법의 요청이며 헌법 합치적이다. 이처럼 국정원은 헌법상의 기본 가치를 수행하기 위한 실질적이며 긍정적인 헌법 가치 임무 수행 기관이다.

한희원 박사는 국정원은 헌법기관인 대통령이 국가 수호 임무를 수행하기 위해 활용하는 필수적인 장치임을 헌법학적 측면에서 고찰하여 위와 같이 명료하게 설명한 것이다.

대법원의 반헌법적 판결

한희원 교수의 지적처럼 국정원에 대한 대통령의 지휘권은 헌법 가치에 부합한다. 역대 대통령은 자신이 지휘하는 예하 소속 기관인 국정원의 업무를 세세하게 지휘해 왔다. 인사를 비롯하여 국정원 운영의 전반을 지휘해 왔다. 국정원 예산 지휘도 포함되어 있었다. 그런데 다 아는 대로 문재인 정권은 갑자기 적폐 청산이라는 명분을 내세워 박근혜 전 대통령과 국정원장 3명을 국고손실죄로 엮어 감옥에 보냈다. 대통령의 국정원 예산 지휘가 불법이라고 판결한 것이다.

나는 법정에서 다음과 같은 요지로 증언했다.

국정원에 대한 대통령의 지휘권은 헌법과 법률에 따라 보장된 것이다. 대통령의 첫 번째 책무는 국가안보다. 대통령은 대체 불가능한 국가안보의 최종 책임자다. 모든 나라가 대통령(내각책임제에서는 총리)을 국가안보 그 자체로 간주하고 있다. 그래서 대통령 개인의 건강도 국가 기밀이 된다. 대통령은 무엇이 국가안보 행위인지 결정하는 배타적 권한을 지녔다. 대통령이 직면한 국가안보의 개념은 광범위하고 포괄적이다. 통념적인 군사 안보의 차원을 넘는다. 경제가 튼튼해지면 국가안보도 튼튼해진다. 군 장병과 외교관의 사기가 오르면 이 또한 강한 국가안보에 기여하게 된다. 또한 국가안보는 매우 유동적이고 가변적이다. 오늘 아무것도 아닌 것처럼 보여도 후에는 국가안보에 지대한 영향을 끼치는 사안도 있다. 그래서 대통령의 모든 국정 행위는 헌법이 부여한 국가안보 책무에도 부합하는 것으로 보는 것이 합리적이다.

박근혜 전 대통령이 국정원에서 지원받은 자금을 청와대 직원 격려금, 외국 순방 시 관계 직원 격려금, 또는 주한 미군 장병 격려금으로 사용했다면 이는 대통령의 명백한 국가안보 행위에 해당한다. 더구나 지원된 자금은 국정 원장 특수사업비에서 나온 자금이다. 이 특수사업비는 국정원장이 판단하여 국가안보 전체를 대상으로 사용해 온 예비비적 성격의 자금이다. 국정원 내규에 이 자금은 '국가안보에도 사용할 수 있는 금원'이라고 기술되어 있다.

박근혜 전 대통령은 예산을 지원해 달라는 지시를 국정원장에게 내렸다. 국 정원에 대한 대통령의 지휘권을 행사한 것이다. 국정원장들은 이 대통령의 지시에 따라 국정원장 특수사업비에서 청와대에 예산을 지원했다. 대통령의 지시에 순응해야 하는 법적 의무를 지닌 국정원장들로서는 자연스러운 반응이었다. 적폐 청산 법원은 이러한 박 전 대통령의 지시, 그리고 국정원 장들의 대통령 지시에 따른 순응 행위를 모두 불법으로 판결했다. 국정원에 대한 대통령의 지휘에 예산 지휘는 안 된다는 규정은 어디에도 없다. 그럼에도 불구하고 대통령 지시를 따른 국정원 예산의 청와대 지원을 국고 손실을 야기한 불법이라고 판결한 것은 대통령은 국정원 예산에 관해 지휘해서는 안 된다는 실질적인 제한을 가한 것이다. 하급 법원이 헌법에 도전한 것이다. 헌법에 명시한 대통령의 국가안보 지휘권을 제한한 것이다.

대통령은 국가안보를 위해 국가의 모든 자원을 동원할 수 있어야 한다. 자원의 동원 방법과 시기는 대통령만이 정할 수 있다. 법원이 "이 자원 동원은 안 되고 저것은 된다"고 정할 수는 없다. 이것이 대통령에게 국가안보 지휘권을 보장한 헌법 정신이다. 사익을 위해 대통령이 마음대로 국가 자원을 동원하거나 낭비해도 된다는 얘기가 아니다. 대통령의 국가안보 지휘권을 실질적으로 제한할 수 있는 판결은 헌법 정신을 훼손할 수 있어, 대통령이 사익을 위해 국가 재정을 착복했다는 명백한 증거가 없으면 극도로 신중해야 함을 지적하는 것이다. 박근혜 전 대통령은 돈을 착복하지도, 사익을 위해 국정원 지원 자금을 사용하지도 않았다. 그런데도 대통령이 국정원 예산을 잘못 사용해서 국고 손실을 했다니 이는 어떤 문명국가에서도 있을 수 없는 가당치 않은 범죄 혐의다.

나는 지금도 내 주장이 옳다고 믿는다. 나의 주장은 구체적인 법리만 따져 내린 주장이 아니다. 국정원장직을 수행해 본 경험에서 비롯된 상식적이고 합리적 주장이다.

검찰과 법원은 어떻게 대통령직의 엄중함을 그토록 가볍게 여길 수 있었을까? 그리고 대통령과 국정원장 간 관계를 규정한 헌법 정신을 그토록 이해하지 못하고 있었을까? 어떻게 내 주장을 그토록 철저히 외면할 수 있었을까?

나는 물론 법률 전문가는 아니다. 그러나 나는 이 사건에 관한 대법원을 비롯한 전체 법원 심리가 얼마나 비법리적이며 불합리했는지를 분별할 수 있는 양식은 지녔다. 적폐 청산 판결은 김명수 사법 체제의 최대 오점으로 역사에 기록될 것으로 나는 믿는다. 뒤에서 다시 언급하겠지만 이 대법원 판결에 대하여 위헌심사 헌법소원을 청구한 상태다.

국가 정보기관은 아무 정보나 수집하지 않는다

정보 업무는 위험하고 비싸다는 특성을 지녔다. 위험성은 정보요원의 개인적 위험만을 의미하지 않는다. 정보 활동의 노출 시 엄청난 정치적, 외교적 파장을 몰고 온다는 측면에서 본질적으로 위험하다는 의미이기도 하다. 또한 정보 업무는 돈과 노력이 많이 든다.

냉전 시 베를린에서 소련 통신을 도청하기 위해 미국 CIA가 소련 군사 기지까지 굴을 판 적이 있다. 막대한 자금과 노력의 투자였다. 이 터널은 1년 정도 운영하다가 소련에 의해 발각되었다. 소련이 이를 역이용하기까지 했다. 미국이 터널을 뚫기 위해 쓴 어마어마한 비용과 노력이 모두 허사로 끝났다. 이 사례에서 보듯이 정보 노력이 언제나 성공하는 것은 아니다. 허망하게 실패로 끝날 때도 왕왕 있다. 그렇기 때문에 정보 업무는 정교한 계획에 따라 전개된다. 무턱대고 좋은 정보가 걸리기를 바라는 투망 식으로 전개하지 않는다. 앞에서 설명한 정보 순환 사이클에 따라 정보 목표를 정하고 이를 체계적으로 공략하는 방식으로 전개한다.

최근 미국 정보기관이 윤석열 정부의 국가안보실을 도청했다는 보도가 나와 세간의 관심을 끌었다. 언론이 요란하게 보도했고, 민주당은 주권 침해이므로 미국에 사과를 요구하라고 정부를 공격했다. 같이 도청을 당했다고 알려진 이스라엘이나 프랑스의 차분한 반응과는 대조적이다.

　도청을 주권 침해라고 비난하는 것은 국가정보 운영에 관한 묵시적인 국제적 관행과 상식에 대한 무지의 소치이고 과도한 정치적 주장일 뿐이다. 미국은 우리나라에 CIA 요원을 파견해 놓고 있다. 우리도 마찬가지로 미국에 정보관을 두고 있다. CIA 요원의 직분은 주재국에 대한 정보 수집이다. 도청은 정보 수집 수단이다. 우리 국정원 요원도 마찬가지로 정보 수집을 위해 여러 가지 정보 기술을 사용한다. 이런 정보 수집 활동은 주권 침해가 아니라 국가 간 알면서도 모르는 체하는 양해 사항이다. 따라서 용산 사무실에 대한 미국의 도청은 소란을 피울 새삼스러운 것은 아니다. 진짜 새삼스러운 것은, 도청이 사실이라면 왜 미국이 동맹국인 한국 정부를 도청해야겠다고 결정했을까 하는 점이다.

　국가정보 수집은 기밀을 훔치는 행위다. 위험한 일이고 비용이 많이 드는 일이다. 정보를 수집하려면 정보 자산을 구축해야 한다. 우리 정부를 도청하려면 도청 기지가 있어야 하고, 도청기를 설치해야 하며, 운영 요원, 번역 요원 등 다수 인원이 동원되어야 한다. 국가정보는 '아무 정보'가 아니다. 국가안보에 꼭 필요한 정보다. 따라서 표적을 정하고 치밀한 검토 하에 수집 계획을 수립한다. 나는 박근혜 정부 시절에는 미 정보당국이 한국 정부를 도청 목표로 삼지 않았을 것이라고 생각한다. 당시에는 한국 정부의 움직임이 투명했고 한미 정보 협력 관계가 굳건했었다. 미국 정보당국이 구태여 위험하고 돈이 많이 드는 도청 프로그램을 운영하지 않아도 된다고 여겼을 것이다. 반면, 문재인 정부의 대북 정책 행보는 미 정보기관이 불안하게 여겼을 것이다. 그런 이유로 이를 정보 수집 목표로 삼아야 할 필요성이 대두되었을 것이다. 한번 투입된 정보 자산은 운용 필요성이 재검토될 때까지 관성적으로 운영하는 것이 통상적이다. 그런 연유로 문재인 정부에서 가용된 정보 자산이 윤석열 정부에 관성적으로 작동했을 가능성이 있다고 생각할 수 있을 것이다. 또한 윤석열 정부가 초기이므로 정책 행보를 파악하자 하는 정보 소요도 있었을 것이다.

윤석열-바이든 간의 한미 정상회담을 계기로 미 정보기관은 한국을 정보 표적 리스트에서 제외할 것이다. 그러나 이 타깃 리스트가 다시 수정될 개연성은 늘 있다. 문재인 정부 같은 좌파 정권이 들어서서 대북 정책 행보가 불안해지면 또 그렇게 될 것이다. 정보의 세계에서는 이를 탓해서는 안 된다. 대신 이런 움직임을 방첩 역량 강화로 대비하는 수밖에 없다.

정보기관이 공들여 수집하는 정보를 구별해서 국가정보(national intelligence)라고 부른다. 국가 정보기관은 아무 정보나 수집하는 것이 아니다. 국가안보 정책 수립에 필요한 정보, 국가 생존 이익을 지키는 데 필요한 정보를 수집한다. 이 정보들을 총칭해서 국가정보라고 한다. 주택 정책, 에너지 정책과 같은 일반 행정 정책 수립에 필요한 정보는 국가정보가 아니다. 흔히 국가 이익(national interest)은 국가 존망 이익(national survival interest), 국가 번영 이익, 국가 존엄 이익(national prestige interest) 등으로 나눈다. 국가 정보기관은 그중에서도 국가의 핵심 이익(core interest)인 국가 존망 이익에 관한 정보를 다루기 위해 설치된 특수 장치다.

우리나라 정보기관의 현재 명칭은 국가정보원(NIS, National Intelligence Service)이다. 국가 안위와 관련된 국가정보를 전문적으로 수집하고 이를 국가(국민)에게 서비스하는 전문 기관이란 의미가 내포되어 있다.

국가 정보기관이 수집해야 할 국가정보의 우선순위(intelligence requirements)는 국가가 처한 안보 환경에 따라 끊임없이 변한다. 국가안보를 위협하는 요소는 다양하다. 군사적 요인 뿐만이 아니다. 테러나 대형 사고, 금융을 마비시키는 해킹과 같은 사이버 범죄, 마약, 국제 범죄, 코로나와 같은 감염 사태 등이 국가 안위를 위협한다. 국정원은 평소에도 이런 위험 요소들을 끊임없이 모니터하고 점검한다.

그러나 국정원은 북한의 위협에 특화되어 있는 정보기관이다. 우리가 직면한 북한의 위협은 우리가 직면한 '명백한 현재적 위험(clear and present danger)'이다. 우리의 국가안보 위협은 거의 모두가 북한과 연결되어 있다. 해킹 위협도, 테러 위협도, 대량 살상 사고의 위험도 다 북한 소행임을 일단 의심해야 하는 상황에 놓여 있다. 특히 북한발 전쟁의 위협이 우리나라를 짓누르고 있다. 국정원이 북한의 위협에 대처하는 특화된 정보기관일 수밖에 없는 이유다.

국정원 직원들은 '차단의 원칙'에 의해 자기 분야만 안다. 하물며 외부 인사가 국정원 정보 업무의 실상을 안다는 것은 원천적으로 불가능하다. 2015년 국정원장이 되기 전까지 정보 관리로서 나의 경력은 해외 분야였다. 과거 경력의 전부가 해외 분야에 한정되어 있었다. 해외 담당 차장을 4년 가까이 역임했다. 그런데도 국내정보 분야는 사실상 문외한이었음을 원장이 되고 나서야 새삼 깨달았다. 그처럼 차단의 원칙은 철저하다.

국정원에 대한 책을 쓴 사람도 있다. 국정원의 정보 역량과 관련해 이런저런 비판적 평가를 칼럼으로 발표한 언론인도 있다. 국정원 전직 출신으로 국정원 업무를 다 아는 체하는 사람도 있다. 국정원에서 인사 업무만 하다 더불어민주당 국회의원이 된 전 직원이 문재인 정부 시절 국정원법 개정을 주도했다. 국정원이 그간 개혁에 저항해 왔다는 그의 인터뷰 기사를 읽으면서 그의 제한적인 국정원 경력을 감안하면 그의 그런 자신 있는 태도는 용감하다는 말외에는 달리 평가할 수 없었다. 국정원에 오래 몸을 담았어도 자기 업무 외의 다른 분야는 알 수 없다. 하물며 어떻게 외부 인사가 국정원의 내부 사정을 알고 평가할 수 있겠는가? 나는 원장 재직 시에 국정원에 대한 비판적 글을 쓴 전문가나 언론인들을 적극적으로 만났다. 나는 그들에게 그들의 지식이 제한적일 수밖에 없는 현실을 수시로 설명했다. 그들은 모두 내 설명에 공감을 표했고, 이후에는 그들로부터 비판의 글이 사라졌다.

좋은 정보는 하루아침에 뚝딱 얻어지지 않는다. 현실 세계에 제임스 본드는 존재하지 않는다. 좋은 정보 과실(果實)을 수확하기 위해서는 좋은 정보 나무를 키워야 한다. 정보 나무도 하루아침에 자라지 않는다. 정보 업무에는 갑작스러운 돌파(breakthrough)가 없다. 작은 점 같은 팩트를 끈질기게 모아서 의미 있는 결과를 이끌어 낼 뿐이다. 그 나무를 정보 세계에서는 정보 자산(asset)이라고 부른다. 테킨트의 경우를 예로 들면, 도청 기지를 만들고 정찰위성을 띄우는 조치들은 정보 자산을 구축하는 행위들이다. 긴 시간과 막대한 자금이 들어간다. 휴민트 분야도 마찬가지다. 좋고 생산적인 휴민트망을 구축하는 데는 오랜 시간이 걸린다.

미국은 2001년에 일어난 9·11 참사의 책임자인 오사마 빈 라덴을 찾기 위해 10년간을 추적했다. 미 정보기관이 지닌 막강한 정보 자산과 역량이 총동원되었다. 10년간의 긴 인내의 과정을 거쳐 마침내 2011년 파키스탄 북부 아보타바드(Abbottabad)에 숨어 있는 오사마 빈 라덴을 찾아냈고, 2012년 5월 1일 특공대를 투입해 사살에 성공했다. 이 추적 프로젝트를 담당한 미 대테러센터는 포로 심문, 이중 공작원 운영, SI(시스템 통합) 운영 등 미 정보기관의 정보 자산으로부터 쏟아지는 정보 홍수에서 유의미한 정보를 선별해 내고 이를 끈질기게 추적한 끝에 10년 만에 오사마 빈 라덴의 은신처를 찾아낼 수 있었다. 이처럼 정보 업무는 하나의 점으로 조각난 첩보를 유의미한 선과 면으로 만들어 가는 지루하고 끈질기게 이루어지는 인내의 과정이다.

하루아침에 근사한 정보 열매를 수확할 수는 없다. 보통 사람들은 정보 업무가 끈질긴 인내의 프로세스라는 점에 대한 이해가 거의 없다. 정보기관은 모든 것을 파악하고 있는 만능 존재여야 한다는 막연한 인식만 지니고 있다. 김일성이 1994년 7월 8일에 사망했다. 그 아들 김정일도 2012년 12월 15일에 사망했다. 당시 우리 정보기관은 두 번 모두 사망 사실을 실시간으로 포착하지 못했다. 이 중대한 사건을 실시간으로 파악하지 못하다니 무능한 정보기관이라는 비판이 쏟아졌다. 여야 정치권을 비롯해 언론이 모두 비판에 합세했다. 국정원으로서는 뼈아픈 지적임이 틀림없다. 그러나 이러한 비판은 정보 업무의 현실에 대한 몰이해에 기인한 측면이 강하다. 김일성이나 김정일 사망을 실시간으로 파악하는 것은 북한 정권 내부 깊숙이, 바로 김일성이나 김정일 옆에 스파이를 침투시켜 놓아야 가능하다. 극도의 보안을 뚫고 실시간으로 연락할 수 있는 비밀 통신망도 구축되어 있어야 한다. 이는 국정원을 비롯해 세계 모든 정보기관이 꿈꾸는 드림이다. 그러나 드림은 현실이 아니다.

1990년대 초 CIA 부장은 윌리엄 웹스터 전 FBI 국장이었다. 당시 〈뉴욕 타임스〉지에 웹스터 부장의 인터뷰 기사가 실렸다. 그 기사에서 웹스터는 "부시 대통령이 CIA 부장직을 역임한 바 있어 정보의 제한성(limitation of intelligence)을 잘 이해하고 있다. 그래서 대통령에 대한 정보 보고가 매우 효율적으로 이루어지고 있다"고 언급했다. 대통령이 정보의 제한성을 이해하지 못하면 무리한 지시와 정보 요구를 할 수도 있다. 그렇게 되면 많은 부작용이 초래되고 정보 운영이 왜곡될 수 있다. 웹스터 부장은 이 점을 지적한 것이다.

이처럼 국가정보의 사용자인 정책 담당자들은 정보 세계의 한계와 현실을 제대로 이해하는 것이 필요하다. 그렇지 않으면 정보기관의 능력을 고려하지 않은 무리한 요구가 있게 되고 이는 큰 부작용으로 이어지게 된다.

좌파 정권의 국정원 와해 시도

국정원은 긴 수난의 역사를 거쳤다. 다 아는 대로 그 수난의 정점은 문재인 정부 시절이었다. 좌파 정치 세력은 국정원을 과거 중앙정보부 시절의 국정원으로 계속 묶어 두고 끊임없이 공격해댔다. 그 역사적 배경에는 자신들만이 참된 민주 세력이고 역사적 정의라는 오만함이 자리하고 있다.

앞에서 지적한 대로 우리나라는 2차대전 후 탄생한 140여 개 신생 독립국 중 산업화와 민주화를 동시에 달성한 유일한 국가다. 참으로 놀라운 성취다. 어떻게 이런 성취가 가능했느냐 하는 원인 분석은 다양하다. 그 시절, 국민 한 사람 한 사람은 자신의 위치에서 각자 최선을 다해 살았다. 베트남 전쟁터에서, 열사의 중동 땅에서, 석탄 분진이 난무하는 독일의 지하 탄광에서, 열악한 환경의 가발 공장에서 묵묵히 피와 땀을 흘렸다. 또한 그 시절 우리 국민은 개인 자유의 절제와 유예가 강제되는 희생도 치렀다. 강력한 국가 기강의 통제를 감내해야 했다. 그러나 가난을 더 이상 후손에게 물려주지 않겠다는 다짐과 '우리도 잘살아 보세'라는 국가 비전에는 모두 한마음이었다. 이처럼 한마음으로 모인 국민의 다짐과 노력, 그리고 희생의 총화가 오늘날 대한민국의 놀라운 비상의 비결이다.

그 시절 박정희 대통령을 비롯하여 이병철, 정주영 등 걸출한 지도자들이 있었다. 그러나 한강의 기적은 그분들의 리더십만으로 이루어진 것이 아니다. 국민이 모두 동참하는 인내와 희생이 없었다면 그런 기적의 성취는 불가능했다. 그렇다면 어느 한 세력이 이 기적의 역사한 부분인 민주화 부분을 뚝 떼어 내어 자신들의 공이라고 주장할 수는 없는 것이다. 산업화 세력과 민주화 세력이 제각각 따로 작동한 것이 아니다. 상호 보완재로서 상승 작용을 일으키면서 기적의 역사를 일구어 냈다. 베트남의 전쟁터, 독일의 지하 탄광을 비롯하여 우리 사회의 구석구석에서 국민 각자가 흘린 피와 땀을 누가 민주화와는 아무런 관련이 없다고 주장할 수 있는가? 국민들이 먹고사는 근본적 문제, 북한과 생존을 건 체제 경쟁, 국제 경제의 어려움, 냉전 구도의 갈등 심화 등 복잡하고 다양한 문제들을 국가의 성장과 발전이라는 목표 아래 동시에 고민해야 했던 것이 1960~70년대 현실이었다.

그럼에도 좌파 운동권 세력은 이런 역사적 진실을 부인한다. 민주화는 군사 독재 정권에 맞선 그들의 투쟁의 산물이며 그들의 전유물이라고 주장한다. 자신들만이 역사적 정의이며 군사 정권과 이에 부역한 국정원은 불의의 세력이며 가해자라고 주장한다. 민주화 세력만으로도 산업화는 달성할 수 있었다고도 한다.

그들은 이런 주장을 그들의 정치적 자산으로 삼았다. 정권이 교체되고 군부 정권이 사라졌어도, 그리고 국정원도 순수 정보기관으로 변모했어도 그들은 아랑곳하지 않았다. 그들은 자신들만이 정의의 세력이라는 존재감을 지속시키기 위해 공격 대상이 필요했다. 그렇게 국정원은 그들의 공격을 끊임없이 받았다.

그들은 국정원이 하는 일에 대해 사사건건 트집을 잡았다. 민간인 사찰 의혹은 단골 메뉴였다. 세월호 침몰에도 국정원이 개입했다는 의혹까지 제기했다. 가짜 뉴스와 음모론은 대중에게 잘 먹힌다. 대중은 밋밋한 진실보다 자극적인 가짜 뉴스에 쉽게 영합한다. 이를 간파한 좌파 세력은 진실을 외면한 온갖 왜곡된 가짜 뉴스와 선동적 주장을 퍼뜨렸다. 같은 민족끼리 평화롭게 지내고 외세를 배격하고 우리끼리 통일을 이루어 나가자는 북한의 통일전선전략에 호응했다. 북한이 우리 안보를 지속적으로 위협하고 있어 경계를 늦춰서는 안 된다는 주장은 철지난 낡은 냉전적 사고로 폄하되었다. 이들의 수법은 독일 히틀러 치하의 선전 선동의 귀재 괴벨스를 능가했다.

그들은 군부 통치를 끊임없이 소환했다. 군부 통치의 역사는 악의 역사이며 그 잔재가 모든 사회 부조리의 원인이라고 했다. 악의 잔재는 반드시 척결해야 하는 대상이라는 증오의 정치를 펼쳤다. 이런 주장은 우리 사회에 내재되어 있는 불만 세력과 쉽게 영합한다. 북한도 이에 힘을 실어 주었다. 그렇게 해서 이들의 정치적 주장은 세를 불렸고, 광기의 광우병 광란을 일으키더니, 급기야 촛불 난동을 일으켜 박근혜 대통령의 탄핵을 불러일으켰다. 그들은 문재인 정권 출범으로 그 정점을 찍었다. 박근혜 대통령의 탄핵은 우리 국민의 집단 이성이 가짜 뉴스와 선동에 마비되어 국민의 이름으로 자행된 불의였고 역사적 범죄였다.

문재인 정권은 '촛불혁명으로 탄생한 혁명정부'라고 했다. 자기들만이 진정한 민의를 반영하는 정의의 세력이라고 했다. 집권하자마자 우리 사회의 주류를 교체하고 국가 전체를 개조한다며 자신들만의 정의 실현에 착수했다. 적폐 청산을 국정의 제1 순위로 삼았다. 자연히 국정원이 첫 번째 손볼 대상으로 떠올랐다.

그들은 왜 국정원을 첫 번째 표적으로 조준했을까? 답은 간단하다. 비록 민주화 세력으로 포장되었지만 그들 운동권 세력의 사상적 표리부동과 비리, 그리고 무능을 가장 잘 아는 조직이 국정원이기 때문이다. 그들은 국정원을 샅샅이 뒤져 손볼 거리를 찾았다. 심지어 김대중 정부 시절 해외 담당 국장을 지낸 간부의 부인까지 찾아냈다. 그 부인은 개인의 자격으로 댓글을 썼었다. 명백히 헌법이 보장한 개인의 자유의사 표현이었다. 그럼에도 국정원 간부 부인이라는 이유로 형사 처벌 대상으로 둔갑하여 대법원까지 가는 재판을 받았고 200만 원의 벌금형을 받았다. 이처럼 그들은 법치를 유린했고 자신들만의 정의의 이름으로 국가 폭력을 자행했다.

세계 정보기관 역사상 우리나라 국정원처럼 박해받은 정보기관은 없다. 이 핍박은 국가를 지키는 역량을 스스로 무너뜨린 자해적 폭거였고 명백한 반국가 행위였다.

　윤석열 정부 출범으로 국정원은 수난의 긴 터널에서 빠져나오고 있다. 이제 멍이 들고 아픈 국정원에 진정한 치유의 시간이 도래했다. 국정원을 위해서가 아니라 국가안보를 위해, 윤석열 대통령이 치유를 위한 특단의 조치를 취하기를 기대해 본다.

좌파정권은
왜
국정원을
무력화 시켰을까

III. 정보 관리의 삶
30년의 여정

중앙정보부 요원이 되다

사람의 인생은 하나님이 지휘하고 인도하시는 모험적 드라마라고 한다. 유명한 신학자 도허티(Earl Doherty)의 말이다. 성경 말씀 전체가 이를 뒷받침한다. 「잠언」은 "사람의 걸음은 여호와로 말미암나니 사람이 어찌 자기의 길을 알 수 있으랴"(20장 24절)라고 단언한다. 누구나 자기 일생을 뒤돌아보면 의지와 무관한 많은 우연적 사건들을 발견하게 되고 그 우연들이 엮여 필연으로 발전하는 것을 깨닫게 된다. 당연한 것은 하나도 없음을 발견하게 된다.

나는 국고손실죄로 3년 6개월 유죄 판결을 받고 2년 2개월간 감옥살이를 했다. 감옥살이는 생을 뒤돌아보게 되는 극단의 환경이다. 독방에 하루 종일 갇혀 지내면서 왜 내가 어떻게 해서 이곳에 갇히게 되었는가를 머리가 터지도록 생각하게 된다. 과거에 있었던 사소한 일까지 떠오르고 반추한다. 내가 국정원장이 된 것은 내가 계획하고 추구한 것이 아니다. 어느 날 갑자기 원장이 되었고, 그 때문에 어느 날 갑자기 감옥에 갇혔다. 나는 남보다 능력이 특출하지 않다. 지적 능력이 뛰어나거나 말을 잘하거나 순발력이 뛰어난 것도 아니다. 그런데도 중앙정보부와 안기부에서 남보다 순탄하게 성공적인 경력을 쌓을 수 있었고 급기야 국정원장의 중책까지 역임할 수 있게 되었다. 뒤돌아보면 위기가 없었던 것은 아니다. 그때마다 신비롭게도 도움의 손길이 있었고 나를 위기에서 건졌다. 감옥에서 나는 이러한 나의 인생 여정이 내 의지와 계획으로 이루어진 것이 아님을 절감했다. 모두 나를 위한 하나님의 크신 경륜과 인도하심에 따라 흘러온 인생 여정이었다. 이 깨달음은 감옥살이까지 한 80년 넘은 내 인생 드라마의 절절한 간증이다.

나는 1963년 19기로 육군사관학교를 졸업했다. 내가 육사에 가게 된 것은 가난 때문이었다. 그때는 많은 사람이 나처럼 가난 때문에 군인의 길을 택했다. 육사를 졸업한 후 군인의 삶을 살 것으로 생각했다. 중앙정보부 직원이 될 것이라고는 꿈에도 상상하지 못했다. 1965년 베트남에 파병되어 맹호사단 수색소대장으로 10개월 근무했다.

내가 중앙정보부에 들어간 것은 1970년이다. 우연히 기회가 와서 그렇게 됐다. 당시 이문동에 소재하고 있는 정보학교에 직원을 대상으로 한 영어교육반이 운영되고 있었다. 교관 자리에 공석이 생겼고 그 자리에 내가 가게 된 것이다. 당시 나는 용산 소재 육군군사영어학교에서 영어 교관으로 재직하고 있었다. 영어 교관직을 맡게 된 것은 1965년 소대장으로 월남 근무를 마치고 귀국한 후 미군이 운영하는 오키나와 정보학교에 6개월간 통역 요원으로 다녀왔기 때문이었다. 당시 미 육군은 오키나와에 정보학교를 설치하고 한국을 비롯한 일본, 캄보디아 등 우방 국가의 군의 정보 능력 향상을 위해 정보 교육을 하고 있었다. 한국군 장교로 1개 반이 편성되어 있었고, 나는 통역 요원으로 파견되었다. 운명처럼 정보 업무를 처음 접하게 된 것이다.

당시 육군에는 해외에서 파견 근무하면 돌아와 해당 분야에서 일정 기간 근무해야 하는 규정이 있었다. 그 때문에 의무적으로 일정 기간 육군정보학교에서 근무할 수밖에 없었다. 당시 중앙정보부 인사과장이던 이상훈 전 국방장관이 "정보학교 영어 교관 자리가 비었는데, 영어 교관 하려면 중앙정보부 정보학교에서 하는 것이 어떻겠느냐"고 제의를 해 왔다. 그 제안은 결국 정보 관리로서 인생을 보내는 계기가 된 운명적 제안이 됐다.

교관직을 2년 정도 수행한 후 1973년 해외국으로 자리를 옮겨 미국 데스크 일을 보게 됐다.

워싱턴 파견

미국 데스크팀의 일원으로 1978년 초까지 근무하다가 박동선 사건이 불거진 상황을 계기로 워싱턴 주재 중정 파견 요원으로 자리를 옮겼다.

당시 미국은 한국 중정을 순수 프로 정보기관이라기보다는 정치 기관으로 보는 경향이 컸다. 박동선 게이트로 미국 내에서 중정의 이미지는 더욱 실추하였다. 당시 중정 워싱턴 거점은 박동선 사건의 여파로 소규모로 급격히 축소된 상태였다.

나는 매일같이 쏟아지는 미국 주요 언론의 한국 비판 기사를 커버하는 일과 미 CIA와의 연락 업무를 담당했다. 학자와 언론인 등 여러 분야의 사람들과 만나 한국 정세에 관한 의견 교환의 기회도 가졌다. 몹시 벅찬 업무였다. 그러나 국제 정세에 대한 안목을 키우는 소중한 정보 활동의 현장 경험이었다.

박정희 대통령 유고

1979년 10월 26일 경천동지의 사변적 사건이 발생했다. 박정희 대통령이 시해된 것이다.

대통령의 유고 소식을 처음 접한 것은 워싱턴에서 오후 3시경 라디오 방송 뉴스를 통해서였다. 처음 전해진 것은 대통령의 유고라는 간단한 뉴스였다.

그날 오후 7시 중정 파견관들은 대사관 다른 부서 직원들과 함께 TV 앞에 모였다. CBS의 7시 뉴스를 듣기 위해서였다. 유명한 앵커 월터 크롱카이트가 뛰어난 박정희 대통령의 시해 범인은 김재규 중정 부장이라고 첫 뉴스 꼭지를 전했다. 경악했다. 중정부장이 범인이라니, 순식간에 죄인이 된 기분이었다. 다른 대사관 직원 보기도 민망했다.

대사관 앞에 미 언론의 카메라가 순식간에 몰려들었다. 대사관 직원들의 멘트를 따기 위해 그들은 진을 쳤다. 당시 중정 워싱턴 거점 책임자는 정태동 공사였다. 조지워싱턴대학에서 박사학위를 취득하고 연세대 정치외교학과 교수를 역임하다 박정희 대통령에 의해 발탁되어 워싱턴으로 오게 된 유능한 인재였다. 정태동 공사 관저 앞에도 카메라가 진을 쳤다. 나를 포함, 중정 파견관들은 모두 망연자실했고 사무실에서 카메라가 철수할 때까지 기다렸다가 퇴근했다. 그 이후에도 중정 파견관들은 죄인의 심정으로 사무실에서 두문불출하면서 사태 추이를 지켜볼 수밖에 없었다. 본부도 쑥대밭이 되었다. 국장급은 모두 보안사령부에서 조사받고 있었다.

1개월 정도 지난 후 전두환 당시 국가보위비상대책위원회(국보위) 의장이 중앙정보부장을 겸임하게 되었다. 이로써 본부가 안정을 찾게 되고 워싱턴 거점도 충격에서 벗어나 서서히 일상으로 복귀했다.

얼마 후 중앙정보부는 국가안전기획부로 명칭이 바뀌었다. 워싱턴 정보 책임자였던 정태동 공사도 교체됐다. 후임으로는 육군 소장 출신인 손장래 장군이 부임했다. 손장래 장군은 1979년 12·12 사태로 권력을 장악한 전두환 장군을 중심으로 한 신군부의 신임을 받고 있었다. 전역 전에는 합동참모본부에서 전략기획국장으로 오랜 기간 재임했다. 전략기획국장은 연례적으로 개최되는 한미 안보협의회(SCM)를 비롯해 한미 군사동맹의 실무적 관리 책임을 맡는 자리다. 손장래 장군은 자연히 미 군부 장성들과 광범위한 인맥 관계를 형성하고 있었다. 미 정부의 지지가 절실했던 신군부는 자신들의 입장을 대변하기 위해 손장래 장군을 중정의 책임자로 워싱턴에 보낸 것이다. 당시 대사는 김용식 전 외무부장관이었다. 한국 외교의 거물이지만 신군부 입장에서는 생소할 수밖에 없었다.

전두환-레이건 정상회담, 우연한 시작

1980년은 글자 그대로 격동의 한 해였다. 1979년 12·12 사태로 정국은 한 치를 내다볼 수 없는 안갯속으로 빠져들었다.

1980년 새해가 되면서 전두환 장군을 중심으로 한 신군부가 빠르게 정권을 장악해 나갔다. 1980년 5월 광주사태(지금은 민주화운동이라 부르지만, 당시에는 광주사태로 불렀다)의 비극이 발생했다. 8월 15일에는 최규하 대통령이 하야했고 8월 27일 전두환 장군이 제11대 대통령으로 취임했다. 1980년 한 해 동안 일어난 실로 숨 가쁜 역사의 전개였다.

당시 미국은 12·12 사태 이후 신군부의 권력 질주에 대해 우려의 시선을 유지하고 있었고 제5공화국 출범에 대해서도 공개적인 적극 지지 표명을 유보하고 있었다. 보통 매년 10월에 개최되는 연례 한미 안보협의회(SCM) 개최도 계속 미루어지고 있었다. 이 회의는 한미 군사동맹의 가장 중요한 상징적 행사다. 이 회의가 순연되고 있음은 한미 군사동맹에 이상기류가 발생했다는 신호로 읽힐 위험성이 있었다. 전두환 정부는 이 점을 누구보다 잘 알고 있었다. 따라서 한미 안보협의회의 개최가 신정부의 대미 외교의 우선적 과제로 떠올랐다. 이를 개최함으로써 껄끄러운 한미 관계를 '통상적인 우호관계(business as usual)'로 복귀시키는 계기가 되기를 바랐다.

전두환 정부는 출범하자마자 움직였다. 1980년 11월 당시 합참의장인 유병현 대장의 미국 방문을 미 정부에 제의했다. 방문 목적은 한미 안보협의회의 조기 개최를 교섭하기 위해서였다. 1980년 11월은 미국 대선에서 카터 대통령이 패배하고 레이건 대통령이 당선된 시점이었다. 대선에서 패배해 물러가는 민주당 정부로서는 SCM의 개최를 협의할 상황이 아니었다. 그럼에도 카터 행정부는 유병현 의장 방미에 동의했다. 그 이유는 물러가는 카터 행정부가 방미하는 유 의장을 통해 전두환 정부에게 직접 전달할 메시지가 있었기 때문이다.

정확하게 기억하지는 못하지만 11월 말경 유 의장 일행은 예정대로 워싱턴에 도착했다. 유병현 의장은 도착 다음날 당시 국방부 장관이었던 브라운 장관을 펜타곤 사무실로 예방했다. 그 자리에서 브라운 장관은 유 의장에게 당시 구속 중이고 사형 선고를 받은 김대중 씨에 대한 미국의 우려를 강하게 전달한 후 미팅을 종료했다. 이 메시지 전달이 카터 행정부가 유 의장 방미에 동의한 이유였다. 유 의장은 SCM 문제를 제대로 꺼내 보지도 못했다. 유 의장의 방미 목적이 무산된 것이다.

SCM 문제는 이미 카터 행정부의 손을 떠났고 레이건 행정부가 결정할 문제로 이관되고 있었다. 당시 레이건 행정부는 본격적인 정권 인수팀을 구성하기 전이었지만 유일하게 리처드 앨런이란 인물이 대통령

국가안보보좌관으로 사실상 내정되어 안보 분야에 대한 업무를 인수하고 있었다.

유 의장 수행단 중에는 이병태 대령(김영삼 정부에서 국방장관 역임)이 포함되어 있었다. 이병태 대령은 육사 17기로 영어를 잘했고, 베시(John William Vessy) 미 육군 대장이 유엔군 사령관으로 한국에 근무할 당시 부관으로 근무한 바 있다. 베시 대장은 1980년 당시 육군참모차장직을 수행하고 있었다. 이병태 대령은 베시 대장에게 리처드 앨런 국가안보보좌관과의 면담 주선을 요청했고, 베시 대장의 주선으로 유 의장과 앨런 면담이 이루어졌다.

앨런 면담 후 유 의장 일행은 귀국했다. 귀국 후 일주일 무렵이 지났을 때였다. 이병태 대령이 다시 비밀리에 워싱턴을 방문한다는 연락을 받았다. 나는 당시 해병대 무관보로 근무하고 있던 신원배 해병대 중령(베트남 짜빈둥 전투에서 혁혁한 전공을 세워 군 최고 훈장인 태극무공훈장을 받은 전설적인 해병으로 후에 소장까지 진급)과 함께 공항에 나가 이병태 대령을 영접했다. 이 대령의 갑작스러운 워싱턴 방문 목적은 손장래 공사가 리처드 앨런을 만나 한미 정상회담을 주선하라는 전두환 정부의 지시를 전달하기 위해서였다. 이 대령이 휴대한 정부 지시문에는 이 협의를 위한 한국 측 대표는 손장래 공사이고 미국 측 협의 대상은 리처드 앨런이라고 명기되어 있었다. 당시 나는 갑작스럽게 한미 정상회담이라니 다소 뜬금없다고 생각했다. 그러다가 손장래 공사와 리처드 앨런 간의 1차 면담 내용을 보고 어떻게 그런 발상이 나왔는지 경위를 알게 되었다.

1차 면담은 한국 측에서는 손장래 공사와 이병태 대령, 미국 측에서는 리처드 앨런과 앨런의 보좌관 존슨 중령 등 4인이 참석했다. 손 공사는 면담 결과를 내게 구술했고 내가 보고서로 정리했다. 1차 면담이 시작되자마자 손 공사는 앨런에게 레이건 대통령 취임식에 전두환 대통령이 참석하고 그때 정상회담이 이루어지는 문제를 협의하고자 한다고 면담 목적을 설명했다. 이 말을 듣자마자 앨런은 "미국 대통령 취임식은 순수 미국 국내 행사로 외국 정상을 초청하지 않으며 어떤 외국 정상도 참석하지 않는다"고 설명했다. 우리 측 면담의 전제가 일단 틀렸던 것이다.

리처드 앨런은 이런 미국의 입장을 설명한 후에도 정상회담 가능성의 문을 완전히 닫진 않았다. "전 대통령이 레이건 대통령 취임식에는 참석하지 못한다고 하더라도, 레이건 대통령 취임 직후 이른 시일 내에 전 대통령이 미국을 방문하는 일정을 마련하게 된다면 이 기회에 레이건 대통령을 만날 수도 있겠다고 생각한다"고 부언한 것이다. 앨런은 예를 들어 J. 록펠러 전 상원의원 같은 인사가 전 대통령을 방미 초청하고, 그 초청에 의한 방미가 이루어지면 그 기회를 이용해서 레이건 대통령과 만나는 방법도 생각할 수 있겠다는 의견도 덧붙였다. 당시 앨런의 이런 발언은 순간적으로 떠오른 개인의 아이디어 차원의 발언이었다.

후에 알렌은 당시 어떻게 그런 생각을 했느냐는 내 질문에 이렇게 답했다(나는 후에 알렌과 두터운 친분 관계를 쌓았다).

"전두환 대통령 체제가 불안정한 채 방치하는 것은 전략적으로 미국 이익에 도움이 되지 않는다고 생각했다. 레이건-전두환 간 정상회담이 이루어지면 한국 국내 정세를 안정시키는 데 도움이 되고 특히 김대중 씨 처형과 같은 폭발적 이슈를 잠재울 기회가 될 수 있다고 보았다. 인권을 중시한 카터 행정부의 외교 노선과 달리 현실을 중시하는 레이건 행정부의 외교 정책 차별성을 과시하는 효과도 있을 것으로 생각했다. 그래서 당시 그런 아이디어를 냈고, 1차 면담 후 레이건 대통령에게 보고해 내락을 얻었다."

1차 면담이 끝나고 이틀 후 한 차례 더 4자 면담(손장래, 이병태, 앨런, 존슨)이 있고 난 후 이병태 대령은 귀국했다. 두 번째 면담에서 정상회담 구상의 대체적 윤곽이 잡혔다.

그 후 정호용 당시 특전사령관이 미국 방문길에 앨런을 면담했다. 이 자리에서 김대중 씨 문제와 관련해서 앨런은 "김대중 씨 문제는 미국이 간여할 사안이 아닌 한국 국내 문제다. 그러나 처형이 이루어지면 미국은 천둥이 치는 것과 같은 충격으로 받아들일 것임은 지적하고 싶다"라고 경고성 발언을 했다. 오랜 세월이 지났지만 나는 그때 앨런이 'out of blue(청천벽력)'라는 표현을 썼던 것을 지금도 기억한다. 정호용 장군은 육사 11기로 당시 신군부 실세 중 한 사람이었다. 이 점을 고려한 앨런의 의도적 발언이었다. 김대중 씨 처리 문제로 한미 정상회담을 허용한 레이건 대통령이 비난받게 되는 상황이 전두환 정부에 의해 조성되어서는 안 된다는 경고였다. 정상회담 개최가 사실상 김대중 씨 처리 문제와 연계되어 있음을 암시한 것이다. 모두 아는 대로 후에 전두환 정부는 김대중 씨를 사면하고 미국에 가서 지낼 수 있도록 허용했다.

안기부 워싱턴 거점은 이처럼 물밑에서 정상회담의 물꼬를 트는 역할을 했고, 그 이후는 외교 채널로 교섭 업무가 이관되었다.

마침내 1981년 2월 2일 전두환 대통령은 레이건 대통령의 초청으로 워싱턴을 공식 방문(official visit)해 레이건 대통령과 정상회담을 가졌다. 이 정상회담은 한반도의 정세를 안정시키는 데 기여한 중요한 역사적 이벤트였다. 이미 지적한 대로 카터 행정부는 12·12 사태 이후 신군부의 움직임과 제5공화국 출범과 같은 한국 내 상황 전개에 대체로 방관하는 자세를 취했다. 이런 상황에서 개최된 전두환 대통령과 레이건 대통령 간의 정상회담은 그간 미온적이었던 전두환 정부에 대한 미국의 태도가 일신되는 계기가 됐다. 전두환 정부로서는 미국의 지지를 확인함으로써 정권의 정통성 확보에 자신감을 갖게 되었고 제5공화국이 순항하는 계기가 됐다. 앞에서도 언급했지만, 김대중 씨도 이 정상회담의 덕을 보았다. 사면되고 미국 방문까지 허용되었으며 후에 대통령에 당선되었다. 전두환-레이건 간 정상회담은 이처럼 우리나라의 역사 전개에 중대한 계기가 된 사건이었다.

나는 당시 이 사건을 경험하면서 예기치 못한 우연이 필연으로 발전하는 역사의 반전을 실감했다. 나는 당시 유병현 의장 일행이 어떤 내용으로 귀국 보고를 했기에 레이건 대통령의 취임식에 전두환 대통령이 참석할 수 있다고 여겨 이병태 대령을 급히 워싱턴에 보냈는지 지금도 의아해 한다. 앨런 말대로 그것은 오해였다. 그렇지만 그 오해는 결국 한미 정상회담이라는 역사적 이벤트로 발전하는 계기가 됐다. 이 오해를 의미 있는 여건으로 발전시킨 당시 주역들도 그 역을 맡도록 역사의 신비가 작동했다고 생각한다. 이병태 대령과 베시 대장의 관계, 손장래 공사의 폭넓은 미국 장성과의 친분 관계, 그리고 특히 앨런의 혜안이 어우러져 역사를 만들었다. 특히 앨런의 역할은 결정적이었다. 그가 한미 정상회담에 잠재되어 있는 기회를 포착하고 일을 추진한 것은 대단한 통찰력이었다. 이 사건은 내게 역사는 특정 개인에 의해 발전도 퇴행도 하게 된다는 평범한 진리를 다시 상기하게 했다.

제5공화국에 대한 역사적 평가

제5공화국에 대한 역사적 평가는 현재진행형이다. 좌파 인사들은 대체로 제5공화국을 12·12 사태를 계기로 일어난 정권 찬탈이라고 하면서 제2의 군부 쿠데타로 폄하한다. 민주주의를 후퇴시킨 암울한 시기였다고 비판한다. 그러나 18년을 집권했던 박정희 대통령이 갑자기 떠난 이듬해인 1980년의 정국은 요동칠 수밖에 없었다. 갑작스럽게 조성된 국가 리더십과 정치권력의 공백은 무주공산의 정치적 혼란을 불러일으키고 있었다. 그런 가운데 김영삼, 김대중, 김종필 등 당시 정치 지도자들은 각자 영남, 호남, 충청 지역의 맹주를 자처하면서 지역감정을 부추기며 극도로 분열되어 있었다. 게다가 학생들의 시위를 부추기기까지 했다. 북한도 우리 사회의 혼란상을 주시하고 선전 매체를 이용해 연일 사회 혼란을 부추기고 있었다. 이러한 위급한 현실 속에서 누군가 권력의 진공 상태를 빨리 메워야 하는 것이 당시의 시대적 요청이었다.

전두환 장군을 중심으로 한 신군부가 이를 메웠다. 좌파들은 당시 신군부가 부당하게 권력을 탈취했다고 비판한다. 그러나 그 과정이 어땠든 제5공화국은 우리 역사의 현실로 등장했다.

제5공화국은 박정희 대통령의 못다 한 산업화의 유업(遺業)을 이어받았다. 전두환 정부는 강력한 톱다운 리더십으로 경제적 안정을 이룩하고 국가 번영의 기틀을 이어 갔다. 실제로 전두환 대통령의 재임 기간인 1980년 9월부터 1988년 2월 퇴임하기 전까지 1980년대 대한민국은 비록 정치적으로는 격변기였지만 경제적으로는 최고 정점의 시기였다. 전두환 정부는 박정희 정부 시절 중화학공업화 과정에서 도입한 대외 채무를 모두 해결하고 외화를 남겨 순채권국 지위를 후임 노태우 대통령에게 넘겨주었다. 외교에서도 제5공화국은 한미 관계를 더욱 공고히 하는 한편 일본과의 관계도 한층 더 성숙시켰다. 당시 나카소네 총리와의 담판을 통해 40억 달러의 차관을 끌어내기까지 했다. 한국이 일본의 국가안보에 기여하고 있다는 명분을 전두환 대통령이 강하게 주장한 결과다. 이 40억 달러는 한강 주변 환경의 재정비, IT 강국으로의 도약을 위한 기술 기반 조성 등 민생과 경제 발전에 요긴하게 쓰였다.

특히 제5공화국은 88 서울 올림픽 유치를 결정했다. 전두환 대통령이 내린 혜안적 결단이었다. 우리 모두가 아는 대로 88 서울 올림픽은 대한민국이 국제 사회로 도약하는 계기가 된 역사적 쾌거였다. 성공적인 올림픽 개최를 통해 6·25 전쟁의 상흔과 연이은 반정부 시위 보도로 세계인의 눈에 부정적인 이미지로 남아 있던 대한민국의 존재는 변화하였다. 국가 브랜드의 가치는 급상승했으며 전 세계에 대한민국의 존재를 알리는 계기가 되었다.

이처럼 제5공화국은 많은 역사적 사연과 5·18과 같은 상처를 지닌 채 출범했고 진행되었다. 오늘날 공과(功過)에 대한 논란에도 불구하고 제5공화국에 대한 평가는 대한민국 번영의 역사에서 떼어 낼 수 없는 우리 역사의 한 페이지였음은 누구도 부인할 수 없다.

아웅산 폭탄 테러: 안기부 최대의 정보 실패

1981년 5월, 나는 3년간의 워싱턴 거점의 임무를 마치고 본부 해외국 미국 담당 책임자로 부임했다. 미주 담당은 해외 부서에서 일이 가장 많은 주무 부서에 속한다. 그 직책에서 2년여 정도 근무한 시점에 아웅산 폭탄 테러가 발생했다. 1983년 10월 9일 버마(지금은 미얀마) 랑군(양곤)에서 북한이 파견한 특공대가 전두환 대통령의 암살을 노린 폭탄 테러를 자행한 것이다. 전두환 대통령은 간발의 차로 피했지만, 이범석 외교부장관을 포함해 전두환 대통령을 수행한 17명의 고위 관료가 폭사했다.

이 끔찍한 테러 사건이 국내에 알려진 것은 오후 1시경이었다. 안기부는 발칵 뒤집혔다. 한글날 휴무 중이었다. 비상소집이 이루어지고 오후 3시경 이문동 청사에서 비상회의가 열렸다. 회의는 당시 해외 담당 2차장인 박세직 장군이 주재했다. 박세직 장군은 육사 12기 출신으로 후에 88 서울올림픽 조직위원장 임무를 성공적으로 수행했다. 아무튼 당시에는 이 끔찍한 테러를 누가 자행했는지를 포함해 모든 게 불분명한 비상 상황이었다. 랑군 현장에는 이상구 해외공작국장(후에 안기부 해외 담당 차장과 말레이시아 대사 역임)이 파견되어 있었다. 대통령 해외 순방 시 중정 담당 국장은 경호를 정보적으로 지원하기 위해 현장에 파견되는 것이 통상이었다. 현장에서 보고가 올라오긴 했지만, 현장에서도 혼란을 벗어나 있지 못한 상황이었다.

당연히 가장 급선무는 전두환 대통령의 안전 확보 및 희생자 처리, 그리고 부상자 철수 등 현장 수습이겠지만, 안기부로서는 누가 어떻게 테러를 저질렀는지 실태와 진상을 파악하는 일이 급선무였다. 정부는 이를 위해 안기부를 주축으로 한 정부 조사단을 버마에 급파하도록 결정했고 박세직 차장이 조사단 단장직을 맡도록 내정되어 있었다. 그날

3시 회의는 조사단을 어떻게 구성하고 무엇을 준비하며 어떻게 접근할 것인가를 논의하기 위한 자리였다. 회의 분위기는 무거웠다. 누구도 선뜻 의견을 꺼내지 않았다. 나는 내 담당 지역이 미국이므로 직접 의견을 개진할 상황은 아니었다. 그날 회의에서 들은 가장 인상적인 발언은 버마 파견관을 역임한 한 안기부 직원에게서 나왔다. 그는 이런 요지로 말했다.

"이 테러는 아직 증거는 없지만 북한 소행일 것임은 우리 모두 알고 있습니다. 그렇다면 버마에 가서 할 일은 북한 소행임을 밝히는 일입니다. 또한 북한 테러의 피해 당사국인 버마 정부가 북한 소행임을 국제 사회에 공개하도록 설득하는 일일 것입니다. 버마는 오랫동안 영국의 지배를 받았습니다. 법치와 증거주의에 익숙해 있습니다. 이 점을 고려해서 북한 소행임을 입증할 모든 가능한 자료와 정보를 준비해 가는 것이 필요하다고 생각합니다."

간단하게 의견을 개진하는 발언이었지만 핵심을 찌르고 있었다. 더구나 이 발언은 버마 파견관을 지낸 경험에서 우러난 발언으로 남다른 권위가 실려 있었다. 위기의 순간에 전문가의 존재는 그 빛을 발하게 된다. 이 발언으로 조사단이 집중해야 할 조사 방향과 무엇을 준비해야 하는지가 분명해졌다.

회의가 끝난 후 수사국은 버마로 가져갈 자료 준비에 착수했다. 수사국에는 그간 대공 사건을 다루면서 확보한 물건과 자료가 상당히 축적되어 있었다. 북한이 그간 사용한 독약 샘플, 권총과 관련된 자료가 당시 가져간 것들이다.

조사단 파견은 성공적이었다. 테러 현장에서 북한 공작원 3명 중

1명은 사살되고 2명이 생포되어 있었다. 생포된 자들은 예상대로 자신이 북한에서 오지 않았고 남한 출신임을 주장했다. 그러나 그들로부터 확보한 증거 중 권총이 수사단이 준비한 자료와 일치하여 북한 소행임을 입증하는 데 결정적 기여를 하게 되었다.

조사단 파견 2일 후 북한 소행임을 버마는 공식 발표하고 북한과 단교했다.

이 사건 경과에 대해서는 이미 잘 알려져 있다. 이제는 '그런 일이 있었구나!' 하는 정도로 잊혀 가고 있다. 그러나 이 사건은 전쟁 위기로 치달을 개연성이 높았던 중대한 사건이었다. 특히 북한이 우리 국가원수에 대한 테러를 감행할 정도로 남한에 대한 적화 의지를 극명하게 드러낸 사건으로 현재적 의미도 있다. 결코 쉽게 잊어서는 안 되는 사건이다.

사실상의 전쟁 행위: 국가원수에 대한 암살 테러

제3국에서 폭탄 테러로 국가원수의 암살을 노리는 행위는 전쟁 행위에 버금가는 공격 행위다. 엄청난 국제적 파장을 감수해야 하는 위험하기 짝이 없는 국가행위다. 정상적인 보통 국가라면 감히 엄두를 내지 못한다. 북한은 국제 규범을 아랑곳하지 않는 망나니 국가다. 어떤 위험 부담을 각오하더라도 무조건 추구해야 할 국가적 가치와 목표가 있는 체제다. 북한 체제가 추구하는 최고의 가치는 남한 적화다.

북한은 이 테러를 전두환 대통령을 반대하는 남한 내 불만 세력에서 자행한 테러로 덮어씌우려고 했다. 버마 당국에 체포된 북한 테러범의 최초 진술이 그랬다. 전두환 대통령이 국내에서 인기가 없는 점을 노린 것이다. 테러가 성공하면 남한 내에서 극렬한 내분이 일어 극도의 혼란이 조성될 것으로 계산했을 것이다. 북한은 그 혼란의 틈새를 노려 국내 반 전두환 세력을 지원, 극도의 내부 혼란상을 조성하는 시나리오를 구상했을 수도 있다. 이 구상은 보기에 따라 터무니없을 수도 있다. 그러나 전 대통령 암살작전이 성공했다면 남한 적화라는 체제의 목표 달성을 위해서는 무슨 짓이든 마다하지 않는 그들의 강고한 의지로 볼 때 후속 조치가 있었을 것이고, 우리는 새로운 국가 위기에 직면할 수도 있었을 것이다.

다행스럽게도 북한의 기도는 실패했다. 아까운 국가 인재를 많이 잃었지만 전 대통령이라는 국가 리더십은 온전했다. 1983년 당시 북한의 국력은 남한 국력에 비해 압도적 열세 상황은 아니었다. 1983년 아웅산 테러를 통한 적화 시도는 북한의 입장에서는 국력이 크게 뒤지지 않은 상황에서 벌린 공세적인 적화 전략의 마지막 시도였다고 평가할 수 있다.

그 후 북한은 1988년에 KAL기 폭파 테러, 2000년대 들어서는 천안함 폭침, 연평도 포격 등 무력 도발을 자행했다. 그러나 이 무력 도발들의 목표는 아웅산 테러에 비해 제한적이었다. 예를 들어 KAL기 폭파 테러는 88 올림픽 방해가 목적이었다. 전두환 대통령을 암살해 극도의 혼란을 조성해 그 틈을 노리는 적화 전략의 큰 그림 속에서 자행된 아웅산 테러와는 질적으로 다르다고 볼 수 있다.

아웅산 사건은 명백한 경호 실패 사례였다. 대통령 행사장은 사전에 물샐틈없이 조사하는 것이 경호의 기초다. 폭탄 탐지용 경찰견도 사용했을 것인데 어떻게 폭탄이 설치된 것을 놓칠 수 있었는지 지금도 납득이 되지 않는다. 특히 안기부 입장에서는 대표적 정보 실패(intelligence failure) 사례다. 우리나라 정보기관 역사상 최악의 정보 실패 사례라고 할 수 있다. 철저히 비밀리에 이루어지는 테러 정보를 잡아내는 일은 물론 쉽지 않다. 그렇다 하더라도 결과적으로 안기부는 북한의 테러 기도와 공작원 움직임의 낌새를 전혀 알아차리지 못한 채 당했다. 안기부의 실패이고 수치였다. 그러나 사건 이후 당시 안기부는 왜 이런 실패가 일어났는지 공식적으로 조사한 바가 없다.

나는 안기부가 무엇을 놓쳤는지, 과연 전혀 징후가 없었는지, 무엇을 소홀히 했는지 개인적으로 되짚어 보고 싶었다. 그래서 내가 담당하는 지역은 아니지만 당시 버마를 담당하는 지역과(課)에서 오고 간 전문(電文)을 살펴보았다. 당시 버마에서 올라온 전문에는 북한 선박 동건애국호가 입항해 머물러 있다는 보고가 있었다. 그런 일이 있다는 정도의 간단한 보고였다. 안기부는 이 보고를 가볍게 본 것이다. 본부 데스크도 이 보고를 무시했다. 실무자가 상부에 보고하지 않고 자신의 선에서 단순하게 참고 처리했다. 북한 테러범들은 이 배를 타고 버마에 왔다. 동건애국호의 정박을 의심의 눈으로 보고 끝까지 추적하지 못한 것이 첫 번째 정보 실수였다. 정보요원이 경계해야 할 '상상력의 빈곤'이 발생한 것이다.

나는 이 사건을 담당하는 지휘 계통이 불과 3개월 전에 모두 바뀌었다는 점이 두 번째 실패라고 생각했다. 해외 담당 국장, 부국장, 담당 과장이 모두 바뀌었고 특히 버마 파견관도 교체했다. 버마는 위험 지역이어서 순방 국가에서 제외하자는 주장도 있었는데, 대통령의 해외 방문을 앞두고 정보 지휘 라인을 모두 새 사람으로 교체한 것은 바람직하지 않은 안이한 인사의 전형이었다. 업무를 파악 중인 새 사람들이었기 때문에 동건애국호의 정박과 같은 징후를 추적할 치밀함이 부족할 수밖에 없을 것이라고 생각한다. 정보 프로는 남이 보지 못하는 작은 징후를 볼 수 있는 능력을 지녀야 한다. 끊임없이 의심의 눈으로 사물을 관찰해야 한다. 이런 프로 정신의 실종이 정보 실패가 일어난 본질적 원인이다. 이것이 당시 내가 내린 결론이었다. 나는 정보기관으로서 이 정보 실패의 교훈을 결코 잊어서는 안 된다고 생각한다.

1993년 나는 해외 담당 차장으로 부임했다. 아웅산 테러 사건 10주년이 되는 날 나는 차장 산하 전 간부 직원을 소집해서 내가 발견한 실패 요인을 지적하고 다시는 이런 수치스러운 실패를 허용해서는 안 된다는 점을 강조했다.

해외 담당 국장으로 승진

아웅산 테러는 안기부 해외 부문의 일부 인사 교체의 계기가 됐다. 징계성 인사였다. 해외 담당 국장이 교체되고 담당 부국장과 과장도 물러나는 인사 교체가 이루어졌다. 이 와중에 나는 부국장으로 승진했다.

부국장직 수행 2년차가 되는 1985년 나는 미국 연수를 선택했고, 워싱턴 소재 조지타운대 대학원에 2년간 유학하면서 국가안보학(National Security Study Program)으로 석사학위를 마쳤다. 40대 중반인 늦은 나이의 유학이지만 내겐 국제정치를 체계적으로 배우고 연구하는 소중한 기회였다. 많은 책을 읽을 수 있었다. 이때 얻은 지식과 안목은 내가 후에 해외 담당 국장, 해외 담당 차장, 그리고 국정원장의 직책을 수행하는 데 필수적 자양분이 되었다.

유학을 마치고 귀국 후 연구관이라는 한직에 잠시 머물러 있었다.

1988년 2월 정권은 노태우 대통령으로 넘어갔다. 노태우 정부의 첫 번째 안기부장으로 배명인 전 법무장관이 부임했고 해외 담당인 제2차 장으로는 안응모 차장이 부임했다. 안응모 차장은 순경에서 경찰국장, 그리고 후에 내무부장관까지 역임한 입지전적인 분이셨다. 안응모 차 장은 월남전 당시 경찰 주재관으로 월남에 근무한 바 있어 해외 부문이 전혀 생소치 않은 분이다. 무엇보다 공평한 일 처리와 결단력, 그리고 투철한 애국심과 공인 정신을 지닌 훌륭하고 유능한 분이다.

해외국(제6국) 정주년 국장은 외무부 출신으로 부임한 지 4년차가 됐 고 교체 대상이었다. 배명인 부장의 신임 안기부 지휘부는 정주년 국 장 후임으로 새로운 해외 담당 국장을 물색했고 나도 그 대상이 되었 다. 나는 플라자호텔에서 국장 후보자의 한 사람으로 안응모 차장과 긴 면담을 가졌다. 면담 후 안 차장께서는 나를 해외 담당 국장으로 지명 했다. 후에 안 차장께서는 『순경에서 장관까지』라는 자서전을 썼다. 그 자서전에서 안 장관은 본인이 한 인사 중에서 이병호 국장을 해외국장 으로 선택한 것은 가장 잘한 일이라고 썼다.

안기부 해외 담당 국장은 안기부 국장 중에서 가장 중요한 보직 의 하나다. 해외에서 이루어지는 모든 정보 활동을 지휘하고 총괄하 는 자리다. CIA의 공작차장보(당시는 DDO, Deputy Director for Operation이라 고 불렀고 현재는 Chief of Clandestine Service로 호칭)에 해당하는 직책이다. 나는 1988년 4월경 국장으로 부임했다. 서울 올림픽이 6개월 후인 10월로 다 가오고 있었다.

88 서울 올림픽

안전한 올림픽 개최가 국가적 현안 과제로 떠올랐다. 올림픽과 같은 대형 행사는 국제테러리스트가 노리는 목표가 되기 쉽다. 특히 북한은 올림픽을 방해하기 위해 KAL 858기를 폭파하는 만행까지 저질렀다. 무슨 일을 추가로 벌일지 모르는 상황이었다. 각국 정보기관도 자국 선수 보호를 위해 안기부와의 협력 강화를 적극적으로 요청하고 있었다. 소련, 중국 등 그간 적대적 관계였던 공산권 국가 사람들이 한국에 몰려오고 있었다. 안기부 해외국으로서는 엄청난 정보적 도전의 상황이 벌어지게 된 것이다. 바짝 긴장할 수밖에 없었다. 해외 역량을 비롯한 전 안기부 역량이 올림픽의 성공적 개최에 투입됐다. 당시 안전을 위해 어떤 일을 했느냐 하는 부분은 자세히 설명치 않겠다. 결론적으로 88 서울 올림픽은 안전하게, 대성공리에 마칠 수 있었다.

모두가 다 아는 대로 88 서울 올림픽은 대한민국의 국가 위상이 세계적으로 웅비하고 대한민국의 역사를 바꾸는 계기가 되었다. 동시에 한반도 정세 판도에 근본적인 변화를 초래하는 계기도 되었다.

88 서울올림픽은 그 유치를 발상하고 결정한 전두환 전 대통령의 혜안과 리더십이 빚어낸 역사적 쾌거다. 전두환 전 대통령에 대한 비판의 폭풍 속에서 이 공적은 가려져 있다. 안타까운 일이다. 역사에서는 한계상황의 돌파와 같은 번쩍이는 아이디어를 내는 리더가 있다. 당시 형편에서 올림픽 유치는 누구도 생각해 내지 못했던 돌파적 구상이었다. 우리의 역사는 평이한 걸음걸이로 조용히 전진하지 않았다. 88 서울 올림픽과 같은 점프를 하면서 숨 가쁘게 달린 역동의 역사다.

북한 입장에서 서울 올림픽의 성공적 개최는 충격이었다. 남북한 체제 경쟁에서의 패배를 의미했다. 그렇다고 북한은 패배를 받아들일 수도 없었다. 결국 지지 않으려고 무리수를 둘 수밖에 없었다. 1989년 7월 1일부터 8일까지 소위 제13차 세계 청년학생축전이라는 이벤트를 평양에서 개최한 것이다. 이 행사는 177개 국가에서 2만 2,000명이 참가한 대규모 행사였고 이를 위해 북한은 막대한 비용을 지불했다. 시설 투자, 선수 초청 비용, 행사 비용 등 당시 50억 달러 정도를 허비한 것으로 추산된다. 당시 GDP 200억 달러였던 북한 경제가 감당할 수 없는 규모였다. 결국 이 무리한 투자는 90년대 초 사회주의 경제 블록의 해체와 맞물리면서 1990년대 후반 200만~300만 명의 북한 주민이 굶어 죽는 '고난의 행군'을 불러왔다. 또한 남북 간 국력의 격차가 불가역적으로 벌어지는 계기가 되었다.

북방정책의 시작

노태우 정부는 서울 올림픽의 성공을 발 빠르게 북방정책이라는 외교적 이니셔티브로 연결시켰다.

소련을 비롯한 공산권 전체는 당시 한국에 대해 무지했다. 동구권 국가들은 한국을 자신들보다 한 수 아래로 보고 있었다. 그런데 오히려 자기들보다 잘사는 발전상을 올림픽 텔레비전 중계로 보게 되면서 충격을 받았다.

우리나라가 처음으로 공산권 국가들과 관계 개선을 시도한 정책 선언은 1973년에 있었던 박정희 대통령의 6·23 선언이다. 이 선언에서 박 대통령은 "대한민국은 호혜평등의 원칙 하에 모든 국가에 문호를 개방한다"고 천명함으로써 공산 국가와의 관계 개선이 가능하도록 길을 열어 놓았다. 그러나 당시 우리를 경시하고 있었던 공산권 국가들은 이에 호응하지 않았고 때문에 실질적인 진전은 이루어지지 않았다.

노태우 대통령 정부는 6·23 선언을 다시 업데이트하는 조치를 취했다. 1988년 발표된 '민족자존과 통일 번영을 위한 특별선언'의 이름으로 발표된 노태우 대통령의 7·7 선언이 바로 6·23 선언의 업데이트 버전이다. 이 선언은 당시 노태우 대통령 정책보좌관을 맡고 있던 박철언씨 주도로 안기부, 외무부, 통일부, 청와대 등 관계 부서 고위 공무원이 참석한 T/F에서 마련되었다. 나도 그 T/F의 일원이었다. 이 7·7 선언은 노태우 정부가 북방정책이라는 외교적 이니셔티브를 취하는 데 밑바탕이 된 정책 선언이었고, 이 선언은 88 올림픽의 성공적 개최를 계기로 탄력을 받아 현실화되기 시작했다.

북방정책은 여지껏 금기시했던 공산권과의 관계 개선 작업이다. 초기에는 공개적으로 추진할 수 없었다. 소련연방이 해체되기 이전이었고, 북한의 반대 공작도 예상해야만 했다. 그래서 북방정책의 초기 추진은 비밀리에 이루어지고 안기부 주도로 이루어질 수밖에 없었다.

올림픽이 끝난 직후부터 동구권 국가들에 한국과의 관계 개선 열풍이 일어났다. 처음 테이프를 끊은 것은 헝가리와의 관계 개선이었다. 전두환 정권 말기 헝가리 국립은행 총재는 대우그룹 김우중 회장을 통해 "한국이 30억 달러의 차관을 제공하면 수교할 용의가 있다"고 제의해 왔다. 그간 이 제의는 정권 교체기이고 실현 가능성이 높지 않다고 보고 논의 자체가 유보되어 있었다. 나는 7·7 선언을 뒷받침하기 위해

이 여건을 본격적으로 논의할 필요가 있다고 보고 북방정책 실무위원회에 회부했다(1988년 6월 노태우 정부는 안기부장을 위원장으로 하는 북방정책조정위원회를 발족시켰고 그 예하에 실무위원회를 두고 있었다). 이 회의에서 여건을 발전시키기 위해 헝가리에 수교 교섭단을 파견하는 방안에 대해서는 원칙적인 합의를 보았으나 대표단장을 누구로 보낼 것인가 하는 점은 유보되었다. 차관 제공 문제이므로 단장을 경제 부처에서 맡는 방안, 또는 수교 문제이므로 외무부에서 맡는 방안 등이 당시 거론되었으나 각각 장단점이 있었다. 성공을 장담할 수 없는 상황이고 차관 제공 문제가 부담이 되어 단장을 맡겠다는 희망자도 없었다.

당시 청와대 박철언 정책보좌관실에 염돈재 안기부 직원이 파견되어 근무하고 있었다. 염돈재 직원은 탁월한 상황 분석 능력과 정무 감각, 업무에 대한 강한 열정을 겸비한 최정예 안기부 요원이었다. 그는 헝가리 수교단장은 앞으로 북방정책 전반을 조율할 수 있는 역할을 감당할 수 있다는 가능성을 염두에 두고 단장을 선발하는 것이 좋겠다는 의견을 제시했다. 이 견해에 합당한 인사로 박철언 정책보좌관이 맡는 것이 어떠냐고 내게 물었다. 나는 동의를 표하고 당시 실무위원회 위원장을 맡았던 안응모 차장에게 보고하였고, 배명인 당시 안기부장이 노태우 대통령의 최종 승인을 받았다. 박철언 보좌관은 대표단을 이끌고 헝가리를 방문했고 얼마 되지 않아 헝가리 대표단이 답방했다. 나는 이 모든 과정을 모니터했고 헝가리 대표단의 숙소, 회담 장소, 소요 예산 등 지원 업무를 맡았다(염돈재 직원은 후에 고영구 국정원장에 의해 해외 담당 차장으로 발탁되었고, 퇴직 후에는 성균관대학교 대학원장을 역임하는 등 성공적인 학자의 길을 걸었다).

이렇게 북방정책의 물꼬가 터졌고, 헝가리와의 수교는 다른 동유럽 국가들의 '따라 하기'를 불러일으켰다. 북방정책의 물결은 폴란드, 체코, 유고슬라비아, 루마니아, 베트남으로 번졌고 급기야 소련과의 수교(1990), 그리고 중국과의 수교(1992)로 이어졌다(상세한 북방정책 추진 과정은 박철언 장관이 쓴 회고록 등에 나와 있다). 북방정책 소요 예산은 모두 안기부장 특별사업비에서 충당되었다(문재인 정부에서 국정원장들의 유죄 판결의 빌미가 된 예산 항목이다).

헝가리 수교 이후 북방정책 추진은 청와대와 외교부 등 관계 부처 주도로 이루어졌다. 그러나 안기부의 막후 역할은 여전히 중요했다. 안기부에는 그간 공산권에 대한 정보가 축적되어 있었고, 공산권에 접근할 수 있는 인적 네트워크가 구축되어 있었다. 이 정보와 인적 네트워크는 정책 추진 과정에서 유용하게 활용되었다.

사례 하나를 소개한다.

박철언 보좌관은 소련과의 수교 교섭을 위해 일차 소련 방문을 희망했지만 여의치 않았다. 염돈재 직원은 샌프란시스코 근무 시 미·소 민간경제협력위원회에서 30년간 활동한 루이스클락대 하만경 교수와 친밀한 인간관계를 유지하고 있었다. 결국 하만경 교수의 도움으로 박철언 보좌관은 소련을 방문할 수 있었다.

북방정책으로 노태우 정부가 수교한 국가는 45개국에 달한다. 이로써 우리나라의 외교 지평이 전방위적으로 확대되고 그동안 서방 세계에 국한되었던 외눈박이 외교의 탈피가 이루어졌다. 외교의 지평이 확대된다는 것은 국력의 확장을 의미한다. 대한민국 경제 지도의 확대를 의미한다. 동시에 북방정책은 동유럽 국가들의 탈공산화 혁명을 촉진하는 국제 정치 정세 변화의 한 요인도 되었다. 대한민국의 존재감이 국제 사회에 널리 각인되고 동시에 우리의 국가안보도 더 튼튼해졌다.

이처럼 88 서울 올림픽은 우리 외교 역사상 가장 성공적인 외교 정책 추진의 발판이 되었고 우리의 국력과 국가적 위상을 한 단계 도약시킨 계기로 작동한 역사적 쾌거였다.

안기부 정보 협력망의 세계적 확장

88 서울 올림픽은 정보기관으로서 안기부의 국제적 위상에도 긍정적 영향을 미쳤다. 그간 안기부에 대한 다른 나라 정보기관의 인식은 대체로 정치 사찰 기관이라는 이미지에 머물러 있었다. 그들은 안기부를 프로 정보기관으로 보지 않았다.

1989년 나는 영국 방문 시 MI6 부장을 예방했다. 우리 정보기관 간부로서는 최초의 만남이었다. MI6은 세계 정보기관 중 가장 역사가 깊고 자부심이 강한 정보기관이다. 미 CIA를 비롯해 이스라엘의 모사드 등 많은 정보기관이 MI6의 영향을 받았다. MI6 부장은 오랫동안 얼굴과 이름이 알려지지 않은 비밀스러운 존재로 여겨져 왔다. 영국 정보기관의 오랜 전통이었다. 지금도 MI6 부장은 공식 서한에 이름을 쓰지 않고 'C'(Chief를 의미)라고만 서명한다. 2016년 영국에서 근무하던 태영호 공사의 망명과 관련하여 국정원장으로 내가 받은 MI6 부장의 서한에도 'C'라고만 간단히 서명되어 있었다. 현재는 달라져서 이름과 얼굴은 모두 공개하고 있지만 서한의 서명 전통은 그대로 남아 있다.

세계 정보기관의 효시로 여겨지는 보수적 전통이 강한 MI6 부장이 안기부 해외 담당 국장을 처음으로 공식적으로 만난다는 것은 MI6이 안기부를 프로 정보기관으로 인식한다는 상징성을 지녔다. 또한 안기부가 서방 세계 정보기관 간에 묵시적으로 형성되어 있는 '정보기관 클럽'의 일원이 된다는 상징성도 지녔다. 88 서울 올림픽을 계기로 안기부와 협력해 본 세계 정보기관들이 안기부의 정보 프로 역량을 인정하게 된 결과였다.

88 서울 올림픽을 계기로 안기부는 해외정보 협력 네트워크를 소련을 비롯한 동구권 정보기관으로까지 확대할 수 있었다. 소련의 정보기관을 비롯한 동유럽 정보기관은 그간 미지의 영역이었다. 냉전 상황에서 공산권 정보기관의 활약상이 보도를 통해 알려져 있었을 뿐이었다. 안기부는 이들 기관과의 협력을 통해 지금까지 잘 알려지지 않았던 이들 기관이 지닌 정보 기술에 대한 접근 가능성을 모색했다. 특히 이들 국가가 북한과 같은 공산권에 속해 있었던 점을 감안, 북한 정보를 수집하는 여건으로 활용할 가능성도 모색해 나갔다. 1990년 초반까지 안기부는 러시아를 비롯해 루마니아, 체코, 폴란드 등 모든 동유럽 정보기관과 협력 관계를 맺을 수 있었다. 중국 정보기관과도 협력 관계를 맺었다. 안기부의 정보기관 협력망이 범세계적으로 확장된 것이다.

정보기관 간 정보 협력망의 확장은 정보기관이 필요시 활용할 수 있는 정보 자산의 구축을 의미한다. 정보 협력은 정보 역량의 미진한 분야의 상호 보완을 위한 협력을 통해 원원 하는 방안이다. 공산권 정보기관과의 정보 협력은 안기부의 대북정보 접근에 새로운 기회를 제공했다. 상세 내용은 밝힐 수 없지만 많은 성과를 거두었고 지금도 계속되고 있다.

다시 워싱턴으로

2년간 해외공작국장직을 수행한 후 나는 1990년 주미 대사관에 정보 책임자로 파견되었다. 외교부 직책은 공사였다.

미국 정보공사의 주임무는 안기부의 현지 주재 대표로서 CIA, FBI 등 미 정보기관과의 연락 및 협조 관계의 유지 발전이었다. 또한 대사에 대한 정보참모로서의 역할도 당연히 수행한다. 당시 CIA 간부들은 나와는 구면이었다. 본부 국장 재임 시 그들 대부분이 서울을 다녀갔다. CIA는 모든 정보기관이 그렇듯이 폐쇄적 성향이 짙다. 외국 정보기관 요원을 만나는 것을 대체로 꺼린다. 나는 그런 점에서 이들의 경계를 훨씬 덜 받았다. 국장 시절에 CIA 간부들과 친분 관계를 조성해 둔 덕분이었다.

CIA 공작국 부국장이 1993년 초 어느 날 오찬을 하자고 초대했다. 그는 내게 조만간 FBI 본부에서 나를 초치할 것이라고 조심스럽게 말했다. 초치 이유는 경고를 위해서라면서, 로스앤젤레스에서 근무하는 직원이 적극적으로 교포 한 사람에 대한 접근을 시도해서 FBI가 이를 문제 삼고 있다고 했다. PNG와 같은 강한 제재 방안을 강구한다고 해서 자신이 FBI에 그래서는 안 된다고 강력히 권고했다고 설명했다. 잘못하면 서울에서 근무하는 CIA 요원이 곤란한 처지에 놓일 수도 있음을 지적하고, 미국에 나와 있는 안기부 대표인 나에게 경고성 설명을 하는 것으로 마무리 짓기로 합의했다고 설명했다.

그 부국장의 설명대로 며칠 후 FBI는 나를 불렀다. FBI 담당관은 커피를 대접하면서 우호적 분위기 하에 상황을 설명하고 유사한 사례의 재발 방지를 요청했다. FBI는 외국정보기관 요원의 미국 내 활동에 대해 엄격한 잣대를 적용하는 것이 통례다. PNG는 외교 마찰의 일원이다. CIA의 적극적인 개입이 없었더라면 이 사건이 한미 간 곤란한 외교 문제로 비약할 수도 있었다.

1989년경 내가 해외 담당 국장으로 있을 때 캐나다에서 근무하는 안기부 직원 2명이 캐나다로부터 PNG를 당한 일이 있었다. 방북했던 캐나다 동포로부터 방북 디브리핑을 받고자 접근한 것을 캐나다 시민의 권리를 침해한 정보 활동으로 경찰 당국이 문제 삼았기 때문이다(PNG 당한 직원들은 후에 보란 듯이 영전시켰다). FBI가 내게 문제를 제기한 사건도 같은 맥락의 사건이었다. 안기부 파견관은 북한을 방문했거나 방북할 여건에 있는 사람들을 주시하는 활동을 한다. 안기부 직원으로서는 당연히 해야 하는 직무다. 그러나 주재국 방첩 당국에서는 이런 활동을 주시하고 때때로 문제 삼는다. 정보의 세계에서는 흔히 발생하는 일이다. 이 일화는 내가 당시 CIA 본부와 얼마나 좋은 관계를 유지했는지를 나타내 주는 사례의 하나다.

로버트 게이츠 CIA 부장과 개인적 만찬

또 다른 대표적 사례는 당시 로버트 게이츠 부장(오바마 행정부에서 국방장관 역임)을 내가 거주하는 공사 관저에 초청하여 만찬을 가졌다는 사실이다. CIA 부장이 외국 정보기관 대표자 집에서 만찬을 가진다는 것은 극히 이례적이다. 워싱턴에는 100여 국 이상의 국가에서 파견된 정보기관 대표자가 있다. 이 중 그 누구도 CIA 부장을 초청해 만찬을 할 생각을 하지 않는다. CIA 부장은 워싱턴에 나와 있는 외국 정보 대표자에게는 쉽게 접근할 수 없는 권위적 존재이다.

내가 만찬 초청 생각을 하게 된 것은 우연히 CIA 동아시아 담당 간부와의 대화를 통해서였다. 나는 안기부 대표자로서 게이츠 부장을 예방한 바 있었다. 그런 의례적 예방을 떠나 사적인 자리를 갖고 싶다고 그 간부에게 물었고, 순간적으로 떠오른 만찬 가능성을 언급했다. 그 간부는 내게 게이츠 부장에게 초청 서한을 쓰면 자신이 게이츠 부장의 비서와 가까우니 특별히 부탁하겠다고 말했다. 나는 초청장을 썼고 게이츠 부장은 초청에 응했다.

게이츠 부장은 차장보급 간부 3명을 대동하고 만찬에 참석했다. 우리 측에서는 현홍주 당시 대사가 동석했다. 현홍주대사는 안기부 차장직을 역임했고 그래서 나와는 서로 잘 아는 사이였다. 현홍주대사는 영어를 완벽히 구사하는 서울 법대 출신 변호사로서 내가 경험한 최고의 공직자였고 주미대사였다. 만찬 당일 사전에 CIA 경호팀이 관저에 와서 경호 점검을 했다. 만찬에서의 대화 내용은 특별한 내용 없이 우호적 덕담이 주였다. 그러나 이 만찬은 당시 안기부와 CIA 간의 우호적 협력 관계가 어느 정도 긴밀한지를 보여주는 상징적 이벤트였다. 이 만찬 이후 CIA 간부진들은 내게 한층 더 우호적으로 대했다. 워싱턴에서 CIA 본부 국장이나 차장보급을 만나는 것은 쉽지 않다. 그러나 나는 이 만찬 이후 비교적 쉽게 이들에게 접근할 수 있었다.

1990년 초는 북한의 핵 개발 문제가 현안으로 막 떠오르던 때였다. 북한은 영변 핵단지에서 5MWe 원자로 무기급 플루토늄을 추출하는 프로젝트를 비밀리에 가동하고 있었다. 북한이 감추고 있는 이 비밀 프로젝트를 세계 최초로 잡아낸 것은 미국의 인공위성이었다. 또한 이 프로젝트의 위험성을 국제 사회에 공론화한 것도 미국 CIA였다. 나로서는 이 사안과 관련하여 알아볼 일이 많았다. CIA 간부와의 비교적 자유로운 접촉은 관련 정보를 파악하는 데 무척 유용했다. 모든 인간관계가 그렇듯이 기관 간 협력의 기초도 상호 신뢰를 바탕으로 한 사람의 관계이다. 게이츠 부장과의 만찬 행사는 내 임무 수행에 도움이 되었고 양기관 간 우호적 관계 증진에도 기여한 행사였다.

게이츠 부장은 1993년 클린턴 행정부가 들어서면서 은퇴했다. 1995년 나는(당시 귀국 후 제2차장으로 재직) 게이츠 부장을 한국에 초청하여 안기부 직원을 대상으로 특강을 갖게 했다. 게이츠 부장은 미국의 국가안보를 지키는 데 CIA 역할의 중요성을 설명하고, 앞으로 북한 핵이 세계 안보를 흔드는 변수가 될 가능성이 높아지고 있다고 하면서 안기부와 CIA 간 정보 협력의 중요성을 강조했다. 강의 내용도 중요하지만 전 CIA 부장이 안기부에서 특강을 했다는 사실 자체가 안기부 위상의 격상에 긍정적 영향을 미치는 상징성을 지닌 이벤트였다. 특히 게이츠 부장은 후에 부시 행정부에서 국방장관으로 발탁되었다. 이처럼 미국 조야(朝野)에서 최고의 안보 전문가로 평가되는 게이츠 부장 같은 비중 있는 인사와의 인맥 형성은 우리 안보 증진을 위한 중요한 자산 구축의 일환이다.

해외 담당 2차장으로 승진

워싱턴 공사 3년차 되던 해인 1993년 김영삼 정부가 출범했다. 당연히 안기부 지휘부가 새로 구성됐다. 안기부장으로 김덕 한국외국어대학교 교수가 부임했고 해외 담당인 2차장은 김정원 박사가 맡게 되었다. 김정원 박사는 하버드대를 졸업했고 김영삼 대통령과는 사돈 관계에 있는 분이었다.

그런데 김 박사가 부임한 지 3개월 후인 5월에 갑작스럽게 차장직에서 사임했다. 놀라운 것은 그 후임으로 갑작스럽게 내가 발탁됐다는 사실이다. 나는 어느 날 갑자기 워싱턴 시각으로 한밤중에 김기섭 기조실장으로부터 걸려 온 전화를 받았다. 2차장으로 임명되었다는 통보 전화였다. 나는 김영삼 대통령이나 그 참모진 어떤 사람과도 인연이 없었다. 그런데 어떻게 이런 기적 같은 일이 내게 일어난 것인지 놀라웠다.

차장으로 부임 후 김덕 부장은 나를 발탁한 경위를 설명해 주었다. 김정원 박사가 사임한 후 김덕 부장은 후임으로 내부 발탁 방침을 정했고 그 방침에 따라 안기부 내 여론 조사를 거쳐 나를 발탁, 김영삼 대통령의 재가를 얻었다며 그간의 경위를 설명해 주었다.

차장 승진은 내 경력에서 퀀텀 점프였다. 나중에 다시 설명하겠지만 2015년 국정원장으로 발탁된 것 역시 기적 같은 일이었다. 박근혜 대통령과 특별한 정치적 인연이 없음에도 불구하고 나는 어느 날 갑자기 국정원장으로 임명됐다. 국정원 역사에 전무후무한 발탁이었다. 이처럼 나는 어느 날 갑자기 차장이 됐고 또 어느 날 갑자기 국정원장이 됐다. 그 때문에 어느 날 갑자기 감옥에 갔다. 나는 이러한 기적 같은 내 인생 여정을 우연이라고 받아들일 수 없다. 하나님의 인도하심이라고 받아들인다.

해외 담당 2차장직은 대한민국에 하나밖에 없는 특수한 직책이다.

북한 정보를 비롯한 해외정보 전체를 관장한다. 나는 1993년 5월부터 1996년 12월까지 3년 8개월간 이 중요한 직책을 감당했다. 그 기간 중 김덕 부장과 권영해 부장 두 분을 부장으로 모셨다. 이 두 분은 그간 중정과 안기부를 지휘했던 과거 군 또는 검찰 출신 부장들과는 결이 달랐다.

김덕 부장은 서울법대와 미국에서 공부하고 한국외국어대 교수를 역임한 탁월한 지적 역량을 지닌 분이다. 국제 정세에 해박한 지식을 지녔고 무엇보다 훌륭한 성품과 인격을 지니고 소신이 뚜렷한 분이셨다. 북한 문제에도 날카로운 통찰력과 균형 잡힌 현실 인식을 지니고 계셨다. 안기부의 정치적 역할에 대한 거부감을 지니고 있었고 이를 지속적으로 경계했다. 당시 안기부는 군사 정권의 성격을 띤 노태우 정부(직선제로 대통령 당선)로부터 문민정부라는 김영삼 정부로 정권이 이양되어 안기부의 기존 역할이 퇴색되는 전환기적 상황에 놓여 있었다. 김덕 부장은 이런 전환기적 상황에 안기부를 훌륭하게 지휘했고, 김덕 부장의 당시 지휘에는 본인의 중후한 인격과 지성이 반영되어 있었다. 김덕 부장은 항상 겸손했고 온유하지만, 필요 시에는 강한 합리적 리더십으로 안기부를 지휘했다. 해외 분야에서는 나에게 많은 부분을 위임했다.

권영해 부장은 육사 15기로 군이 배출한 가장 유능한 인재의 한 분이다. 매사에 놀라울 정도로 빠른 판단력과 강한 소신과 추진력을 갖고 있었다. 감탄할 수밖에 없는 설득 능력도 겸비하고 있었다. 합참 전략 국장을 역임하여 국제 정세에도 밝았고 안보 문제에 정통했다. 공명정대했으며 직원들을 아껴 지금도 따르는 옛 부하들이 많다. 명쾌한 리더십으로 안기부를 이끌었고 김영삼 대통령은 3년 재임 기간 내내 권 부장을 깊이 신뢰했다. 김덕 부장과 마찬가지로 해외 분야에 관한 한 나에게 많은 부분을 위임했다.

4년 가까운 차장 재직 기간 중 많은 일이 있었다. 긴장의 연속이었고 하루도 편한 날이 없었다. 재직 기간 동안 한 번도 휴가를 제대로 가 보지 못했고 일요일에도 사무실에 꼭 들러 업무를 점검했다.

요동치는 한반도 정세

1994년에 한반도 정세는 요동쳤다. 북한은 영변 핵단지에 설치된 5MWe 원자로에서 플루토늄 핵물질을 계속 생산하고 있었고, 핵확산 금지조약(NPT) 가입국으로서 당연히 받아야 할 국제원자력위원회(IAEA) 사찰을 거부하고 있었다. 미국을 비롯한 국제 사회는 북한이 즉시 사찰을 받을 것을 요구했고 북한은 이에 반발하면서 NPT에서 탈퇴했다. 북한은 사용 후 핵연료(spent fuel)를 원자로에서 꺼내고 있었고 이를 재처리하면 수개월 내에 6개에서 8개의 핵폭탄을 제조할 수 있는 플루토늄을 생산할 수 있었다. 미국은 이를 용납할 수 없었다. 이처럼 1994년 5월의 한반도 정세는 충돌을 향해 마주 달리는 자동차와 같은 형국이었다. 김영삼 대통령도 핵을 가진 북한과는 대화할 수 없다는 강경 입장을 견지하고 있었다.

미 CIA 서울 지부와 내 사무실 간에는 직통 비화(祕話) 전화기가 설치되어 있었다. 이 전화를 이용해 수시로 상황을 긴밀히 협의 연락하고 있었다. 미국 CIA 본부에서도 특별상황팀이 발족하여 북한의 남침 공격 징후를 매일 체크하고 있었다. 그 특별상황팀 요원이 당시 안기부를 방문하여 안기부 전쟁징후팀과 협조 방안을 협의까지 했다.

당시 페리(William Perry) 국방장관은 영변을 미사일로 공격하는(surgical strike) 방안을 검토하고 있었다. 검토 결과 공격 그 자체는 방사능 유출 위험도 없고 미군의 사상자도 없이 성공적일 수 있다는 결론을 내렸다. 그러나 이 공격이 분명 북한의 남한 공격을 촉발할 수 있을 것이고 그 결과는 끔찍할 것이라는 고려에서 페리 국방장관은 이를 유보시켰다. 대신 북한에 대한 강력한 제제를 골자로 한 강압 외교(coercive diplomacy) 방안을 시행하도록 결정했다. 한미일 3개국이 이 방안에 합의했고 유엔을 통해 북한에 경고했다. 그러나 이런 움직임에 대해 북한은 "서울을 불바다로 만들겠다"며 강력히 반발했다.

페리 국방장관은 펜타곤에서 미군 주요 지휘관이 참석하는 한반도 정세 관련 비밀회의를 개최했다. 6월 초였고 회의는 이틀간 열렸다. 이 회의에는 미8군 사령관 게리 럭(Gary Luck) 장군을 비롯하여 미 태평양 사령부의 주요 지휘관, 그리고 중동 지역 주요 지휘관들도 참석했다. 작계 5027을 비롯하여 럭 미8군 사령관이 제시한 한반도 유사시 전쟁수행계획(Contingence Plan)을 집중적으로 검토했다. 또한 한반도 정세 악화 시 이라크의 사담 후세인이 이를 악용할 가능성도 검토했다.

그런 가운데 부시 행정부 당시 국가안보보좌관이던 스코크로프트 (Brent Scowcroft)가 〈워싱턴 포스트〉지에 영변 핵시설에 대한 미사일 공격 (surgical strike)을 주장하는 기고문을 실었다. 이 기고문은 정부 정책과 전혀 관계없는 개인 의견이었지만 마치 클린턴 행정부의 정책을 대변하는 것처럼 비쳤다. 특히 북한이 그렇게 생각한 것 같다고 페리 국방장관은 회고록 『My Journey at the Nuclear Brink』에서 밝힌 바 있다.

북한이 플루토늄 핵물질을 계속 생산하고 IAEA 사찰을 거부하면서 미국과의 갈등이 고조되고 있던 무렵, 북한은 갑작스럽게 카터 전 미국 대통령을 평양으로 초청했다.

1994년 6월 16일 페리 국방장관은 클린턴 대통령에게 회의 결과와 한반도 정세 대비 계획을 보고했다. 그 회의에는 샐리카스빌(Shalikasvill) 미 합참의장, 럭 유엔군 사령관, 크리스토퍼(Christopher) 국무장관 등이 참석했다. 페리 국방장관은 대북한 제재 방안, 한국으로부터 미국 시민 철수 계획, 5027 작전계획을 보고했다. 그리고 또 하나의 대안으로 2만 명의 미군 증파 계획을 보고했다. 미군 증파가 억지력을 강화할 수 있을 것이라고 보고했다. 클린턴 대통령이 미군 증원 대안을 결심하려는 순간, 평양에 가 있던 카터 전 대통령으로부터 전화가 왔다는 전갈이 왔다. 전화 내용은 북한이 사용 후 연료의 재처리 문제를 협상할 용의가 있다는 내용이었다. 이 전화로 미군 증강 계획이 일단 유보되었다. 한반도에서 전쟁 발생 가능성이 최고 수위로 치닫고 있던 위기 국면은 협상 국면으로 넘어갔다.

(영변에 대한 미국의 서지컬 스트라이크 가능성에 대해 김영삼 대통령이 당시 클린턴 대통령에게 전화를 걸어 북한에 대한 공격을 반대, 이를 좌절시켰다는 설이 있다. 페리 국방장관은 회고록을 통해 "서지컬 스트라이크는 정책 대안으로서 고려 대상에서 제외되었고, 이런 공격은 한미 양국 대통령의 승인을 필요로 하는 사안으로서 이런 승인 절차는 고려된 바 없다"고 밝혔다.)

카터 전 대통령의 방북

클린턴 행정부가 북한에 대한 강경 정책을 논의하고 있는 가운데 지미 카터 전 대통령의 방북이 이루어졌다. 카터의 방북은 카터 대통령 측이 먼저 타진하여 이루어졌다. 카터 전 대통령은 사적 라인인 조지아 대 박한식 교수를 통해 방북을 제의했고 김일성이 이를 받아들였다. 당시 클린턴 정부는 카터 대통령의 방북은 개인 외교라는 입장을 정하고 공식적으로 지지하지 않고 있었다.

카터 전 대통령은 방북 전에 한국을 방문하여 김영삼 대통령을 예방했고 우리 정부와 사전 협의를 했다. 방북 시 예상되는 문제점과 관련하여 카터 대통령과 의견 교환의 기회가 있었고 그 자리에 나도 참석했다. 나는 이 자리에서 카터 대통령 방북에 대비하여 북한이 준비하고 있는 동향을 소개했다.

카터 전 대통령은 판문점을 통해 방북했고 김일성과 회담을 가진 후 판문점을 통해 방북 후 2일 만에 서울로 돌아왔다. 카터 대통령이 가져온 김일성의 메시지는 김영삼 대통령과 정상회담을 할 용의가 있다는 것이었다. 우리 정부는 즉각 동의했다.

갑작스러운 김일성의 사망

남북한 모두 회담 준비에 돌입하면서 2주가 지나가고 있을 때 놀라운 뉴스가 터졌다. 북한이 1994년 7월 8일 12시 라디오 방송을 통해 김일성의 갑작스러운 사망을 발표한 것이다. 전 세계가 놀랐고 정상회담 준비에 몰입하고 있던 우리 정부로서는 충격이었다.

김일성의 돌연사는 남북 간 역사가 새로운 전기를 마련할 기회가 무산된 것을 의미했다. 만일 김일성이 죽지 않고 김영삼 대통령과 정상회담이 예정대로 이루어졌다면 2000년에 있었던 첫 번째 남북 정상회담,

즉 김대중-김정일 정상회담과는 질적으로 차원을 달리하는 정상회담이 되었을 것이다. 최소한 북핵 문제 해결의 실마리가 마련되었을 것이다.

김일성은 김정일과 달리 북한에서 절대적 권위를 지닌 신(神)이다. 김일성이라는 신이 해 준 합의는 김정일도 함부로 할 수 없다. 정상회담을 준비하면서 김일성은 북한 주민이 굶어 죽어 가는 비참한 현실을 보고 충격을 받았다고 한다. 김일성은 그런 비참한 북한의 현실을 배경으로 한 약자의 입장에서 정상회담에 임했을 것이고 이는 우리에게 역사적 기회가 될 수도 있었을 것이다. 아쉽게도 역사의 전개는 우리에게 이 기회를 허용하지 않았다.

김일성의 돌연사로 안기부는 무능한 기관이라는 비판의 도마 위에 올랐다. 김일성 사망과 같은 중요 정보를 사전에 파악하지 못하고 북한 발표로 알게 된 것에 대한 질타였다. 언론 및 야당뿐만 아니라 정부 내에서도 비판에 가세했다. 나는 해명에 나서야만 했다. 당시 안기부는 이를 사전에 파악할 수 있는 정보망을 구축하지 못했었다. 이미 지적한 대로 이는 모든 정보기관이 꿈꾸는 '드림'이고, 정보 업무는 어쩔 수 없는 한계 안에서 작동한다. 이 현실을 설명하고 이해시키는 것은 쉽지 않았다.

당시 안기부의 정보 안테나는 쉴 새 없이 돌고 있었다. 김일성 사망 당일에도 평양에서 모종의 이상 움직임은 포착됐다. 그러나 그 움직임을 김일성 사망 징후와 연결시킬 수는 없었다. 보안 상 지금도 밝힐 수 없지만, 특수첩보도 잡아냈었다. 국정원이 파악한 당시 상황은 7월 8일 김일성 사망 당일 아침에 김덕 부장이 김영삼 대통령에게 "평양에 이상한 움직임이 있다"고 전화로 보고한 바 있다. 단지 북한의 이상 동향을 김일성의 사망 징후라고 꼭 집어서 보고할 수 없었다. 이를 두고 당시 정부 고위자가 안기부가 무능하다고 공개적으로 비판한 바 있으나, 이는 정보 업무의 한계성을 이해하지 못한 부당한 비판이라 생각된다.

안기부는 당시 상황을 종합하여 김일성의 사망 원인은 북한이 발표한 대로 급성 심장마비라고 추정했다. 당시 김일성의 사망에 김정일이 관여했다는 소위 'foul play' 설도 있었다. 그러나 그건 아니었다. 무엇보다 김일성 없는 북한의 미래를 예상하는 것이 안기부에 부과된 정보 요구였다. 안기부는 김일성의 요란한 장례식은 김정일의 불안한 속내를 반영하고 있다고 보았지만, 1980년부터 시작된 김정일의 세습 작업은 안정적으로 작동하고 있다고 판단했다. 당시에 이를 흔들 새로운 대안세력은 북한에 없었다.

프리마코프 러시아 대외정보부장과
김일성 사후 북한 정세 논의

김일성이 사망한 지 10여 일쯤 지난 후의 일이다. 김영삼 대통령은 김덕 당시 안기부장에게 러시아 정보기관은 김일성 사망 이후 북한의 향후 정세를 어떻게 보고 있는지 알아보라고 지시했다.

당시 러시아 해외정보부(SVR) 부장은 프리마코프였다. 프리마코프 부장은 김영삼 대통령과 친분이 있었다. 1990년 김영삼 대통령이 민자당 대표 시절 김 대표의 소련 방문을 요청한 사람이 국제관계연구소(IMEMO) 소장이던 프리마코프였다. 옐친 집권 후 프리마코프는 SVR 부장이 되었다. 그는 후에 러시아 총리까지 지냈다. 프리마코프 부장은 김덕 부장 초청으로 1993년 말경 안기부를 방문했었다. 당시 나는 2차장으로 프리마코프 부장의 접대를 맡아 친분을 쌓았다.

김덕 부장 지시에 따라 나는 러시아 방문을 추진했다. 모스크바 안기부 파견관을 통해 나의 방문 의사를 전달한 그날 프리마코프 부장으로부터 긍정적인 답이 왔다. 이례적으로 신속한 회답이었다. 어느 나라건 정보부장의 면담은 그렇게 쉽게 일정이 잡히지 않는다. 우리의 경우에도 외국 정보기관장의 면담 요청이 있으면 스케줄 조정에 최소한 수일이 걸린다. 러시아 SVR은 큰 조직이고 전통적으로 고압적인 정보기관이다. 이런 정보기관이 요청 당일 긍정적인 답을 보낸 것은 안기부에 대해 프리마코프 부장이 얼마나 우호적인 인식을 가지고 있는가를 상징한다.

그뿐만이 아니었다. 프리마코프 부장은 한반도 문제 전문가를 대동하고 4시간 가까이 나와 면담 회의를 가졌다. 통상적으로 부장은 간략히 예방을 받고 실무자에게 회의를 맡기고 자리를 뜨는 경우가 보통이다. 그런데 프리마코프 부장은 이날 4시간 가까이 회의를 직접 주재했다. 특별한 성의였고 배려였다.

러시아 측의 설명 그 자체는 새롭지 않았다. 러시아 측은 김일성 사망에도 불구하고 북한의 큰 정치적 변화는 없을 것으로 전망된다고 설명하면서 그 근거로 김일성은 그간 김정일에게 통치를 위임하고 있었다는 점을 지적했다. 당시 안기부 판단과 대동소이한 설명이었다. 프리마코프 부장은 러시아와 북한과의 관계는 밀접한 관계가 아닌 소강상태의 관계라고 설명하고, 북한은 러시아에 대해 특별히 우호적이지 않다고 부언했다. 평양 주재 러시아 대사관의 활동이 끊임없이 감시, 제한받고 있어 정보 수집이 제한적이라고도 했다.

소련은 2차대전 직후 김일성 정권을 소련의 괴뢰 정권으로 수립했다. 조선민주주의인민공화국이라는 국호마저 스탈린이 직접 작명했다. 소련은 소련제 무기로 인민군을 무장시켜 6·25 전쟁을 일으켰다. 이런 역사적 배경만을 가지고 보면 양국 관계에 대한 프리마코프 부장의 평가가 쉽게 이해되지 않을 수도 있다. 그러나 동서 냉전이 끝난 이후 공산권 내 정세는 큰 변화를 겪었고 이에 따라 북한과 러시아 양국 관계도 냉각되는 과정을 겪었다. 이 점을 감안하면 프리마코프 부장의 지적은 솔직한 현실 평가였음을 알 수 있었다.

앞에서 지적한 것처럼 이 면담을 통해 김일성 사후 북한의 앞날에 대해 새롭고 통찰력 있는 분석과 전망을 들은 것은 아니다. 그러나 북한과 깊은 역사적 관계에 있는 러시아의 정보기관의 평가를 통해 당시 안기부 평가를 재확인할 수 있었다는 측면에서 크게 유익한 면담이었다. 또한 이 면담을 통해 러시아가 북한에 대해 적극적인 정보 노력을 기울이지 않고 있음을 알 수 있었다. 북한에 대해 러시아가 더 이상 특별한 관심을 두지 않고 있음을 보여 주는 것이었다.

프리마코프 부장이 보여 준 우호적 태도와 김일성 사후의 전망을 상호 논의할 정도로 러시아와 협력 채널을 가지고 있다는 것은 안기부로서는 큰 자산이다. 이처럼 정보기관 간 정보 협력은 국가 간 이면 소통 채널을 통해 구성한다. 외교 채널로 다루기 어려운 사안도 정보 협력 채널을 활용해 소통할 수 있다. 그 이후 러시아 정보기관과의 관계는 부침이 있었지만 협력 관계는 꾸준히 유지되고 있다.

북핵 개발 저지를 위한 본격적인 외교 노력

앞에서 지적한 것처럼 카터 전 대통령 방북 시 남북 정상회담 외에 김일성과 또 다른 합의가 있었다. 그것은 핵 문제 타결을 위한 미·북 회담을 한다는 것이었다.

김일성 사망 이후 김정일 체제가 등장했지만, 김일성과 카터 간 합의는 그대로 지켜져 미국과 북한 간의 회담이 처음으로 제네바에서 열렸다. 그 결과가 1994년 10월 21일에 체결된 미·북 간 제네바 기본합의서다. 이 합의는 2003년까지 100만 킬로와트짜리 경수로 2기를 지어 주고 그때까지 50만 톤의 중유를 매년 지원한다는 합의였다. 대신 북한의 영변 핵단지에 대한 IAEA의 사찰을 받아들이는 것을 포함, 북한이 핵프로그램을 포기하는 조치를 단계별로 취해 나간다는 합의였다.

국제사회는 국제기구인 한반도에너지개발기구(KEDO)를 설립하고 중유 공급 등 합의 이행에 성실히 나섰다. 그러나 북한은 겉으로 제네바 합의를 이행하는 척하면서 합의 이행에 온갖 장애를 조성하고 한편으로는 몰래 우라늄 고농축 방식을 통해 핵무기 개발을 추진하고 있었다.

미국에서는 2001년 1월 부시 행정부가 들어섰고 북한의 핵 개발에 대해 강경한 입장을 갖고 있던 부시 대통령은 북한을 이란, 리비아와 함께 '악의 축(Axis of Evil)'이라고 불렀다. 미·북 관계는 악화하였다. 2002년 10월 제임스 켈리 미 국무부 동아태차관보를 단장으로 한 미국 대표단은 평양을 방문해 당시 외무성 부외상 강석주에게 "고농축 우라늄 방식으로 핵무기 개발을 기도하고 있지 않느냐"고 따졌다. 강석주는 북한이 핵무기보다 더한 것도 가지고 있다며, "어쩔래?"라는 식으로 강력히 반발했다. 이 회담으로 제네바 합의는 사실상 무산되고 북한은 다시 강경 분위기로 돌아섰다. 또다시 북한 핵 위기가 현실화한 것이다.

다 아는 대로 그 이후 북한 핵 개발을 저지하려는 미국과 우리나라를 포함한 국제 사회의 외교 노력은 숱한 우여곡절을 겪으면서 전개되었다. 2003년의 미국·중국·북한 간의 3자 회담, 같은 해 10월 한국·북한·미국·일본·중국·러시아 간의 6자 회담 개최 시도도 그런 노력의 일환이었다. 그러나 국제 사회의 이런 모든 외교 노력은 허사로 끝났다.

북한은 2006년 10월 9일, 보란 듯이 1차 핵실험을 했다. 또한 핵 운반 수단인 미사일 개발에 박차를 가했다. 외교를 통한 북핵 개발 저지 실패가 분명해지자 국제 사회는 경제 제재와 압박을 통한 저지 노력에 나섰다. 박근혜 정부 시절 이 노력은 최고조에 달했다. 2016년 박근혜 정부는 개성공단을 전격 폐쇄하는 조치까지 단행했다. 그러나 2023년 현재 북한은 중·단거리 미사일을 연일 쏘아 대고 7차 핵실험으로 위협하고 있다. 미국을 겨냥한 ICBM과 SLBM 개발도 위협하고 있다.

결론적으로 1990년대 초부터 이어져 온 북핵 문제의 외교를 통한 해결 방안과 국제 제재를 통한 해결 방안은 현재까지 모두 실효를 거두지 못하고 있다.

한국-이집트 수교에 막후 역할

한국과 이집트 간의 수교는 1995년 4월에 이루어졌다. 수교 이전의 양국 관계는 영사급 관계에 불과했다. 이집트는 우리와 달리 북한과는 이미 대사급 관계를 유지하고 있었고 1993년 이집트의 이스라엘 공격 시 북한이 도움을 주는 등 우월적 관계를 유지하고 있었다. 무바라크 대통령은 평양을 공식 방문하는 등 친북 성향을 유지하고 있었다.

1995년 당시 우리나라의 외교 지평은 전 세계적으로 확대되어 있었다. 우리나라는 중동 지역 모든 국가, 예전의 공산권 국가를 비롯해 전 세계 모든 주요 국가와 외교 관계를 수립하고 있었다. 오직 이집트만이 예외였다. 이집트는 중동 지역의 리더 국가다. 이런 이집트와 외교 관계를 맺지 못하고 있다는 것은 중동 지역 외교에서 우리가 북한에 밀리고 있음을 상징했다. 그간 우리나라는 이집트와의 수교 노력을 기울였으나 무바라크 대통령은 북한과의 의리를 내세워 움직이지 않았다.

1994년 가을 어느 날(정확한 날짜는 기억나지 않음) 나는 이집트에 파견된 정보관으로부터 전문을 받았다. 내용은 당시 총영사(수교가 되어 있지 않아 당시 직함은 대사가 아닌 총영사직이다)인 정태익 대사가 이집트 대외정보부장인 오마르 술레이만(Omar Suleiman)을 예방하고 환담하는 자리를 가졌다는 것이었다. 술레이만은 10년 가까이 정보부장직을 수행하고 있는 무바라크 대통령의 최측근이었다. 이 환담 자리에서 정태익 대사는 수교의 필요성을 언급했고 술레이만 부장은 관심을 표명했다. 이 외교 전문을 접하고 나는 김덕 부장에게 이 여건을 활용할 것을 건의했다. 이집트와의 수교는 우리의 오랜 외교적 숙원 사업의 해결이라는 의미 외에 중동 지역에서의 북한 외교에 타격을 가하는 전략적 의미가 내포되어 있었다. 김덕 부장은 술레이만 부장을 방한 초청하여 한국을 보여주고 한국과의 수교 필요성을 무바라크 대통령에게 건의토록 하는 방안을 강구해 보라고 지침을 주었다.

술레이만 부장을 방한 초청하기 위해서는 안기부가 먼저 술레이만 부장에게 방한 구실을 주어야 했다. 술레이만 부장의 방한 초청은 물론 서한으로 할 수도 있다. 그러나 이보다는 더욱 적극적으로 움직이는 것이 필요하다고 판단했다.

1994년 10월, 나는 이집트를 방문했다. 안기부 차장급 간부의 최초 이집트 방문이었다. 나는 술레이만 부장에게 직접 방한 초청 의사를 밝혔다. 우리 예상대로 술레이만 부장은 나의 이집트 방문을 무바라크 대통령에게 보고한 후 답방 허가를 받았다. 그해 12월 술레이만 부장이 방한했다. 안기부는 술레이만 부장이 김영삼 대통령도 예방할 수 있도록 주선했다. 김영삼 대통령은 무바라크 대통령에 대한 안부 인사를 전하도록 요청하면서, 한국-이집트 양국 관계 발전을 위해 수교가 필요하다고 강조했다. 우리 계획대로 술레이만 부장은 방한을 통해 이집트 경제 발전을 위해 한국과 하루빨리 수교하는 것이 필요하다는 인식을 확고히 하게 됐다. 술레이만 부장은 이집트로 돌아가 무바라크 대통령을 설득했다. 그 후 무바라크 대통령 지시로 외교 라인을 통한 수교 교섭이 본격적으로 진전되어 1995년 5월 대사 관계로 양국 관계가 격상되었다.

이집트와의 수교는 정보 협력 채널이 이면에서 먼저 여건을 조성하고 후에 외교 교섭을 통해 외교 관계를 수립하게 된 대표적 사례의 하나다. 1995년 4월 수교 당시 대사였던 임성준 대사는 이 과정을 〈중앙일보〉에 밝힌 바 있다.

수교 이후 나는 한 번 더 이집트를 방문했다. 술레이만 부장에게 감사의 마음을 전하기 위해서였다. 두 번째 방문한 자리에서 술레이만 부장은 이라크의 후세인 대통령을 만난 일화를 들려주었다. 나는 그 얘기를 인상적으로 들었다.

이집트는 중동 지역에서 가장 영향력이 큰 국가다. 당시 이집트는 중동 지역에서 평화와 안정에 중추적 역할을 수행하는 조정자 역을 담당하고 있었다. 이를 위해 술레이만 부장은 무바라크 대통령의 지시를 받아 특사 자격으로 여러 나라를 방문하곤 했다. 이에 대한 술레이만 부장의 설명이다.

> 무바라크 대통령의 지시로 후세인 대통령을 만나기 위해 이라크를 방문했다. 바그다드에 도착 후 호텔에서 하염없이 기다렸다. 갑자기 한밤중에 면담 장소로 가자고 차가 왔다. 차의 창문을 가린 채 한참을 달린 후 어느 건물에 도착했다. 그곳에 얼마간 대기하다가 다시 한 차례 더 차로 이동한 후 새로운 건물의 큰 방으로 안내되었다. 한참을 기다리고 있는데 갑자기 방문이 열리며 후세인이 나타났다. 의자에 앉자마자 혼자 설교를 늘어놓기 시작했다. 3시간 가까이 미국에 대한 비난과 중동 정세에 관해 혼자 얘기했다. 소변이 급하게 됐다. 그래서 화장실에 다녀오겠다고 말하자 후세인은 갑자기 미팅이 끝났다고 말하면서 자리를 떴다. 황당했다. 무바라크 대통령의 메시지도 전달치 못한 채 그렇게 예방이 끝났다. 후세인 대통령의 기행(奇行)을 직접 경험하면서 그가 매우 불안해하고 있음을 느꼈다.

이 일화를 들으면서 북한의 김정일을 떠올리지 않을 수 없었다. 북한에서 김정일을 만나려면 비슷한 과정을 겪는다. 독재자는 신변 불안을 달고 산다. 독재자의 기행은 그 불안의 반영이다. 현재 북한의 김정은도 같은 처지다. 어떤 극도의 보안 조치도 독재자의 궁극적인 안전을 보장하지 못한다. 후세인도 리비아의 카다피도 결국 비명에 횡사했다. 역사의 교훈이다.

2002년 월드컵 유치를 위해 사우디아라비아 방문

차장직을 수행하면서 경험한 일화다.

정몽준 당시 2002년 월드컵 유치위원회 위원장이 나를 찾아왔다. 정몽준 위원장은 내가 1985년 워싱턴에서 조지타운대 석사과정에서 수학하고 있을 때 존스홉킨스 대학에서 석사과정을 다니고 있었다. 그런 연유로 인연을 맺었고 우정을 쌓았다(개인적으로는 이 인연으로 2000년에 공직을 떠난 후 울산대학교 초빙교수로 10여 년간 강의를 맡을 수 있었다. 내겐 참으로 고마운 인연이다).

정몽준 위원장은 내게 사우디의 FIFA 요원이 일본에 기울어진 태도를 보이고 있는데 이것이 사우디 정부의 공식 입장인지 확인이 필요하고, 공식 입장이라면 한국에서 월드컵이 개최되어야 할 필요성을 사우디 정부에 설명했으면 하는데 그런 라인이 있는지 물었다(당시는 한일 공동 개최가 결정되기 전이고 한국과 일본이 서로 단독 개최를 위해 경쟁하고 있을 때였다).

나는 당시 사우디 투르키(Turki) 정보부장과 좋은 관계를 유지하고 있었다. 투르키 부장은 왕족으로서 당시 사우디 정부 내에서 막강한 영향력을 행사하고 있었다. 미국에서 공부했고 완벽한 영어를 구사하고 있는 사우디 최고 엘리트 중의 한 사람이었다. 투르키 부장은 막대한 사우디의 부를 배경으로 중동 지역에서 막강한 영향력을 행사하는 정보 수장이었다. 그는 파키스탄 정보부와 아프가니스탄 부족장들에게 많은 자금을 투자하면서 중동 지역 정세에 큰 영향력을 행사하고 있었다. 그는 1994년경 방한한 적이 있다. 당시 나는 해외 담당 차장직을 수행하고 있었다. 나는 투르키 부장 방한 내내 시간을 함께 보냈다. 테니스를 좋아해 테니스도 같이 쳤다.

나는 정몽준 위원장에게 사우디 정보부와의 협력 라인을 활용해 보겠다고 설명했다. 그리고 사우디로 출장을 갔다.

투르키 부장과의 면담은 사우디 도착 다음날 잡혀 있었다. 사우디로 떠나기 전에 확인한 일정이었다. 그런데 도착 날 저녁 갑작스럽게 면담 취소 통보가 왔다. 투르키 부장이 사우디 국왕의 명령으로 갑자기 해외 출장을 떠나게 되었다는 통보였다. 황당했다. 사우디 주재 우리 대사관은 사우디 왕족이 약속을 급작스럽게 어기는 일은 흔하다고 했다. 미국 대사조차 사우디 외교장관과의 면담 약속이 마지막 순간에 취소되는 경우가 자주 있다는 것이 외교계의 통설이라고 했다. 투르키 부장과 면담을 할 수 없게 되었으니 전하고 싶은 메시지를 전하든지, 리야드가 아닌 제다에 머물고 있는 차장을 대신 만나든지 하라고 사우디 정보부 관계자는 대안을 제시했다. 제다는 리야드에서 비행기로 한 시간 거리였다. 나는 사우디 방문 후 이스라엘 모사드를 방문할 일정을 당시 가지고 있었다. 비행기편을 급거 조정해 제다에 머물고 있는 차장을 면담키로 했다.

차장은 30대 중반으로 왕의 많은 아들 중의 한 명이었다. 그는 미국에서 공부하여 완벽한 영어를 구사했다. 약속 시간은 저녁 7시였다. 면담 장소는 100여 명이 들어가는 강당 같은 큰 룸이었다. 그 방 가장자리로 의자들이 배치되어 있었다. 그 넓은 공간에서 30여 분간을 기다렸다. 차장은 30여 분 늦게 나타난 후 저녁 기도 시간 때문에 늦었다고 양해를 구했다.

나는 월드컵은 우리에겐 그냥 스포츠 행사가 아니고 한반도의 안정과 평화에 기여하는 중요한 전략적 의미가 있는 행사인 점을 강조했다. "월드컵이 한국에서 개최되면 북한은 세계인이 주목하는 월드컵이 개최되는 한국의 안보를 위협할 수 없게 될 것"이라는 요지로 설명했다. 이런 연유로 사우디 정부가 일본보다는 월드컵의 한국 개최를 지원하기를 바란다고 했다. 사우디 정보부 차장은 "잘 알겠다. 한국 월드컵 개최의 전략적 의미를 사우디 왕께 보고 드리겠다"라는 긍정적 반응을 보였다.

그 이후 사우디가 한국 월드컵 개최의 태도를 바꾸었는지 피드백은 받지 못했다. 일본 개최에 경도되었던 사우디 FIFA 요원의 태도가 달라졌는지도 알 수 없었다. 그 이후 사우디의 입장이 어떻게 되었는지는 무의미해졌다. 한일 공동 개최로 결정이 났기 때문이다.

2002년 월드컵은 88 올림픽과 함께 한국의 국제적 위상을 다시 한번 도약시킨 역사적 계기였다. 2002년 월드컵은 정몽준 단장의 개인적인 비전과 결단의 산물이다. 그 누구도 한국에서 월드컵 개최를 생각하지 않을 때 혼자 이를 생각해 냈고 고군분투했다. 역사는 종종 한 사람의 고독한 비전과 리더십으로 전진한다. 2002년 월드컵이 그 사례의 하나다. 월드컵의 광화문 거리 응원은 우리의 독특한 문화가 되었고 "대~한민국!"을 외치는 응원 방식도 언제 어디서나 대한민국을 응원할 때

등장하는 영원한 응원 방식이 되었다. 그렇게 2002년 월드컵은 국민을 하나로 뭉치게 만드는 계기가 되었고 한국만의 독특한 문화를 만든 역사적 계기가 되었다.

2022년 카타르 월드컵에서 한국 축구팀의 16강 선전을 통해 우리 사회는 한마음으로 다시 뭉쳐 응원하는 소중한 기회를 다시 한 번 가졌다. 우리나라는 불과 70여 년 전 별 볼일 없던 초라한 변방국이었다. 그런 대한민국이 오늘날의 대한민국으로 도약한 것은 미래를 향한 통찰력으로 역사적 기회를 놓치지 않고 잡아챈 특출한 리더들이 적시에 등장했기 때문일 것이다. 나는 정몽준 2002년 월드컵 유치위원장을 그런 역사적 맥락으로 평가하고 기억한다.

나는 2000년 말레이시아 대사를 끝으로 공직에서 은퇴했다. 은퇴한 후 2년 후에 개최된 월드컵을 지켜보면서 당시 그 감회를 2002년 6월 23일자 〈조선일보〉 칼럼에서 다음 요지로 밝혔다.

> 마침내 4강에 진입한 한국 축구의 선전과 더불어 더 귀하게 생각되는 것은 이번 월드컵이 불굴의 의지와 패기 가득한 역동적인 새로운 대한민국의 모습을 전 세계를 향해 드러내고 또 우리 스스로에게 각인시킨 역사적 사건으로 승화되고 있다는 점이다. 대한민국 건국 이래 이번처럼 4,700만 온 국민이 뜨거운 한마음으로 대~한민국을 그렇게 열정적으로 연호한 적이 있었던가?
>
> 그러나 우리가 축배를 터뜨리고 있는 동안 어둡고 비참한 북한 스토리는 계속 이어지고 있다. 엄마는 굶어 죽고 누이는 인신매매로 끌려간 15세의 원모 군이 망명 과정에서 아버지와 생이별한 비참한 스토리가 미 ABC 방송의

'나이트 라인' 프로에 방영되면서 미국인을 울리고 있다. 북한의 김정은 위원장은 두 손을 힘차게 뻗으면서 '대한민국'을 열창하고 있는 수백만의 인파를 보면서 무엇을 느꼈을까? 또 느껴야만 할 것인가? 한반도의 지축을 흔드는 그 함성 속에서 분출되고 있는 한국인의 자신감, 정신적 기세, 응집력, 그리고 범접할 수 없는 위용을 감지할 수 있겠는가, 아니면 환호하는 수백만 한국 국민을 미 제국주의의 압제 하에 신음하는 동포로 보고 해방시켜야 한다는 각오를 다지고 있는 것일까?

우리는 북한 지도층이 우리 거리 응원의 장엄한 광경을 관찰하여 한국인의 단합된 힘의 열기를 감지할 수 있었으면 한다. 또한 열정적으로 구호를 외치는 젊은이들의 표정에서 대한민국에 대한 깊은 애정과 충성심을 읽게 되기를 바란다. 그래서 통일보다 더 시급한 대내적 국가적 과제가 있음을 깨닫고 통일전선전략을 접게 되기를 바란다. 그렇게 과거 김일성이 말한 '이밥과 고깃국' 정책으로 북한 주민의 삶을 진정으로 챙겨 주게 되기를 바란다. 그래서 낯선 중국 땅에서 인간 이하의 삶을 살아가는 가슴을 찢는 우리 동포의 스토리가 더 이상 들려오지 않게 되기를 바란다.

20년 전에 쓴 글이지만 현재적 의미를 내포하고 있다. 북한은 여전히 남한 적화의 허황된 꿈에 매달려 있다. 북한과의 체제 경쟁은 누가 보더라도 끝났다. 그런데도 북한은 여전히 군사력 유지에 돈을 퍼붓고 핵무기 개발에 매달리면서 남한을 압도할 생각을 버리지 않고 있다. 북한은 우리가 김정은을 최고 존엄으로 받들기를 원한다. 김정은의 10세 된 딸을 존귀한 분으로 떠받들기를 원한다. 어떤 경우에도 있을 수 없는 황당한 기대다. 김정은으로 하여금 이런 허황된 망상을 버리게 하고 남북한의 현실을 직시케 만드는 것은 예나 지금이나, 그리고 앞으로도 우리의 대북 정책의 기조이고 요체일 수밖에 없다.

안기부 파견관 최덕근 영사,
안기부 보국탑에 별이 되다

1996년 10월 1일은 우리 정보기관이 영원히 잊지 못할 비극의 날이다. 러시아 블라디보스토크에 파견되어 근무하던 최덕근 영사가 그날 북한 공작원에 의해 암살당했기 때문이다.

남북한은 6·25 전쟁 이후 정보기관 간 물밑에서 치열한 정보전을 치러 왔다. 그러나 상대방 정보요원을 죽이는 테러 차원의 방식으로는 전개되지 않았었다. 그런데 북한 정보기관이 예기치 않게 안기부 직원을 살해한 것이다. 특히 그 살해 수법도 잔인하기 그지없었다. 최덕근 영사가 거주하는 아파트에 북한 공작원 수명이 잠복하고 있다가 퇴근하는 최 영사를 칼과 도끼 그리고 독침을 사용해 잔혹하게 살해한 것이다. 살해당한 직후 퇴근을 기다리던 그의 아내가 뛰어나가 시신을 붙들고 비명을 질렀고 러시아 경찰이 현장에 도착했다. 범인들은 이미 도주했다.

최덕근 영사는 부임한 지 3개월 정도 되었다. 그 때문에 지역 사정을 익히는 중이었다. 또한 전임자로부터 그간 진행되었던 정보 프로그램을 인계받아 이를 확인하고 있는 상황이었다. 이런 상황을 감안할 때 북한의 테러는 안기부 요원을 살해할 목적 그 자체를 위해 자행된 것이라고 볼 수밖에 없었다.

당시 남북 관계는 1996년 9월 강릉 무장공비 침투 사건으로 초긴장

상태였다(북한 인민군 정찰국 소속 26명의 특수요원이 탄 잠수함이 강릉에 침투했다 좌초된 사건으로 당시 47일간의 대규모 수색작전이 전개되었음). 북한은 이 사건을 계기로 연일 방송을 통해 "백배 천배 보복할 것"을 공언하고 있었다. 최덕근 영사가 살해된 것은 강릉 무장공비 침투 사건의 보복일 가능성이 컸으며, 블라디보스토크를 택한 이유는 도주에 유리했기 때문이었을 것이다. 내가 당시 암살 동기를 추정한 잠정 결론이었다.

내가 최 영사 암살 보고를 받은 것은 한국 시간 자정이 지나 새벽 1시경이었다. 범인은 이미 사라졌다. 러시아 경찰이 수사에 착수했으나 큰 기대를 걸기 어려웠다. 범인이 도주했으므로 러시아 경찰로서는 범인이 북한 공작원이라고 단정할 수도 없는 입장이었다. 도주로를 막기 위해 국경을 폐쇄할 정도로 러시아의 입장이 적극적이 아니었다.

안기부는 다음날 특별 수사팀을 꾸려 현지에 급파했다. 비자 발급은 서울 주재 러시아 대사관의 협조를 받았다. 현지에서 사인 규명을 위한 부검이 실시됐다. 파견된 우리 수사요원도 부검에 참관했다. 그러나 부검을 통한 사인의 공식 규명은 며칠 더 걸렸다. 우리 수사팀은 러시아 측에 북한 공작원이 사용하는 독극물 샘플(네오스티그민)을 전달했었다. 우리 수사팀은 최 영사 혈액 샘플을 점검한 연구소 사람을 통해 우리가 넘겨준 독극의 흔적이 혈액에서 검출되었다는 정보를 입수했다. 그러나 이 정보는 비공식으로 입수했기 때문에 우리가 공식적으로 문제를 제기할 수 없었다.

당시 블라디보스토크 경찰은 이 사건과 관련 모스크바의 통제를 받고 있었다. 러시아는 사인 통보에 독극물 관련 사항을 누락하고 두개골 파괴에 의한 타살이라고 결론을 내리고 우리에게 통보했다. 범인이 북한 공작원일 가능성도 언급함이 없이 범인 색출을 위해 최선을 다하고 있다고만 했다. 러시아가 북한과의 외교 관계를 감안하여 수사에 임하고 있음이 분명했다. 사건 수사는 러시아의 주권 사안이다. 러시아의 협조 없이는 우리 수사팀이 할 수 있는 것은 아무것도 없었다. 결국 사건은 미궁에 빠진 채 우리 수사팀은 철수했다. 최덕근 영사 시신은 국내로 봉환되어 삼성의료원에 안치되었다. 그리고 다시 부검했다. 예상대로 북한이 사용해 온 네오스티그민 독극물이 검출되었다.

나는 거의 하루 종일 삼성의료원 빈소를 지켰다. 국내 언론은 범인이 북한 공작원이라고 대서특필하고 있었다. 러시아는 이런 우리 언론 보도에 일절 대응하지 않았다.

당시 쿠나제 주한 러시아 대사가 삼성의료원에 조문을 왔다. 내가 그를 맞았다. 조문 후 기자들의 질문에 쿠나제 대사는 "러시아에서 불행한 일이 일어나 유감이며 러시아 정부는 범인 색출에 최선을 다하고 있다"고만 간단히 언급하는 것으로 그쳤다. 북한의 테러가 분명했지만, 수사 주체인 러시아가 북한과의 관계를 고려하여 진실 규명에 소극적인 이상 사건은 미궁에 빠질 수밖에 없었다. 북한의 계산이 맞아떨어진 것이다. 그렇게 최덕근 영사는 남북한 정보전의 제단에 바쳐진 희생자로서 우리 곁을 떠났다.

장례식은 안기부장(葬)으로 치러졌다. 그의 영구차는 마지막으로 내곡동 청사를 천천히 순회했고 직원들은 침통한 침묵 속에서 그를 떠나보냈다. 시신은 대전현충원에 안장되었다. 관 속에는 태극기와 안기부 시계, 그리고 보국훈장을 같이 넣었다. 안기부 시계는 그가 안기부에서 보낸 시간, 그리고 그의 영혼도 안기부와 영원히 함께할 것임을 상징하는 의미로 넣었다. 이제 그는 국정원 정문 우측에 서 있는 보국탑에 국정원을 수호하는 하나의 별로 각인되어 있다. 그러나 그의 죽음은 국정원이 결코 잊지 말아야 하는 한이요 아픔이다.

나는 이 사건이 벌어지고 2개월 만에 안기부를 퇴직했다. 26년에 걸친 긴 정보요원의 커리어를 끝내는 직원들이 모인 퇴직 자리에서 나는 이렇게 말했다. 내곡동에 있는 안기부 강당에서였다.

"우리는 얼마 전에 우리의 가족인 최덕근 영사를 떠나보내야만 했다. 이 비극은 우리가 결코 잊을 수 없는 아픔이다. 우리의 기억은 길어야 한다. 우리는 long memory를 가져야 한다. 우리는 누가 우리의 가족을 해쳤는지 끝까지 추적해서 범인을 밝히고 책임을 물어야 한다. 우리가 언젠가는 평양에 들어갈 날이 있을 것이다. 그때 우리가 가장 먼저할 일은 북한의 정보 파일을 뒤져서 누가 범인인가를 밝히는 일이다. 나는 오늘부로 안기부를 떠난다. 여러분들은 정보망을 동원해서 누가 범인인가를 추적하는 일을 계속해 주기를 당부한다."

퇴직 18년이 경과한 후 나는 국정원장으로 국정원에 돌아왔다. 나는 그간 내 당부대로 최덕근 영사 살해 사건의 추적이 간단없이 이루어졌음을 알게 됐다. 러시아에서 살인사건 공소시효는 15년이며, 2011년에 끝나게 돼 있었다. 국정원의 요청으로 이 사건의 공소시효는 무기한 연장되어 있다. 국정원은 이젠 안다. 북한의 어떤 조직이 이 테러를 주도했고 누가 지휘했으며 누가 실제로 범행했는지를 안다. 앞으로도 이들에 관한 국정원의 기억(memory)은 중단 없이 작동할 것이다. 지금까지 확보한 정보를 확인하고 또 확인해 나갈 것이다.

황장엽 비서, 안기부에 먼저 손을 내밀다

　1994년 김일성이 사망한 이후 북한의 정치 정세는 표면적으로는 김정일 주도 하에서 안정을 유지하고 있었다. 그러나 내적으로는 극도로 흔들리고 있었다. 북한 주민이 굶어 죽어 가는 고난의 행군이 나날이 악화하고 있었다. 황장엽의 눈에 200만 명 가까이 주민이 굶어 죽어 가는 북한의 암담한 현실은 북한 체제가 수명을 다하는 것으로 비쳤다. 황장엽만 그런 것이 아니다. 다른 고위직 북한 관리들도 희망을 잃고 있었다. 그 당시 북한 고위 관리들을 만났던 우리 측 인사들은 그들이 잔뜩 주눅이 들어 있었고 통일이 되면 자기를 기억해 달라고 부탁하는 사례도 있다고 전해 왔다.

　황장엽 비서의 망명은 북한의 이런 절망적 상황에서 불거진 목숨을 건 탈출이었다. 황장엽의 망명은 내가 차장직을 떠난 지 1개월 후인 1997년 1월에 이루어졌다. 그 망명의 지휘는 내 후임인 이병기 차장이 맡았었다. 이병기 차장은 서울대 외교학과를 나와 외무고시에 합격, 외교관을 지내다가 노태우 전 대통령에게 발탁되어 대통령 의전비서관으로 5년 내내 청와대에서 근무했었다. 명석한 두뇌, 빠른 판단력과 뚜렷한 소신, 그리고 누구보다 공인 의식이 강한, 내가 만난 사람 중 가장 유능하고 강직한 공직자였다. 박근혜 정부에서 나의 전임으로 국정원장이 되기 전 1년간 주일 대사를 역임했다. 국정원장직을 7개월 재임하고 있을 때 박근혜 전 대통령의 간곡한 요청으로 비서실장을 맡았다. 문재인 정부에서 적폐 청산으로 나처럼 3년 가까이 옥고를 치렀다.

　2023년 5월 초 기시다 후미오 일본 총리가 방한하여 윤석열 대통령과 한일 정상회담을 가졌다. 기시다 총리 방한 직전 이병기 실장은 사적으로 일본을 방문했었다. 옥고를 치른 이병기 실장을 기시다 총리가 관저에서 환대했다(이병기 실장이 주일 대사로 재직 시 기시다가 일본의 외무대신이었다). 이뿐만 아니라 이병기 실장이 주일 대사 시 역시 일본 외무대신으로 재임했던 스가 요시히데 전 총리와, 야치 쇼차로 전 국가안전보장국 국장 등도 이 실장을 별도로 환대했다. 불과 1년간의 재직 기간을 통해 형성된 일본 정치 지도자들과의 친분 관계가 어떠했는가를 보여 주는 놀라운 에피소드다. 이병기 실장의 인품과 사람을 끄는 역량이 어떠한가를 상징적으로 보여 준다.

황장엽 비서가 처음부터 안기부에 망명 의사를 밝힌 것은 아니다. 황장엽이 안기부와 연계를 맺은 것은 한참 전으로(언제였는지는 밝히지 않는다) 거슬러 올라간다. 최초 접촉은 황장엽 비서의 측근인 김덕홍 여흥무역 사장을 통해서였다. 북한은 김정일 체제 하에서는 각 부서가 알아서 외화를 벌어서 살아가는 방식을 취했다. 김덕홍은 국제 담당 비서인 황장엽의 측근으로 황장엽과 그 사무실을 먹여살리는 외화벌이 담당이었다. 안기부는 김덕홍의 어려움을 도와주면서 접근해 나갔다. 김덕홍은 황 비서가 북한 실정에 절망하고 있고 남한과 연계 관계를 맺고 싶다는 메시지를 전해 왔다.

비록 간접적이지만 황장엽 같은 거물의 연락은 안기부가 꿈꾸어 왔던 여건이다. 간접적 연락이므로 우선 진의를 확인하는 과정이 필요했다. 극비리에 우선 기존 라인(안기부 협조자. 실명은 밝히지 않는다)을 통해 간접적으로 연락을 취하는 방법을 지속했다. 그 이후 안기부 요원이 직접 김덕홍을 중국에서 만나는 단계까지 발전했다.

나는 그 무렵 황장엽 비서에게 직접 편지를 썼다. "김덕홍을 통해 황장엽 비서의 뜻을 잘 전달받았고 그 뜻을 높이 존중한다. 황 비서의 결단을 환영한다"라는 간단한 내용이었다. 한국의 안기부 차장이 직접 편지를 써서 북한의 국제 담당 비서에게 보낸다는 것은 당시로서는 큰 모험이기도 했다. 그 편지가 들키면 김덕홍도 황장엽도 무사할 수 없다. 후에 황장엽은 "김덕홍을 통한 메시지 잘 받았다, 감사한다"라는 반응을 구두로 전해 왔다. 이 메시지 교환으로 황장엽과 안기부와의 연계 관계는 확실해졌다.

나는 당시 황장엽이 북한을 탈출할 것이라고는 생각지 못했다. 황장엽이 북한에 머무르면서 협조자의 역할을 수행할 수 있기를 바랐다. 그렇게 된다면 안기부 휴민트 프로그램의 역량은 획기적으로 강화될 것이었다. 당시 한미 정보당국의 초미의 관심사는 조기경보였다. 북한이 남한 침공 시 얼마나 빨리 그 징후를 파악할 수 있느냐가 정보 수집의 톱 프라이어리티였다. 황장엽 비서와 같은 최고위급 인사는 조기경보 차원에서 최고의 출처가 될 수 있다는 점에 주목하고 있었다.

스파이 운영에서 가장 어려운 부분의 하나는 통신(안전하고 신속한 연락 수단의 확보)이다. 지금은 다르지만 당시 북한은 난수표 방송 방식으로 남한 내 고정간첩과 통신했다. 당시에는 우리도 유사한 방식을 썼다. 그러나 황장엽과 같은 거물에게는 좀 더 특별한 방법이 필요했다. 그래서 이 통신 수단 문제와 관련된 연구를 진행했고 외국 정보기관과의 협력 등 다방면으로 고민하고 있었다. 물론 황장엽의 신원에 대해서는 극도의 보안을 유지하고 있었다. 그런 시기에 나는 차장직에서 물러나게 됐다.

국제 담당 비서인 황장엽은 외국 출장이 잦았다. 1996년 1월 일본 출장 시 황장엽은 망명을 결심하고 안기부 측에 알렸다. 남영식 당시 안기부장 특보가 일본에 가기 전에 중국에 머물고 있는 황장엽을 비밀리에 만났다. 황장엽은 한국 정부가 자신의 신변을 보장해 줄 수 있겠느냐고 불안에 떨고 있었다. 남영식 특보는 걱정하지 말라고 하면서 한국 정부가 잠수함까지 동원할 준비가 되어 있다고 선의의 거짓말까지 동원했다. 남 특보의 설명에 설득당한 황장엽은 한국 망명을 최종 결심하고 일본 출장 기회를 틈타 망명하기로 계획을 세웠다.

황장엽은 일본을 들를 때마다 안경을 새로 맞추곤 했었다. 그리고 책방에 들러 책을 사곤 했다. 이런 동선은 북한 당국이 다 파악하고 있는 황장엽의 일상적 일본 체류 동향이었다. 당시 안기부 팀은 이와 같은 외출 기회를 틈타 탈출하는 방안, 새벽녘에 탈출하는 방안 등 면밀한 계획을 수립하여 대비하고 있었다. 남조선이 황장엽을 납치했다는 비난 가능성에 대비, 일본 당국과 협의 조치도 취하고 있었다.

그러나 갑자기 북한 경호팀의 밀착 감시가 강화되면서 황장엽은 기회를 잡지 못하고 중국을 경유하는 귀국길에 오르게 되었다. 베이징에서 황장엽은 망명을 최종 결심하고 한국 대사관으로 피신했다. 황장엽의 탈출로 중국은 외교적 난제에 직면했다. 북한의 격렬한 반대와 한국 정부의 강력한 요청 사이에서 사태는 장기화 조짐을 보이고 있었다. 권영해 부장은 김영삼 대통령에게 중국 장쩌민(江澤民) 주석에게 친서를 쓰도록 건의했다. 당시 장쩌민 주석은 한국에 대해 우호적인 인식을 지니고 있었다. 1995년 권영해 부장이 중국 방문 시 30분 예정된 면담 시간을 1시간 연장할 정도로 우호적이었다. 장쩌민 주석은 김 대통령의 친서를 받고 난 후 황장엽의 중국 출국을 허용했다. 출국 조건은 직접 남한행은 안 되고 제3국을 거쳐서 상당한 기간이 지난 후 남한행을 허용하는 것이었다.

권영해 부장은 황장엽이 거쳐야 할 제3의 국가로 필리핀을 선택했다. 필리핀 라모스 대통령은 6·25 참전 용사이고 대표적 친한파였다. 국방장관을 역임한 권영해 안기부장과도 친분이 두터웠다. 이런 연유로 라모스 대통령은 외교적 부담이 되는 황장엽의 필리핀 경유를 허용하는 특별 배려를 한 것이다.

황 비서는 필리핀에 40일 넘게 체류했다. 황 비서 같은 민감한 인사의 체류는 간단한 문제가 아니었다. 체류 장소 경호, 체류 비용 등 많은 문제가 제기되고 있었다. 안기부는 이런 문제들을 필리핀 당국과 긴밀하게 협의하면서 황 비서를 성공적으로 보호했다. 그 실무는 정영철 당시 해외정보국장이 맡았다. 라모스 대통령은 황 비서의 필리핀 경유 허용 결정 때문에 필리핀 야당으로부터 공격을 받았다. 이에 따라 라모스 대통령은 황장엽을 가급적 이른 시일 내에 한국으로 데려가도록 요청했다.

나는 퇴직 후 대기대사로 국립외교안보연구원에 적을 두고 있었다. 어느 날 권영해 부장은 나를 불러, 미얀마로 가서 미얀마가 황장엽을 잠시 머물게 할 수 있겠느냐를 타진해 보도록 지시했다. 이 지시 배경에는 안기부와 미얀마 정보기관 간에 조성된 깊은 유대 관계가 있었다.

당시 미얀마에는 군 정보기관이 유일한 국가 정보기관이었다. 미얀마는 군부 통치 하에 있었고 실권자는 군 정보부대장인 킨윤 장군이었다. 킨윤 장군은 5·16 혁명 당시의 박정희 대통령에 비유할 수 있는 실권자였다. 안기부는 이런 미얀마의 정치 현실을 감안, 미얀마 군 정보 기관과 유대를 강화하는 데 공을 들였다. 미얀마는 아웅산 수치의 감금으로 미국의 제재를 받고 있었고 당시 국제 사회로부터 고립되어 있었다. 이 때문에 미얀마는 우리 기업의 진출이 거의 전무할 정도로 우리와 소원한 관계였다.

미얀마는 복잡한 다민족 국가지만 인구가 5,000만 명이나 되는 동남아의 주요 국가다. 당시 안기부는 미얀마가 언젠가는 국제적 고립에서 벗어날 것이고 그때를 대비하는 것이 필요하다고 보았다. 이를 위해 우선 정보기관끼리의 유대를 강화해 두는 것이 필요하다고 판단했다. 정보기관끼리의 관계 강화는 드러나지 않으면서 국가 간의 관계를 실질적으로 증진시키는 주요 채널로 작동할 수 있기 때문이다. 당시 미얀마 정보기관장인 킨윤 장군의 심복은 차장인 조원 대령이었다. 나는 1995년 말경 조원 대령을 방한 초청하기 위해 미얀마를 방문했다. 나는 조원 대령에게 한국의 발전은 군인이었던 박정희 대통령의 강력한 리더십 덕분이라고 설명하고, 킨윤 장군의 현재 위상으로 보아 한국의 발전 전략을 참고하는 것이 유익할 것이라고 말하면서 한국 방문을 초청했다. 우리 계획대로 조원 대령은 방한했고, 방한 경험을 킨윤 장군에게 설명했다. 이를 계기로 안기부와 미얀마 군 정보기관은 급속히 가까워졌다. 이런 안기부와 미얀마 정보기관과의 관계 강화를 직접 지휘한 권영해 부장은 야당의 압력을 받고 있는 라모스 대통령의 입장을 감안하여 나에게 황장엽 비서의 미얀마 일시 체류를 타진하도록 한 것이다.

나는 우선 조원 차장(대령에서 준장으로 진급)에게 방문 목적을 간략히 설명했다. 그리고 킨윤 장군에게 직접 설명할 기회를 요청했다. 조원 차장의 주선으로 킨윤 장군을 사무실에서 만났다. 나는 다음과 같은 요지로 도움을 요청했다.

"황장엽 비서가 탈북해 현재 필리핀에 머물면서 한국으로 갈 준비를 하고 있다. 한국으로 가기 전에 제3국에 조금 머물러 있을 필요가 생겼다. 그래서 미얀마가 도와주었으면 한다. 황장엽 비서의 미얀마 체류는 철저히 비공개로 할 것이다. 기간은 그렇게 길지 않을 것이다."

킨윤 장군은 영국에서 교육을 받아 영어가 완벽하다. 내가 지난번 방문했을 때는 영어로 대화를 나눴다. 그러나 그날은 영어를 한 마디도 하지 않았다. 통역을 내세웠고, 설명을 듣고 난 후에도 검토 후 알려주겠다는 정도로 반응을 보였다.

하루 만에 거절의 답이 왔다. 조원 차장은 "킨윤 장군은 이 문제를 대통령을 포함한 지도자회의에서 논의하였고 그 회의에서 거절하도록 결론을 냈다"고 설명했다. 이 에피소드는 황장엽이 한국으로 오게 된 과정이 많은 곡절을 겪었음을 보여 준다.

황장엽의 탈북으로 조성된 역사적 기회를 놓치다

황장엽 비서의 탈북과 한국 정착 과정은 한 편의 스릴 넘치는 극적 드라마였다. 수많은 고비와 외교적 줄다리기도 있었다. 미얀마를 경유지로 검토한 것은 황장엽의 한국행이 외교적으로도 순탄치 않았음을 보여 준다.

주중 한국 대사관으로 피신 후 한국행이 지연되면서 황장엽 비서는 매우 불안해 했다. 이를 안심시키는 작업도 간단치 않았다. 남영식 안기부장 특보가 이 일을 맡았다. 남 특보는 황장엽 사건 전체를 처음부터 관장한, 안기부에서 전설적인 공작 전문가다. 그는 불안해 하는 그를 안심시키기 위해 "황장엽 비서를 빼내기 위해 한국 잠수함까지 대기하고 있다"는 선의의 거짓말을 또다시 동원했다.

황장엽의 한국 망명은 국제 사회가 비상한 관심을 가지고 지켜보고 있었던 외교적 대형 사건이었다. 결과적으로 이 사건은 성공적으로 마무리됐다. 수많은 안기부 직원의 정보 프로페셔널리즘이 고비마다 제대로 작동된 결과다. 사건 전체를 지휘했던 권영해 부장과 이병기 차장의 탁월한 리더십의 결과물이기도 하다.

황장엽은 자신의 망명 동기를 "한민족의 장래가 남한에 있다고 확신했다. 이 확신에 따라 민족적 양심에 따라 한국에 올 것을 결심했다"라는 요지로 설명했다. 나는 황장엽의 이 말을 전적으로 신뢰한다. 황장엽 비서는 개인적으로 보면 탈북할 동기가 없었다. 그의 탈북은 가족에게는 참으로 못할 짓이었다. 그의 부인, 아들, 손자 손녀를 죽음으로 내모는 일이었다. 당시 그는 일부 사람들이 추측하듯이 북한에서 숙청 위기를 당하고 있지도 않았다. 그의 권력과 영향력이 김일성 때보다 약화되어 있었는지는 모르나 신변의 위협을 당할 정도는 아니었고 편안한 은퇴 생활이 보장되어 있었다고 할 수 있다. 그런데도 그는 한국행을 택했다. 그는 북한의 참혹한 현실을 보고 절망했고, 양심의 가책을 느끼면서 고뇌했다. '민족의 양심에 따른' 탈북이라는 그의 설명은 거짓 없는 진정한 탈북 동기이다. 황장엽은 정의와 양심에 따라 자신을 희생하면서 행동하는 보기 드문 선비형 인물이었다.

2010년 황장엽은 자가에서 조용히 유명을 달리했다. 탈북한 지 13년 만이다. 나는 "환상 속에서 누구나 평화롭고 자유롭게 살 수 있는 곳을

꿈꾼다"라는 〈넬라 판타지아〉의 가사는 황장엽 비서의 꿈이었다고 생각한다.

황장엽 비서의 망명은 정보적 측면에서 일대 쾌거였다. 황장엽은 돈으로 환산할 수 없는 가치를 지닌 북한 정보의 보고 그 자체였다. 안기부를 비롯해 미 CIA, 그리고 일본 정보기관도 북한을 알기 위해 매년 막대한 예산을 쓴다. 그런 노력으로 얻은 정보나 지식도 결코 황장엽을 능가할 수 없다. 그는 당시 자유세계에 나와 있는 북한에 대한 최고 유일의 권위의 정보 출처였다. 그뿐만이 아니다. 황장엽의 망명은 정보적 가치 차원을 뛰어넘는, 김정일의 강압 체제를 뚫고 터져 나온 전략적 의미를 지닌 일대 사건이었다. 북한에서도 양심적 각성이 일어나는 역사적 계기가 조성될 수 있지 않을까 하는 기대를 갖게 했다. 그러나 이런 기대는 김대중 정부와 노무현 정부를 거치면서 물거품이 되었다. 황장엽의 말년에는 그가 지닌 정보와 지혜도 모두 무시되었다.

현재 황장엽 비서와 같은 꿈을 좇아 한국에 온 탈북민이 3만 2,000명이나 있다. 그러나 안타깝게도 그 꿈은 아직도 환상 속에서만 존재한다. 그러나 북한 주민에게 〈넬라 판타지아〉의 노래가 울려 퍼지는 그날은 반드시 온다. 오게 만들어야 한다. 여기에 국정원의 소명이 있다.

나는 황장엽 비서를 직접 만나 보지 못했다. 나는 당시 안기부를 떠나 말레이시아 대사직을 수행하고 있었다. 그러나 황장엽이 쓴 책은 거의 다 읽었다. 그 책을 통해 황장엽이 지닌 정보적 가치를 재확인할 수 있었다. 그러나 앞에서 지적했듯이 황장엽의 탈북은 정보적 가치 이상의 전략적 의미가 있었다. 당시 북한 체제는 크게 흔들리고 있었다.

200만 명 가까운 주민이 굶어 죽었다(황장엽이 증언한 숫자다). 체제 균열이 일어날 수밖에 없는 상황이었다. 북한 지도층이 자신감과 희망을 잃고 전전긍긍할 수밖에 없는 상황이었다. 황장엽 비서의 탈북은 이런 북한의 절망적 상황이 빚은 사건이고 북한 체제가 크게 수세에 몰려 있었음을 의미했다.

역사에는 가정이 없다고 한다. 그러나 1998년 김대중 정부 들어서서 추진했던 햇볕정책이 없었다면 어떠했을까 하고 가끔 생각해 본다. 현금 4억 5,000만 달러가 제공되면서 시작된 햇볕정책은 깊은 수렁에 빠진 김정일에게는 구원이었다. 만일 당시 이 구원이 없었다면 김정일이 어떤 선택을 했을까?

황장엽 비서가 느꼈던 절망감은 황장엽 개인에 국한된 인식이 아니었다. 북한 상층부에 널리 퍼져 있었다. 이처럼 북한은 체제가 흔들리는 약자였고 우리는 강자의 입장에 있었다. 성공적인 대화와 협상의 조건은 우선 강자의 입장에 서는 것이다. 이처럼 우리는 강자의 입장에서 북한과 대화를 할 수 있는 입장이었고 남북 관계의 틀을 근원적으로 바꿀 수 있는 절호의 기회가 될 수 있었다. 남북 관계를 최소한 1991년 남북 기본합의서가 실행에 옮겨지는 구조적 변화로 발전시킬 수도 있었을 것이다. 돌이켜 보면 그때가 우리에게 주어진 소중한 역사의 기회였을 수 있다. 그 기회를 잘 활용했어야 하는데 안타깝게도 '우리는 역사적 절호의 기회를 날려 보낸 것이 아닌가' 하는 생각을 가끔 해 보게 된다.

좌파정권은
왜
국정원을
무력화 시켰을까

IV. 국정원장의 책무

국정원장이 되다

2015년 2월 27일 아침 8시경 나는 운명의 전화를 받았다. 이병기 국정원장으로부터 걸려 온 전화였다. 박근혜 대통령이 자신을 대통령 비서실장으로 내정하고 그간 여러 번 자신의 의사를 물었으나 고사했었는데 오늘 아침 박근혜 대통령이 다시 전화를 걸어 와 내일 중동으로 순방을 떠나는데 마음을 바꾸기를 바란다고 해서 더 이상 고사할 수 없었다는 내용이었다. 그러면서 나를 후임으로 추천했는데 박 대통령이 받아들였다고 하면서 연락이 있을 것이라고 했다.

놀라운 일이었다. 75세의 늦은 나이에 국정원장이 되리라고는 꿈에도 생각하지 못했다. 당시 나는 2000년 말레이시아 대사를 끝으로 공직을 떠나 울산대학교에서 초빙교수로 강의를 맡고 있었다. 그 기간 중 국가안보와 정보기관의 역할에 관한 칼럼을 꾸준히 썼고, 2010년에는 서동구 전 이스라엘 대사와 함께 『기드온의 스파이』라는 모사드에 관한 책을 번역하여 출판한 일이 있었다. 그 책을 당시 박근혜 한나라당 대표에게 송부한 일은 있다. 나는 박근혜 대통령과 개인적으로나 정치적으로 인연이 없었다. 대선 캠프에도 참여한 적이 없다.

이 전화가 있은 후 청와대에서 전화가 왔다. 9시까지 감사원 뒷문으로 오라는 민정수석실에서 온 전화였다. 우병우 당시 민정수석 주재로 30여 분 정도 검증이 있었다. 당시 나는 우병우 수석을 몰랐고 나중에야 그가 우병우 수석임을 알았다. 검증이 있은 2시간 후인 11시경 박근혜 대통령이 직접 전화를 걸어 왔다. "국정원장으로 내정했으니 수고해 주시기를 바란다. 최근 북한의 움직임도 심상치 않고 국내 종북 세력들의 움직임도 활발하다. 잘 대처해 주시기 바란다"라는 짧은 메시지였다. 그리고 그날 2시에 내가 국정원장으로 지명되었다는 뉴스가 공식 발표되었다. 아침에 놀라운 전화를 받은 지 불과 6시간 만에 국정원장으로 공식 지명되다니 전혀 예상치 못한 일이다.

그렇게 기적처럼 나는 국정원장이 되었다. 그 기적이 후에 적폐 청산으로 감옥살이로 반전될 줄은 꿈에도 몰랐다. 운명이었고 하나님의 섭리였다.

인사 청문회를 통과한 후 3월 19일 박근혜 대통령으로부터 임명장을 받았고 바로 취임식을 가졌다. 1996년 말 해외 담당 차장직을 끝으로 국정원을 떠난 지 18년 만의 복귀였다. 나는 다음과 같은 요지의 취임사를 했다. 국정원에 대한 나의 평소 생각을 담았다.

국정원의 소명: 북한과의 마지막 배틀(Last Battle)

"나는 국정원을 떠난 지 18년 만에 다시 돌아와 이 자리에 섰습니다. 18년 전에 나는 당시 차장으로서 이 강당 이 자리에서 이임사를 했습니다. 그때 나는 이렇게 말하고 떠난 것으로 기억합니다.

> 우리는 북한의 테러로 한 달 전에 우리 곁을 떠난 최덕근 직원을 결코 잊어서는 안 된다. 누가 최덕근 직원을 테러했는지 끝까지 추적해야 한다. 우리가 평양에 들어갈 때 북한 정보당국의 비밀 서류를 찾아서라도 꼭 밝혀야 한다.

내가 오늘 이 얘기를 다시 꺼내는 것은 감상(感傷) 때문이 아닙니다.

희생당한 직원들을 상기하면서 국정원 직원의 정체성을 되새겨 보자는 뜻에서 지난 얘기를 다시 언급한 것입니다. 직원을 잃은 것은 가족을 잃은 것입니다. 가족을 잃으면 그 기억은 사라지지 않습니다. 그와 같은 가족 의식으로 우리는 뭉쳐야 합니다. 이제 국정원에는 영남도 호남도 대구도 부산도 충청도 강원도 제주도 서울도 이북 출신도 없습니다. 또한 소위 SKY 출신도 육사 출신도 행시 출신도 지방대 출신도 없습니다. 국정원 직원만 있습니다. 열정과 헌신을 다해 맡은 임무를 최선을 다해 일하는 국정원 직원만 있습니다.

많은 사람이 우리의 안보가 엄중한 상황이라는 말을 참으로 쉽게 합니다. 그러고는 강 건너 불 보듯이 일상을 살아갑니다. 시카고대 존 미어샤이머 교수가 국내 신문과 인터뷰한 기사를 읽어 본 적이 있습니다. 그 교수는 '강대국은 자신의 이익을 위해 약소국을 이용하게 마련이다. 강대국에 둘러싸인 한국과 폴란드가 지구상에서 없어졌던 것은 결코 우연이 아니다'라고 주장했습니다. 국제 정치 현실에 대한 차가운 진단입니다. 우리는 강대국들의 파워 게임에서 나라의 이름마저 지구상에서 없어진 슬픈 역사가 불과 70여 년 전에 있었던 일임을 잊고 살고 있습니다.

중국은 무서운 기세로 다가서고 있습니다. 일본에는 과거 일본 군국주의 제국의 과오를 인정하지 않는 극우 세력의 주장이 힘을 얻고 있습니다. 더구나 이제는 북한이라는 기상천외의 존재가 한반도와 동북아 정세의 핵심 변수로 등장했습니다. 그들은 최종 병기인 핵무기를 핵 보검이라고 하면서 매일같이 우리를 위협하고 있습니다. 더구나 우리 사회에는 북한의 참혹한 현실에 눈감으면서 민족을 외치고 통일을 외치는 이상한 사람들이 많이 있습니다. 북한이 우리를 얼마나 해치고 있는지 생각해 보지 않고 죽기 살기로 북한 주장에 맞장구치는 일을 업으로 삼는 사람들이 있습니다.

이런 엄중한 일들이 일어나고 있는데 우리 사회는 천하태평입니다. 이런 상황에서 국정원마저 잠들어 있으면 안 됩니다. 눈을 부릅뜨고 살펴야 합니다. 우리 사회가 잠들어 있을 때 국정원은 깨어서 국가안보의 예리한 촉수의 역할을 해야 합니다. 국정원은 권력기관의 자리에서 내려와야 합니다. 선진국 어느 나라 정보기관도 정치와 연계된 권력기관이라고 불리지 않습니다. 우리도 그래야 합니다. 국가안보를 위해 밤낮으로 노심초사하는 순수한 국가 정보기관으로 자리매김해야 합니다. 이를 위하여 우리는 실력을 쌓아야 합니다. 국정원의 실력은 직원 개개인의 실력입니다. 모든 분야에서 대한민국 최고의 프로가 되어야 합니다. 국정원 직원들은 군인보다 더 철두철미한 애국심과 헌신, 그리고 용기 있는 마음을 가져야 합니다. 어느 외교관보다도 어학을 잘하고 국제 정세에 밝아야 합니다. 어느 학자보다도 정세를 예리하게 분석 평가하고 큰 시야로 정세를 꿰뚫는 안목을 가질 수 있어야 합니다. 그렇게 생각하는 지적 정보 관리가 되어야 합니다. 국정원 개혁은 조직을 이리저리 뜯어고치거나 사람을 물갈이하는 것이 아닙니다. 법과 정보 상식과 기본에 맞게 바르게 운영하는 것 그것이 요체입니다.

우리 앞에 놓인 가장 큰 과제는 민족적이며 역사적인 과제임을 강조하고자 합니다. 북한과의 Last Battle이 우리 앞에 놓여 있습니다. 이것은 전쟁이란 의미에서의 Last Battle이 아닙니다. 자유 민주주의의 승리를 가져오는 체제 경쟁의 마지막 부분이란 의미입니다. 한반도에서 자유 민주주의가 승리를 거두고 저 불쌍한 북한 주민을 생지옥에서 구해내야 합니다. 그것이 국정원에 부여된 역사적 소명이며 Last Battle의 요체입니다. 나는 국정원은 단순한 직장(job)이 아니라고 했습니다. 국정원은 우리에게 부여된 고귀한 소명을 실현시키는 공동체이며 국가적 장치입니다. 이러한 인식이 우리가 일하는 이유, 인내하는 이유, 존재하는 이유입니다. 우리는 늘 깨어 있어야 합니다.

국정원의 향후 과제는 두 가지로 요약이 가능합니다. 즉, '지키기'와 '만들기'입니다. 지키기 기능은 다 아는 대로 국가안보를 지키고 국가의 생명을 지키며 국가 이익을 지키는 기능입니다. 이를 위해 우리는 대공 수사, 방첩, 대테러, 보안정보 등 지키기 기능을 세분화하여 업무를 추진하고 있습니다. 만들기 기능이란 한반도의 평화를 만들고 통일을 만드는 기능을 지칭합니다. 자유 민주주의 통일을 이루어 안보의 근본 틀을 바꾸고 대한민국의 새로운 번영의 기적을 만드는 숭고한 미션이 우리 앞에 놓여 있습니다. 이를 위해 우리는 북한의 내부를 면밀히 들여다보아야 하고 북한 체제를 흔드는 작업을 다각적으로 전개하고 있습니다. 가용한 모든 수단을 총동원하고 있습니다. 대북 공작, 심리전, 해외 공작과 정보기관 협력, 분석 역량, 과학적 수단을 다 동원하고 있습니다. 그러나 이런 과제들은 결코 쉬운 일은 아닙니다. 어려운 일이지만 이는 우리 국정원이 짊어지고 가야 할 무거운 짐인 동시에 우리만의 특권이기도 합니다. 이 숭고한 역사적 소명 앞에서 우리는 남처럼 한가할 수가 없습니다. 늘 깨어 있어야 하고 쉬지 않고 생각하며 궁리해야 합니다.

조지 태닛 전 CIA 부장은 그의 자서전에서 Country, Mission, CIA,

Family, Self 등 CIA 직원이 지녀야 할 덕목의 순위를 나열했습니다. 자신의 이익은 맨 나중에 생각해야 한다는 지적입니다. 나는 국정원 직원도 이를 벤치마킹해야 한다고 생각합니다. 국정원의 지난 역사는 파란만장했습니다. 어려운 여건과 환경 속에서도 우리 원은 나라를 지키고 대한민국의 기적을 일구는 데 크게 기여해 왔습니다. 이제 우리는 자랑스러운 과거를 뒤로하고 미래를 향해 서 있습니다. 통일 미래를 창조하는 우리의 각오를 새롭게 다져야 하겠습니다."

국가 정보기관의 역할은 흔히 '창'과 '방패'의 기능이라고 불린다. 나는 창의 기능을 '만들기'로, 방패 기능을 '지키기'로 쉽게 표현했다. 이 기능의 중심 대상은 물론 북한이다. 북한을 대상으로 지켜야 하고, 북한을 대상으로 평화를 만드는 작업이 국정원이 해야 할 일이다. 북한이 국정원의 중심 업무인 것은 국정원 직원이면 누구나 다 아는 일이다. 그런데도 당연한 업무를 취임사를 통해 다시 강조한 것은 그간 김대중 정부와 노무현 정부를 거치면서 이 개념이 다 헝클어졌기 때문이다. 그 시절 국방부는 북한을 주적이라고 표현하지 못했다. 같은 맥락으로 국정원에서도 북한을 '주 타깃'으로 표현하지 못했다. 나는 북한을 국정원이 해야 할 중심 업무로 다시 복귀시켰다. 북한에 대한 여러 가지 프로젝트를 적극 추진했다. 지금도 나는 언젠가는 우리가 부딪쳐야 할 Last Battle이 국정원 앞에 놓여 있는 역사적 소명이라고 생각한다.

부임 직후 찾아온 일본 내각정보조사실장

원장 부임 후 제일 먼저 찾아온 외국 정보기관장은 기타무라 시게루 일본 내각정보조사실장이었다. 부임 일주일 만인 2015년 4월 초였다. 일본 주재 정보관으로부터 기타무라 실장의 면담 요청을 받았다. 참으로 발 빠른 움직임이라고 생각했다.

전임 이병기 원장은 국정원장 직전에 일본 대사를 역임했다. 일본으로서는 익숙한 인물이다. 그러나 일본 입장에서 나는 비교적 생소할 것이다. 기타무라 실장은 조기에 새 원장과 안면을 트고 싶었던 것이다. 한일 간의 정보 협력의 중요성을 인식한 행보였다. 일본이 얼마나 북한의 위협을 심각하게 받아들이고 있는지, 일본의 안보를 위해 한일 정보 협력 관계의 중요성을 얼마나 깊이 인식하고 있는지를 보여 주는 방증이다. 나로서도 반기는 방문이었다.

상견례였으므로 오찬을 하면서 앞으로 협력을 강화하자는 일반론적인 의견 교환을 했다. 기타무라 실장은 매우 총명한 사람이다. 내가 받은 첫인상이다. 일본 고위 관리는 면담 시 보통 토킹 포인트(talking points)를 적은 노트를 들고 있다. 그리고 그 토킹 포인트에 의존한 대화를 한다. 그러나 기타무라 실장은 달랐다. 토킹 포인트 노트 없이 자유롭게 대화를 이어 나갔다.

일본 내각정보조사실(내조실)은 국정원처럼 큰 조직은 아니다. 일본은 국정원과 같은 중앙 정보 조직이 없다. 일본의 정보 업무는 경찰, 공안청, 외무성, 방위청, 재무성 등 각 분야에 흩어져 있다. 경찰과 공안청은 국내정보를 맡고 있다. 외무성, 방위청, 재무성 등은 북한 정보 및 대외 정보를 맡고 있다. 일본 내각정보조사실은 400명이 조금 넘는 소규모 조직이다. 그것도 2001년 신설된 내각위성정보센터 200여 명이 포함된 숫자다. 총리실 직속으로 경찰, 외무성, 방위성, 재무성 등 관계부서에서 올라오는 모든 정보를 종합하여 총리에게 보고하는 국가정보분석센터의 역할을 수행한다. 내각정보조사실장은 총리를 보좌하는 정보참모 기능을 수행하고, 정보 업무에서 대외적으로 일본을 대표한다. 외국과의 정보기관장 회의가 있을 시 내각정보조사실장이 일본을 대표하여 참석한다.

일본 경찰은 그 위상이 독특하다. 2차대전 후 군대가 해체되면서 일본 경찰은 치안뿐만 아니라 국내정보도 담당하게 되었다. 일각에서는 일본을 경찰 국가라고 부를 정도로 경찰의 위상이 높다. 경찰은 내각정보조사실, 공안조사청, 방위청 등 안보 관련 주요 기관에 파견관을 두고 있다. 2013년 일본 정부는 우리 정부의 NSC와 유사한 국가안전보장회의를 신설했고 의장은 총리가 맡고 있다. 기타무라 실장은 도쿄대 법학부를 졸업한 후 경찰에 입문한 일본의 최고 엘리트 경찰이다. 일본 경찰은 우수한 인재들이 선호하는 직장이다. 한때 일본 고등고시 1등에서 5등까지 모두 경찰에 들어갔다는 얘기를 들은 바 있다.

나는 재임 중 기타무라 실장을 두 번 더 만났다. 미국 정보 책임자와 함께 만나는 한미일 3국 정보책임자회의에서다. 기타무라 실장은 영어를 완벽하게 구사했다. 그는 아베 정권 내내 내각정보조사실장을 역임했다. 2019년에는 신설된 국가안전보장회의의 실무 책임 국장으로 영전했다. 그는 2011년 야당인 노다 민주당 정권 당시 내각정보조사실장으로 임명된 후 아베 정권으로 교체된 이후에도 계속 실장으로 근무한 것이다. 정치와 관련 없이 안보 전문가를 우대하는 일본의 인사 시스템이 돋보인다.

미 CIA의 존 브레넌 부장이 예방을 오다

기타무라 일본 내각정보조사실장에 이어 두 번째로 만난 외국 정보기관장은 존 브레넌(John Brennen) 미 CIA 부장이다. 부임 2주 만인 2015년 3월 31이었다. 이렇게 빠른 시간에 CIA 부장을 만나게 된 것은 나의 부임 이전에 그의 방한이 이미 예정돼 있었기 때문이다.

브레넌 부장은 미 CIA 경력직 출신이다. 분석요원으로 출발하여 공작 부서 경험을 두루 갖춘 정보 베테랑이다. 오바마 대통령의 재선 캠페인을 도왔고 백악관에서 대테러 업무를 총괄하는 직책을 수행하다가 CIA 부장이 되었다.

브레넌 부장과의 만남은 국정원장 접견실에서 이루어졌다. 브레넌 부장은 마크 리퍼트(Mark Lippert) 미국 대사와 함께 왔다. 브레넌 부장과 리퍼트 대사는 오바마 대통령의 선거 운동을 같이 한 친구 사이였다. 접견실에서 리퍼트 대사와 함께 양측 참모들이 배석한 채 한동안 상호 인사와 덕담을 나누었다. 그런 후 브레넌 부장은 나에게 단둘만의 협의를 요청했다. 단독 협의에서 브레넌 부장은 내게 오바마 대통령도 CIA와 국정원과의 협력 관계의 중요성을 잘 안다고 하면서 미 CIA가 개발하여 사용하고 있는 특수 목적의(내용을 밝힐 수는 없다) 통신 기술을 지원할 수 있다고 말했다. 그가 말한 통신 기술은 CIA가 노출을 꺼리는 특수 목적의 기술이었다. 나는 감사하다고 말하고 우리 기술진과 협의하겠다고 말했다. 후에 이 기술 내용은 이미 국정원이 독자적으로 개발하여 문제없이 사용하고 있어 더 이상 진전시키지 않았다.

정보기관이 사용하는 통신 기술은 어느 나라 정보기관이든 최고 기밀(Top Secret)이다. 이런 분야에 관해서도 협력 용의가 있다는 CIA 부장의 제의는 이례적이다. 이 일화는 CIA가 국정원과의 협력을 얼마나 중요시하고 있는가를 상징한다.

브레넌 부장과 나는 임기 내내 개인적으로도 친밀한 관계를 유지했다. 수시로 비화기 전화로 직접 통화가 이루어졌다. 2016년 초에는 브레넌이 먼저 전화를 걸어 와 새해 인사를 나눌 정도였다. CIA는 전화 통화 시 CIA가 개발한 특수 휴대용 비화기를 쓴다.

브레넌 부장은 트럼프 대통령으로 정권 교체가 이루어진 후 은퇴했다. 은퇴 후 『흔들림 없이(Undaunted)』라는 자서전을 썼다. 나는 감옥에서 그 자서전을 읽었다. 친밀했던 미국 정보 수장의 자서전을 한국의 정보 수장이었던 내가 감옥에서 읽어야 하는 처지가 더욱 처량하게 느껴졌다.

국정원장은 법 위에 군림하는 자리는 물론 아니다. 그렇다고 함부로 취급해도 되는 가벼운 자리도 결코 아니다. 내가 감옥에 갇히게 된 것은 물론 법원에서 유죄판결을 받았기 때문이다. 그러나 법의 판결이 항상 공정하고 정의로운 것은 아니다. 북한의 장성택도 법의 판결을 받아 처형되었다. 그러나 누구도 장성택의 처형을 정당한 법의 심판으로 보지 않는다. 정치적 처형을 위해 법이 악용된 것이 분명하기 때문이다. 정치가 법치를 압도하면 정치범이 생긴다. 문재인 정부의 적폐 청산은 법치를 압도했다 그렇게 정치범이 양산되었다. 나도 그중 하나로 감옥에 갇혔다. 정치범이라니, 법치가 제대로 작동하는 선진 문명국가에서는 일어날 수 없는 일이 21세기 대한민국에서 버젓이 일어난 것이다.

내가 감옥에 있는 것을 CIA의 존 브레넌 전 부장은 어떻게 생각하고 있을까? 대한민국을 모범적인 법치 국가라고 대단하게 여길까? 법치가 완전히 망가진 21세기 대한민국의 모습이 부끄러웠다.

미 국가정보국장 제임스 클래퍼와의 인연

미국의 정보기관은 17개나 된다. 잘 알려진 5대 정보기관 CIA, FBI, NSA, DIA, NGA 외에 마약국, 경호처 등 각 정부 부처별로 정보기관을 운영하고 있어 정보기관의 수가 많다. 이 정보기관들을 총괄하는 역할을 과거에는 CIA 부장이 담당했으나 2001년 9·11 사태를 계기로 DNI 체제를 신설하여 국가정보국장(Director of National Intelligence)이 정보공동체(Intelligence Community)의 대표로서 총괄 역할을 맡고 있다.

제임스 클래퍼(James Clapper) 국장은 오바마 행정부에서 임명되어 DNI 직을 5년간 수행하고 트럼프 행정부가 들어서면서 사임한 전설적인 정보맨이다. 그는 ROTC 출신으로 공군 장교로 임관, 공군 정보부대 그리고 NSA에서 평생 근무하다가 공군 중장으로 진급한 후 전 세계 미군 무관을 관장하는 국방부 정보기관인 DIA(Defence Intelligence Agency)장을 3년간 역임했다. 그 이후에는 미 정찰위성을 관장하는 지리정보국(NGA)의 국장직을 맡았다. 평생 정보 업무만 수행한, 미국에서 가장 존경받는 최고 정보 전문가다. 한국과도 인연이 깊다. 1994년 리브스 유엔군 사령관의 정보참모(G-2)로 근무했다.

나는 국정원장 재임 중 클래퍼 국장을 3번 만났다. 미국을 방문했을 때와 일본에서 정보기관장 회의 시, 그리고 클래퍼가 2016년 5월 방한했을 때, 이렇게 세 차례 만났다. 회의와 만찬 등의 행사를 가졌고 오랜 시간 많은 문제를 논의했다. 1941년생으로 나보다 한 살 아래여서 서로 나이를 가지고 농담하곤 했다.

클래퍼 국장은 2015년 북한에 억류되어 있던 미국 시민의 석방을 위해 북한을 방문한 바 있다. 2박 3일 북한에 체류하면서 김영철 등과 인질 석방을 교섭한 일화를 들려주었다. 김영철로부터 미국의 대북 적대적 정책은 철회되어야 한다는 북한 정권의 상투적 주장을 인내를 가지고 들어야 했으며, 북한 측은 미국인 석방을 끝까지 함구하고 있다가 북한을 떠나는 날 풀어 주었다고 설명했다. 그들과의 대화에서 북한 정권의 심리적 고립감(siege mentality)이 심각한 수준이라는 느낌을 받았다고도 했다. 그러면서 자신 일행을 수행한 젊은 북한 관리의 태도와 말에서 고위 북한 관리의 경직된 자세와는 다른 유연성을 발견했다고 했다. 북한 사회의 젊은이들에게 외부 세계를 알려주는 정보 투입의 중요성을 새삼 느꼈다고 하면서 내게 정보 투입 활동을 강화할 것을 권고했다.

미국의 주된 관심은 한반도 정세 안정과 핵 비확산에 있다. 반면 우리는 이에 추가하여 한반도의 자유 민주주의 통일을 추구해야 한다. 나는 북한의 미래인 북한 젊은이들이 바깥세상을 알도록 정보 투자를 해야 한다는 클래퍼 국장의 권고에 공감했다. 비록 짧은 체류에서 받은 피상적 인상이긴 하지만 미국의 최고 정보 전문가의 관찰이란 점에서 남다른 무게감을 느꼈다.

클래퍼 국장은 미국 정찰위성 정보를 우리 국정원과 공유하는 협력을 획기적으로 강화하는 조치를 취했다. 그 내용과 절차에 관하여 나와 논의를 했다. 어떤 내용인지는 밝힐 수 없지만, 그 조치가 우리 국가안보에 기여한 특별한 조치였다는 점은 지적하고 싶다. 이런 그의 기여를 기리기 위해 우리 정부는 클래퍼 국장에게 훈장(보국훈장 통일장)을 수여했고, 내가 대통령을 대리하여 국정원 청사에서 훈장을 전달했다. 클래퍼 국장은 은퇴를 앞두고 받은 훈장이라는 점을 지적하면서 "대한민국 훈장을 받아 영광이며 평생 귀하게 간직하겠다"는 감회를 밝혔다.

클래퍼 국장은 은퇴했지만 국정원과의 정보 협력을 위한 그의 노력이 유산(legacy)으로 남아 미국의 많은 후배 정보 관리들에게 긍정적인 영향을 미치게 될 것으로 기대한다.

마이크 폼페이오 CIA 부장의 특별한 제의

2016년 5월 초 트럼프 행정부의 마이크 폼페이오 초대 CIA 부장이 국정원을 방문했다. 업무 파악과 상견례 차원의 방문이었다. 상호 협력의 중요성과 의지를 확인하는 공식 회의를 거쳐 국정원 본부 청사에서 만찬을 가졌다. 나는 이 자리에서 게이츠 부장과 가졌던 만찬의 일화를 소개했다.

"30년 전 워싱턴에서 근무할 때 로버트 게이츠 CIA 부장을 내가 살던 워싱턴 관저에 초대하여 만찬을 가진 일이 있었다. 그때 나는 한국 최고의 백포도주인 한국산 마주앙, 그리고 미국산 최고 적포도주 미국 나파밸리의 오퍼스 원을 준비했고 위스키로는 최고의 스코틀랜드산 발렌타인 30년산을 준비했었다. 내가 이렇게 양국 최고의 와인과 위스키를 준비한 것은 양 기관 간 우정이 최고 수준임을 자축하는 의미라고 게이츠 부장에게 설명했었다. 오늘 만찬에도 그날과 똑같은 포도주와 위스키를 준비했다. 우리 두 기관 간의 오랜 우정을 상기하며, 위스키를 좋아하지 않는 분도 최소한 한 잔씩은 빠짐없이 마시기를 바란다."

폼페이오 부장은 위스키를 잘 마시지 않지만, 그날은 한 잔을 마셨다. 그러면서 앞으로 국정원과 CIA 간 만찬 시 주류 선정의 고정 메뉴로 할 것을 제의한다고 했다.

간단한 일화일 수 있다. 그러나 이런 작은 스토리가 전통으로 쌓이면서 정보기관 간의 친밀도가 높아지고 우호 관계가 증진된다. 폼페이오 부장과의 만찬 행사는 내겐 좋은 추억으로 오래 기억될 것이다.

나는 폼페이오 부장에게 부부 초상화를 선물했다. 그 초상화는 탈북 화가가 그렸다. 그 탈북자는 북한에 있을 때 김정일 가족 초상화를 전담으로 담당했던 소위 북한 '1호 화가'다. 나는 초상화를 선물하면서 "한국에서 자유를 찾은 북한 출신의 화가가 북한 주민이 자유를 찾는데 CIA가 도와달라는 염원을 담았다"고 소개했다. 또한 운보 김기창 화백이 그린 〈최후의 만찬〉 그림의 복제본도 선물했다. 김기창 화백은 예수님을 비롯해 최후의 만찬 참석자 전원을 갓 쓴 한국인으로 구성한 그림을 그렸고, 복제본도 30개 정도 한정판이었다. 폼페이오 부장이 독실한 크리스천임을 감안한 선물이었다.

폼페오 부장은 내게 조지 테닛 메달을 선물했다. 조지 테닛 메달은 정보 협력으로 도움을 준 외국 정보기관장에게 주는 CIA 특별 메달이다. 그 메달 제정 이후 내가 3번째라고 한다. 이 메달을 받은 대상자는 보통 노출되고 있지 않다. 카타르 정보기관장이 이를 공개했다고 한다. 이 메달은 나 개인에게 전달된 메달이 아니다. 이 메달은 국정원과 CIA

간의 협력 관계가 얼마나 긴밀한지를 상징하는 것이다. 미국의 막강한 정보 역량에 접근할 수 있는 미국 정보기관과의 긴밀한 협력 관계는 여러 번 지적하지만 우리 국가안보에 더할 나위 없는 귀중한 자산이다.

중국의 대북정보 역량을 경험

나는 국정원장 취임 후 첫 해외 방문지로 중국을 택했다. 취임 4개월 만인 2015년 6월이다. 그에 앞서 부임 한 달이 되던 2015년 4월에는 중국 국가안전부 둥하이저우(董海舟) 부(副)부장이 국정원을 먼저 공식 방문한 바 있다. 그 당시는 앞에서 지적한 대로 한중 정보기관 간 전략 대화라는 명분으로 차장급 고위급 인사의 상호 방문이 정기적으로 이루어지고 있었다. 그렇게 사이가 좋았다.

보통 국정원장은 취임하면 먼저 미국을 방문하는 것이 관례였다. 그런데 나는 중국 방문을 먼저 택했다. 이유는 자명하다. 새로 부임한 원장으로서 중국 안전부와의 관계를 중시한다는 인식을 중국 안전부에 주고 싶었다.

중국 출장을 떠나는 아침 해외 담당 한기범 1차장으로부터 북한 인민무력부장 현영철이 처형당했다는 첩보가 휴민트를 통해 들어왔다는 보고를 받았다. 북한 인민무력부장은 우리의 국방장관에 해당하는 고위직이다. 2013년 처형된 장성택은 김정은의 권력에 실질적인 위협이 되는 점에서 그의 처형은 일단 이해할 수 있다. 그러나 현영철은 김정은 권력에 위협이 되지 않는다는 점에서 처형 배경이 이해되지 않았다. 변란의 징조인가, 혹은 아직도 북한의 권력 투쟁이 진행형인가, 여러 가지 생각이 들었다. 무엇보다 우선적으로 할 일은 다른 소스를 통해 신뢰성을 확인하는 것이다. 국정원의 관계 직원들은 당연히 내 중국 출장 중에 다각적으로 첩보의 신뢰성을 확인해 나갈 것이다.

중국 출장 기간은 2박 3일이었다. 중국 안전부는 댜오위타이(釣魚臺)에 숙소를 마련해 주었다. 도착 날 오후 경후이창(耿惠昌) 국가안전부 부장 주재로 양 기관 간 공식 회의가 열렸다. 특별히 현안이 있는 회의가 아니므로 상견례 겸 상호 덕담을 나누고 양 기관의 협력 우호 증진을 다짐하는 의례적 회의였다. 나는 '여시공진(如時共進)'과 '공창미래(共創未來)'의 정신을 바탕으로 양 기관 간 협력을 강화하자고 말했다. 한반도의 미래는 남한에 있는 것이 '여시(如時)'이며, 이런 시류에 맞추어 같이 나아가 미래를 창조해 나가자는 의미였다. 북한이 양국 미래에 장애가 되는 현실을 직시하자고 에둘러 말한 것이다. 중국 측은 양 기관 간 그간의 협력이 중요했고 앞으로도 계속 발전시키자고 의례적인 말만 했다.

회의 말미에 나는 현영철 관련 첩보를 꺼냈다.

"우리 국정원은 북한 인민무력부장 현영철의 신변에 이상이 생겼다는 첩보를 입수했다. 중국 안전부도 관련 정보가 있는가?"

이에 대해 안전부는 "북한 고위직의 신변 이동은 늘 있었던 것이 아닌가?"라는 식의 반응으로 특별한 정보가 없음을 시사했다. 나는 "그런 통상적인 신변 이상설이 아니다"라고만 말했다. 안전부 측은 확인해 보겠다고 답했다.

방문 마지막 날 중국 공산당 서열 9위이며 중국 안전부를 포함해 공안부, 검찰, 법원 등을 총괄하는 당 중앙정법위원회 멍젠주(孟建柱) 서기와 면담 일정이 있었다. 멍젠주 서기는 면담 초반에 "중국도 현영철의 신변에 이상이 생겼다는 첩보를 입수했다"고 먼저 언급했다. 아마도 중국도 정보망을 동원해 현영철에 관한 첩보를 확인해 본 모양이었다. 그 확인 결과를 내게 통보한 것이다. 그러나 처형되었다고는 말하지 않았다. 나는 경청만 하고, 그가 처형되었냐고는 묻지 않았다. 중국 측도 더 이상 자세한 설명은 하지 않았다. 그러나 내가 문제를 제기한 후 중국 측이 이틀간 노력해서 현영철의 신변에 이상이 있음을 확인해 준 이상 나는 현영철의 처형 첩보가 사실이라는 심증을 굳혔다.

나는 이 에피소드를 통해 중국의 대북정보 능력이 제한적임을 느꼈다. 중국 안보에 위협이 되지 않는 한 북한 내 움직임을 국정원처럼 실시간으로 들여다볼 필요가 없을 것으로 중국 안전부의 입장을 이해했다.

귀국 후 나는 현영철의 고사포 처형을 정보화하여 청와대에 보고하고 통일부와 협조하여 공개했다. 이 공개는 언론의 집중 조명을 받았다. 현영철은 북한군 내에서 신망이 두터운 장군이었다. 북한군의 실질적 전투 지휘 책임자 자리인 군 참모장을 거쳐 인민무력부장에 오른 인물이었다. 김정은이 주재한 훈련일꾼대회에서 현영철은 졸았다. 이 조는 모습이 TV에 방영되었고, 현영철의 처형은 바로 김정은에 대한 불경죄 때문이라고 널리 보도되었다.

북한에서는 보통 처형되면 장성택의 사례에서 보듯이 그 처형된 인사가 북한 TV에서 나왔던 영상은 모두 삭제되어 방영되는 것이 통상적이다. 그런데 북한 TV에서는 기이하게도 현영철이 포함된 영상을 2주간 계속 방영하고 있었다. 일부 언론과 정치인 사이에 국정원이 오보(誤報)했다는 비판이 일었다. 국정원의 정보 역량이 엉터리라는 보도도 있었다. 그러나 결과적으로 국정원의 정보는 정확했다. 언론사로 치면 세계적 특종을 한 셈이다. 얼마 안 있어서 신임 인민무력부장이 임명됐다. 현영철은 북한에서 흔적도 없이 사라졌다.

국정원은 현영철이 강건종합군관학교 교정에서 고사포로 잔인하게 처형되었다고 특정했다. 정찰위성 사진, 그리고 휴민트 정보를 종합하여 내린 결론이다. 국정원은 현영철이 김정은의 군에 대한 온갖 기행에 대해 불만을 품고 있었던 것으로 파악하고 있었다. 김정은은 장성급 군 간부들에게 백두산 행군을 강행토록 하는가 하면 구보를 시키고 수영대회를 강요하기까지 했다. 이러한 현영철의 내재적 불만이 처형 배경일 것으로 판단된다. 현영철의 처형은 김정은이 자신의 집권 기반을 강화하려는 행보로 이해되지만, 그 잔인성은 상식을 초월했다.

"다른 인간을 굴복시키는 무한한 권력을 경험한 자는 누구든 자신의 감각(이성)을 제어하는 능력을 상실한다. 독재는 습관이다. 이는 마침내 질병으로 변한다. 권력의 습관은 훌륭한 인간을 죽일 수 있으며 짐승 수준으로 타락시킬 수 있다. 피와 권력은 도취를 낳는다."

독재의 본질을 꿰뚫어본 도스토옙스키의 날카로운 통찰이다.

히틀러, 스탈린, 후세인, 김정일 모두 독재의 질병을 앓은 독재자들이다. 이들은 모두 피와 권력에 도취해 자제 능력을 잃었다. 김정은도 현영철의 처형을 비롯한 수많은 공개 처형으로 그 반열에 오르고 있다.

중국 패권적 대국주의의 민낯

사드(THAAD, 고고도 미사일방어체계) 배치 문제가 불거지기 전까지는 국정원과 중국 국가안전부와의 관계는 좋았다.

앞에서 소개한 것처럼 나는 2015년 5월 중국을 방문했다. 2016년 중반에는 중국의 겅후이창 국가안전부장이 방한하기도 했다.

2016년 말 나는 중국을 다시 방문했다. 사드 배치로 양국 관계가 긴장 국면으로 접어들고 있었던 때였다. 겅후이창 안전부장이 참석한 양 기관 간 회의가 열렸다. 사드 배치 문제가 주 의제로 떠올랐다. 겅후이창 부장은 사드의 감시 범위가 중국을 포함하고 있으므로 사드의 한국 내 배치가 중국의 안보 이익을 해친다고 주장했다. 나는 사드 레이더의 감시 능력은 중국 지역을 커버할 수 없는 800킬로미터로 프로그램되어 있어 중국이 우려할 정도가 아니라고 설명했다. 나는 정보기관의 역할은 진실을 찾는 일이라고 지적하면서, 그런 측면에서 사드가 과연 중국의 전략적 안보 이익을 훼손하는 성능을 지녔는지, 사드의 진실을 찾기 위해 국가안전부가 대표단을 파견해 준다면 국정원이 이에 협력하겠다고 제의했다. 그러나 중국 측은 이 제의에 대해 아무런 반응을 보이지 않았다.

이 회의는 답을 찾고자 한 회의가 아니고 서로 할 말만 하는 회의였다. 중국 공산 체제는 고도로 경직된 사회다. 시진핑(習近平) 주석이 한국의 사드 배치가 중국의 안보 이익을 해친다고 판단한 이상 그 판단은 결코 움직일 수 없는 진실이 된다. 더 이상의 진실 추구는 필요 없게 된다.

그 이후 중국에 진출한 롯데그룹에 대한 핍박 등 중국의 경제 압력이 더욱 구체화, 노골화되었다. 나는 다시 한 번 중국 방문을 시도했다. 정보기관끼리는 막후에서 솔직하게 어떤 문제도 논의할 수 있지 않느냐며, 다시 한 번 더 중국 안전부와 얘기하고 싶다고 중국 방문을 요청했다. 그러나 중국이 회답을 주지 않음으로써 사실상 거절당했다.

앞에서 지적한 대로 그간 중국 안전부와 국정원 간 관계는 참으로 좋았다. 그러나 사드 문제를 계기로 양 기관 간 관계도 점차 소원해지기 시작했다.

우리가 다 아는 대로 사드 문제는 한중 관계 전반을 소원하게 만든 표면적 요인으로 작동했다. 그러나 그 이면에는 한국을 마음대로 다루겠다는 중국의 대국 패권주의의 그림자가 어른거린다. 시진핑 주석은 트럼프 대통령에게 "역사적으로 한국은 중국의 속국이었다"고 말한 것으로 알려졌다. 이런 인식이 아직도 중국 지도층의 진짜 속마음일 가능성이 크다. 사드 배치와 관련한 중국의 몽니가 이를 뒷받침해 준다.

중국은 과거 500년간 조선을 대했던 것과 같은 패권주의적 인식으로 21세기 대한민국을 대하고 있다. 이것이 우리나라가 직면한 냉엄한 동아시아의 국제 현실이다. 특히 중국은 북한의 후원국이다. 6·25 전쟁 당시 참전하여 우리 군을 포함한 유엔 참전국과 치열한 전투를 치렀다. 현재도 우리 안보의 최대 도전인 북핵 문제 해결을 방해하는 훼방꾼 노릇을 하고 있다. 이렇듯 중국은 평화통일을 위한 우리 안보정책의 최대 걸림돌이다. 이를 극복하는 과제가 과거나 현재나 우리 앞에 놓여 있는 최대의 외교, 안보적 도전이다. 인구 14억의 대국을 이웃으로 둔 우리의 지정학적 숙명이다.

그러나 어떤 경우에도 중국이 우리를 함부로 대하는 태도는 절대 용납할 수 없다. 상호 존중이 확보되어야 한다. 그런 기조 위에서 우리의 안보정책은 중국에 대한 경계심을 품은, 각별히 현명한 정책이 되어야 한다.

러시아와의 정보 협력

2016년 여름 나는 국정원장으로서 러시아를 방문했다.

러시아와 국정원 간의 정보 협력 역사는 순탄치 않았다. 러시아에 파견된 국정원 정보관이 PNG를 당해 추방된 것이 두 차례나 된다. 국정원 정보관이 추방된 것은 모두 러시아 방첩기관인 연방보안국(FSB)의 작품이다. 소련 KGB의 후신인 FSB는 강력한 조직이다. 광대한 러시아의 국경을 수비하는 수십만의 국경수비대 병력을 예하에 두고 있다. FSB는 종종 보도되는 러시아 정치인의 독살 사건 배후로 거론되곤 한다. 또한 러시아 내 외국 정보기관에 대한 FSB의 감시는 거칠기로 유명하다.

나는 원장 재임 시 FSB와의 관계 강화에 공을 들였다. 한국에 나와 있는 러시아 정보요원을 통해 FSB 부장을 방한 초청해 보르티니코프 FSB 부장이 방한했다. FSB 부장은 온화하면서도 신사적인 풍모를 지녔다. 그러나 러시아의 가장 강력한 정보기관에서 오랜 경력을 쌓은 외유내강형의 인물이다. 그의 한국 방문은 FSB 부장으로서는 최초 방문이고 국정원에 대해 우호적인 인식을 갖게 된 계기가 되었다.

그 후 나는 FSB 부장의 초청을 받았고, FSB 부장 방한에 대한 답방으로 초청에 응했다. 숙소는 FSB의 게스트하우스였다. 과거 소련 시대 악명 높은 KGB 시절부터 사용된 게스트하우스다. 러시아 측의 환대였다.

정보기관장의 외국 방문 행사는 대체로 일정하다. 사무실에서의 회담, 그리고 오찬 또는 만찬 행사를 갖는 일정이다. 회담은 특별한 현안을 다루는 것이 아니라 대체로 덕담 위주로 대화를 주고받는다. 이 일정에 따라 나는 초청자인 FSB 부장은 물론, 세르게이 나라시킨 대외정보부(SVR) 부장도 만났다. 나는 이들과의 면담 시 이미 고인이 된 프리마코프 전 대외정보부장과의 만남을 화제로 삼았다.

프리마코프 부장은 러시아 정보 세계에서는 전설적 인물 중 한 명이다. 프리마코프 부장과 나의 인연은 이들과의 면담 시 좋은 화젯거리가 됐다. 이렇게 이루어진 FSB와 국정원 간 지휘관의 교차 방문은 양 기관 간 우호 관계 증진에 큰 기여를 하는 계기가 되었다. 이 방문 이후 러시아에 파견된 국정원 직원에 대한 FSB의 태도가 많이 달라졌다.

북한은 러시아의 무기 체계로 무장된 국가이다. 특히 북한의 핵무기 개발이나 미사일 개발의 초기 단계는 러시아와의 연계 속에서 이루어졌다. 북한의 초기 핵 기술자를 훈련한 것은 소련이었다. 북한의 로켓 기술도 러시아제 스커드 미사일을 모체로 한다. 지금도 북한 무기 부품의 주 수입처는 러시아이다. 경제난으로 실직한 러시아 미사일 기술자를 초청한 예도 있었다.

러시아 정부는 더 이상 공식적으로 북한의 대량 살상 무기(WMD) 개발 정책을 지원하지 않는다. 몇 해 전까지는 유엔 안보리 상임이사국으로서 안보리의 대북 제재에 동참하고 있다. 이에 따라 무기 부품 수출도 공식적으로는 허용치 않는다. 그러나 밀수를 비롯한 개인 차원의 거래는 지속되고 있다. 유류 수출 등 무역 관계를 비롯해 북한 노동자, 벌목공의 수입 등 경제 관계도 활발하게 유지하고 있다.

최근 러시아와 우크라이나 전쟁으로 북한과 러시아 관계가 밀착하는 계기가 조성되고 있다. 특히 2023년 9월 푸틴과 김정은 간 정상회담까지 개최되었다. 국제적으로 고립된 양국 간 위험한 군사 거래는 우리 국가안보에 직접적이고도 중대한 영향을 주는, 피하고 싶은 나쁜 사태 발전이다. 그러나 러시아는 그간 극동 지역의 안정을 러시아의 국익으로 여기는 정책 기조를 유지해 왔다. 우크라이나 전쟁으로 이 기조가 약화되고 있는 것이지만 이는 일시적 푸틴 현상으로 영속하지 않을 것으로 기대한다. 우리는 러시아와의 관계를 중시할 수밖에 없다. 그런 맥락에서 어려움이 있어도 국정원은 러시아 정보기관과의 협력 관계를 지속적으로 발전시켜 나가야 할 것이다.

북한, 남북 정상회담에 관심을 보이다

목함지뢰 사건은 2015년 8월 4일 북한이 매설한 목함지뢰의 폭발로 우리 사병 두 명이 부상을 입은 사건이다. 우리 군은 이에 대한 대응 차원에서 휴전선에 대북 확성기를 재배치했다.

대북 확성기는 김정은의 아킬레스건이다. 북한은 이 대북 확성기 철거를 요구하면서 긴장을 높였다. 48시간 이내에 확성기를 철거하지 않으면 무차별 타격전에 나선다고 위협했고 전방 지역에 준전시 상태를 선포했다. 그러다가 자신들이 선포한 시한이 지나자 갑자기 회담을 요청하여 판문점에서 4자회담이 열렸다. 우리 측에서는 김관진 국가안보실장, 홍용표 통일부장관, 북측에서는 황병서 총정치국장, 김양건 통전부장이 참석했다.

이 4자회담이 이루어지기까지 회담 참석자의 격을 두고 상호 간 밀당이 있었다. 처음 북한은 김양건이 회담 대표로 나올 테니 우리 측에서 김관진 국가안보실장이 나오라고 요청했다. 우리 측은 격이 맞지 않는다고 황병서로 격을 높이라고 요구했다. 북한이 결국 우리 요구에 응해 4자회담이 성사되었다.

2박 3일 밤낮으로 진행된 이 회담은 북한이 목함지뢰에 의해 남측 군인이 부상을 당한 것에 유감을 표시하고 우리 측에서 대북 확성기 방송을 중단하는 내용의 합의문 채택으로 종결되었다. 북한의 유감 표명은 남북 관계 역사상 처음 있는 일이다. 그만큼 휴전선 일대의 대북 확성기 철거는 김정은에게는 체제 유지에 균열이 생기지 않게 하는 절실한 이슈였다.

목함지뢰 사건을 계기로 북한은 남북 정상회담 개최에 관심을 보였다. 판문점 회담 2개월이 지난 10월경 북한은 관련 메시지를 보내왔다. 나는 북한이 당시 강화되고 있던 대북 경제 제재 국면을 완화하는 방안을 모색하려는 의도가 있다고 생각했다.

그간의 남북대화에 대한 나의 평소 인식은 비판적이었다. 북한 체제의 본질, 즉 대남 적화를 위한 남한에 대한 공격성, 무엇보다 핵무장의 의지를 변화시키는 데 그간의 남북대화가 별 도움이 되지 않았다고 생각하고 있었다. 북한 고위 인사는 과거에도 그랬듯이 국정원장인 나를 통해 남북 정상회담 가능성을 타진하고 이를 기회로 국제 사회의 대북 경제 제재를 위한 단일 대오를 흩트리려는 속셈이라고 생각했다. 나는 이런 나의 생각을 바탕으로 박근혜 대통령에게 "듣는 자세로 북한 고위 인사를 만나보겠다"고 보고했다. 박근혜 대통령도 별다른 지시가 없었다. 그렇게 해서 북한의 고위층 간부와의 만남이 이루어졌다.

이 만남은 7년 전에 있었던 일이다. 그렇지만 아직도 그 상세한 내용을 밝히는 것이 적절치 않다고 생각되어 대화 내용 일부만 소개한다.

내가 그 북한 인사에게 "북한 핵은 북한의 발전에 도움이 안 된다. 그 핵 개발 폐기의 의사를 국제 사회에 비싸게 팔아라. 그래서 그 돈을 북한의 경제 개발에 써라. 그러면 북한은 크게 발전할 것이다. 우리도 국제 사회에서 비싼 값을 받도록 도울 것이다"라고 말했다. 이에 대해 북한 고위 인사는 앞에서 지적한 "미국의 대북 적대 정책 때문에 북한은 핵 개발을 할 수밖에 없다"는 논리를 폈다.

이에 대해 나는 이렇게 반론을 폈다.

"나는 미국의 대북 적대 정책 때문에 북한이 불가피하게 핵무기를 개발할 수밖에 없다는 북한의 주장을 이해할 수 없다. 미국이 북한을 침략할 의도가 있다고 보는가? 미국이 북한 땅을 탐낸다고 보는가? 만일 미국이 북한 땅을 탐내는 영토적 야심을 가지고 있다면 대한민국이 먼저 나서서 이를 결사적으로 저지할 것이다. 나는 북한이 남한에 대해서 이루고자 하는 염원이 있다고 생각한다. 그 염원은 다 알고 있듯이 남한의 적화다. 이는 노동당 규약에도 명시되어 있다. 북한으로서는 그 염원을 달성하는 데 가장 큰 장애 요인이 미국일 것이다.

역사적으로 남한 적화를 이룩하기 위한 북한의 첫 번째 기도는 6·25 전쟁이었다. 그 기도는 다 아는 대로 미국 때문에 무산되었다. 그 전쟁 이후 북한은 주한 미군이 있는 한 남한 적화는 어렵다고 보고 있을 것이다. 그렇다면 미국의 대북 적대 정책의 실체는 바로 북한이 남한에 대해 성취하고자 하는 일, 즉 남한 적화를 못 하게 막는 데 있는 것이다. 만일 북한이 먼저 적화 통일 정책을 포기하고 진정한 남북한 간 평화 공존의 길에 나선다면 미국은 이를 환영할 것이고 북한이 말하는 미국의 적대 정책은 금방 사라질 것이다."

이에 대해 북측은 "한국도 북한을 흡수하는 정책을 추진하지 않느냐?"라며 응수했다. 북한 측 인사는 남북 수뇌회담을 할 때가 되었다 하면서 "원장 선생이 평양에 오시면 좋은 일이 있을 것"이라고 말했다. 북한이 먼저 나를 만나자고 제의해 온 본심을 밝힌 것이다. 이 발언에 대해 나는 특별한 반응을 보이지 않고, 우선 판문점에서 대화를 이어 가자고만 했다. 이것으로 이 특별한 만남은 종료되었다. 그 만남에 배석했던 통전부의 베테랑 인사는 "원장 선생은 외교관을 해서 유연한 생각을 가졌을 것을 기대했는데 실망했다"라는 반응을 남기고 떠났다. 북한 측은 과거에 있었던 것처럼 북한이 정상회담 카드를 내밀면 내가 덥석 잡을 것으로 기대했으나 손을 잡기는커녕 핵을 포기하라는 얘기만 듣고 간 셈이다.

만약 내가 다른 태도를 취했다면 어떻게 되었을까? 북한 측이 바라는 대로 비밀리에 내가 평양을 방문해 고위급 회담을 했으면 무엇이 달라졌을까? 어떤 경우에도 북한의 핵 개발 의지는 조금도 변하지 않았을 것이다. 그 반면 당시 추진되고 있던 적극적인 대북 경제 제재 조치 흐름에는 잠시나마 혼선을 주었을 것이다. 나는 이 만남을 통해 북한에게 "핵을 포기하지 않으면 남북 대화에 응하지 않겠다"는 박근혜 정부의 의지를 명확히 전달한 셈이다. 그렇게 만남은 해프닝으로 끝났다.

그러나 당시를 되돌아보면 목함지뢰 사건을 촉발된 긴장국면은 한반도에서 무력충돌의 가능성을 그 어느 때보다도 높였었다. 이미 앞에서 지적한 대로 당시 북한은 시기까지 못 박아 최후통첩을 발하고 준전시

상태를 선언할 정도로 남북한 간 긴장도를 최대한 끌어올리며 우리의 대응 의지를 시험했었다. 박근혜 정부가 이 협박에 대해 강고하게 대응하자 북한은 스스로 물러나 긴장완화 조치를 취했다 그렇게 판문점 회의가 개최되었고 또 후속 조치로 남북 수뇌회담(북한식 표현) 가능성을 타진했던 것이다. 이런 일련의 과정은 우리에게 중요한 교훈을 던져주고 있다. 김정일이 수시로 휘두르고 있는 벼랑 끝 협박 전술의 한계와 속내가 이 과정을 통해 그대로 들어냈다고 평가할 수 있기 때문이다.

엘리트 정보요원의 극단적 선택

우리 정치에서 가짜 뉴스와 정치적 선동이 정치행위의 불가분의 요소로 굳어지고 있다. 인권이니 민주주의니 하는 고상한 명분이 다 동원되지만, 무책임한 정치 공세 앞에서 건강한 민주주의의 기본인 진실과 정의와 상식은 힘을 못 쓴 채 무너진다.

나는 국정원장으로 부임한 지 4개월이 채 안 된 시점인 2015년 7월 초 더불어민주당의 가혹한 정치 공세를 경험해야 했다. 그해 7월 6일 소위 이탈리아 해킹팀사(社) 관련 사건이 불거졌고, 더불어민주당은 한 건 물었다는 식으로 정치 공세를 퍼부었다. 이 무책임한 정치 공세로 나는 훌륭한 국정원 직원이 극단적 선택을 하는 비극과 마주 서야 했다.

휴대전화기 사용이 널리 확산하면서 휴대폰 해킹은 세계 정보기관들의 현안으로 떠올랐다. 휴대폰의 종류도 많고 각 휴대폰 종류별로 해킹 기술이 다양함으로 인해 각국 정보기관들이 이를 개발하는 데 많은 시간과 노력이 소요됐다. 이런 상황에서 이탈리아에 있는 해킹팀사가 대안으로 떠올랐다. 이탈리아 해킹팀사는 각 휴대폰 종류별로 해킹 기술을 개발하여 필요한 정보기관에 대여 형태로 운영하는, 해킹으로 특화한 회사였다. 미국 FBI를 비롯해 190여 개의 정보 수사 기관이 이 이탈리아 해킹팀사를 이용하고 있었다.

2015년 7월 초 유명한 줄리안 어산지의 위키리크스 웹사이트는 이탈리아 해킹팀사의 고객 명단을 공개했다. 그 명단에 국정원이 들어 있었다. 국정원은 2012년에 이탈리아 해킹팀사로부터 RCS(Remote Control System) 프로그램 총 12회선을 구입했다. 그 용도는 해외에서 북한 외교관 또는 이와 연계된 자들이 사용하는 휴대폰을 감시하기 위해서였다. 당시 해외 주재 북한인들은 삼성 휴대폰도 많이 사용하고 있었다. RCS 프로그램 12회선이란 각 회선당 한 명, 즉 한 번에 12명을 해킹할 수 있다는 의미다. 회선 하나로 여러 휴대폰을 감시할 수 있는 것은 아니다.

국정원이 고객 명단에 들어 있다는 위키리크스의 폭로는 정치적 폭풍을 몰고 왔다. 더불어민주당은 2012년 대선에 즈음한 구입 시점을 문제 삼았다. 대선 개입 목적으로, 그리고 국내 정치인 사찰을 목적으로 이를 구입했다는 의혹을 제기하는 정치적 공세를 폈다. 연일 관련 기사가 쏟아졌다. 국정원은 폭풍 속으로 끌려들어 갔다.

2015년 7월 14일 국회 정보위원회가 열렸다. 더불어민주당 정보위 위원들은 돌아가면서 각종 의혹을 제기하면서 선거 목적의 구매임을 자백하라고 압박했다. 나는 안보를 지키기 위한 목적의 구입이고 그 회선의 운영은 해외에서만 이루어졌음을 설명했다. 나는 내가 부임한 지 4개월밖에 안 되어 3년 전에 일어난 일을 내가 변명할 필요가 없는 입장이라는 점까지 지적하면서 의원들이 제기한 의혹은 사실이 아님을 확언한다고 강조했다. 그러나 의원들의 정치 공세는 그때나 지금이나 의혹 제기 그 자체에 목적을 두고 있을 뿐 진실에는 관심이 없다. 정보위원회 소속 김광진 의원은 "이 원장의 정보위 설명은 교회에서처럼 나를 믿으라고만 한다"라고 조롱했다. 정보위원회가 파행되자 나는 급기야 위원들을 국정원에 초청했다. 국정원을 방문하면 국정원이 구입한 해킹 회선의 작동을 보여 주고 그 회선이 해외에서만 사용되었음을 증명해 보이겠다고 했다. 그렇게 해서 정보위원회는 종료되었다.

나는 정보위 의원들의 방문에 대비한 철저한 준비를 지시했다. 은폐는 있을 수 없고 있는 그대로 보여 주어야 한다는 점을 강조했다. 그런데 7월 18일 충격적 사건이 국정원을 강타했다. 2012년부터 RCS 해킹 프로그램을 담당했던 직원이 갑작스럽게 극단적인 선택을 한 것이다. 참담한 심경이었다. 나는 이 놀라운 사실을 청와대에 보고하면서 눈물을 흘렸다. 그 직원은 그런 선택을 할 이유가 전혀 없었다. 그는 최근 진급했다. 그리고 그해에 딸이 명문 사관학교에 입학했다. 그렇게 가정은 행복했다. 2012년 RCS 도입 초기부터 그 프로그램을 전담한 컴퓨터 기술자였다. 이 사업으로 그간 국정원이 얻은 성과는 컸다. 그에겐 그것이 큰 자부심이었다. 그런데 어느 날 갑자기 자신이 담당하던 작업이 감당할 수 없는 정치적 소용돌이를 몰고 왔다. 자부심은 깨졌고 자신이 국정원에 큰 해를 끼친 것으로 생각했다. 그는 자신의 소형 마티스 차량에서 번개탄을 피웠다. 그의 유서 요지는 간단했다. 손으로 띄엄띄엄 쓴 한 장짜리였다. 가족에 대한 유언마저 없는 유서였다. 오직 자신이 한 일이 국정원에 폐가 될 것을 우려하는 걱정만이 가득한 내용이었다.

저는 정치 개입으로 여길 짓을 절대 하지 않았습니다.

원장님, 차장님, 원을 잘 이끌어 주시기를 바랍니다.

참으로 순박한 내용이었다. 이 유서 내용은 그의 극단적 선택이 정치권이 부풀린 근거 없는 의혹에 의한 것임을 증언하고 있었다. 정치적 공세는 유능하고 순박한 한 젊은이를 죽음으로 내몬 것이다. 그뿐만 아니다. 정치권은 그의 죽음까지 정치 공세거리로 전락시켰다. 언론에 온갖 추측 기사가 떴다. 타살이라는 음모론까지 대두되어 그의 죽음을 욕되게 했다. 일부 정치인은 이 말도 안 되는 타살 의혹을 밝히라고 음모론에 동조까지 했다. 국정원이 동료 직원을 죽이는 패륜을 저질렀다는 주장은 입에 담는 것조차 끔찍스러운 일이다. 국정원 직원들은 분노했고 국정원 직원의 이름으로 정치권과 언론의 음모론을 개탄하는 성명서를 발표하기까지 했다.

7월 21일 그 직원에 대한 영결식을 국정원의 국정관 강당에서 거행했다. 유가족 중 남편과 아버지를 잃은 부인과 딸들, 그리고 아들을 잃은 시골에서 올라온 촌로 부부가 있었다. 정말 참담한 심정이었다. 나는 다음 요지로 영결사를 했다. 그날 아침에 내가 직접 썼다. 근거 없는 무책임한 정치 공세는 미필적 살인 행위의 요인이 될 수 있다. 이를 고발하기 위해 영결사를 그대로 소개한다. 그때를 생각하면 지금도 마음이 먹먹하다.

오늘 새벽 5시에 일어났습니다. 오늘이 슬픈 날임을 하늘도 알고 있는 것처럼 눈물 같은 비가 내리고 있었습니다. 나는 창밖을 바라보면서 묻고 또 물었습니다. 왜 그랬을까? 왜 그토록 공경했던 부모님, 목숨보다 귀하게 여긴 사랑하는 아내와 아름다운 두 딸, 이들을 두고 임직원은 왜 돌아올 수 없는 길을 택한 것일까? 매일같이 웃고 떠들던 동료와 그토록 자랑스러워했던 국정원을 왜 돌연 떠날 결심을 했을까? 생각하고 생각해도 나는 그 이유를 알 수 없었습니다. 답을 얻지 못했습니다. 이유를 알 수 없다는 사실이 더 가슴을 때렸습니다. 이유를 알 수 없는 결단, 스스로 혼자 내린 결단, 참으로 가슴이 먹먹하게 아렸습니다. 얼마나 힘들었을까? 얼마나 마음이 아팠을까?

그러나 국정원 직원으로서, 같은 동료로서 확실히 알 수 있는 것이 하나 있습니다. 임직원은 자기를 희생하면서 지키고 싶었던 지고의 가치를 마음속에 품고 있었고 그 가치를 위해 자신을 던졌다는 사실입니다. 그가 남긴 짧은 글은 그 가치가 무엇인지 우리에게 극명하게 보여 주고 있습니다. 그것은 국정원에 대한 깊은 애정이었습니다. 그리고 자신이 평생 열정을 바쳐 일구었던 일과 국가를 위한 향한 헌신에 대한 자부심이었습니다. 이것이 어떤 상황에서도 지켜야 하는 그의 명예요 가치였던 것입니다. 터무니없는 정치 공세의 쓰나미가 국정원을 덮치고 자신이 일생을 바쳐 이룩한 일이 매도되는 현실에서 그는 좌절하고 실망했을 것입니다. 그래서 모든 것을 자신이 안고 가겠다고, 국정원을 위해 마지막 헌신을 하겠다고 결심한 것입니다. 이런 심정을 저를 비롯한 국정원 직원 모두는 절절하게 느낍니다.

위대한 사람은 자신의 가치를 위해 산 사람입니다. 나는 그런 측면에서 고 임직원의 극단적 선택을 바라봅니다. 물론 임직원의 선택은 잘못된 것입니다. 안타깝게도 불필요한 자기희생이었습니다. 그러나 우리는 국정원을 지키겠다는 그의 굳은 의지와 자기가 믿고 있는 신념의 가치를 위해 자기를 던질 수 있었던 삶의 궤적을 소중하게 생각하고 절절한 마음으로 이를 기억할 것입니다. 국정원의 역사는 고 임직원이 남긴 나라와 국정원을 위한 헌신의 숭고한 정신에 의해 발전되고 지탱될 것입니다.

그는 이 정신을 보여 주고 우리 곁을 떠났습니다. 그는 "국정원이 본연의 업무를 수행하는 데 한 치의 주저함이나 회피함이 없었으면 한다"라는 유지를 우리에게 남겼습니다. 그 유지는 나라를 지키는 국정원 본연의 임무 수행에 주저함이 있어서는 안 되고 또한 어떤 부당한 상황 전개에도 회피함이 없이 정정당당해지라는 국정원이 지켜야 할 준엄한 원칙의 강조입니다. 우리는 그의 유지를 꿋꿋하게 지켜 나갈 것입니다. 그것이 국정원의 존재 이유이고, 특히 우리 곁을 떠난 고 임직원을 진정으로 기리는 것임을 우리는 압니다.

얼마 전 미국 사우스캐롤라이나에 있는 한 흑인 교회에 백인 우월주의자가 난입, 총격을 가해 흑인 목사님을 비롯하여 9명이 살해된 일이 있었습니다. 오바마 대통령은 그 교회를 방문하여 유명한 연설을 했습니다. 그의 연설의 백미는 〈Amazing Grace〉였습니다. 그는 고통의 현장에서도 하나님의 은총은 계속된다고 역설했습니다. 그것은 우리가 잘나서가 아니라 하나님이 우리를 사랑해서 주는 것인데 문제는 이를 우리가 어떻게 받아들이는 것이냐고 말하면서 〈Amazing Grace〉를 불렀습니다. 그렇습니다. 오늘 이 슬픔의 자리에서도 은총은 내리고 있습니다. 우리는 이 슬픔을 승화시켜 놀라운 축복으로 받아들일 것입니다. 어떤 위로도 유족들에게는 소용없음을 압니다. 슬픔 속에서도 하나님의 Amazing

Grace가 있음을 믿고 힘내시기를 바랍니다.

나는 임직원을 개인적으로 만나보지 못했습니다. 그러나 그가 컴퓨터 앞에 앉아 업무에 열중하는 모습을 상상할 수 있습니다. 직원들과 청사 주변을 산책했을 모습을 상상할 수 있습니다. 이젠 그 모습을 더 이상 볼 수 없습니다. 오늘 고 임직원은 이 정든 국정원 청사를 마지막으로 돌아보고 동료들에게 작별을 고할 것입니다. 그리고 하나님 품 안에서 영면할 것입니다. 국정원을 수호하는 수호천사가 될 것입니다.

마지막으로 전 국정원 직원을 대표해서 당신의 희생에 경의를 표하며 마지막 작별을 고합니다.

영결식이 끝나고 고 임직원의 영구차는 청사를 한 바퀴 돌고 대전국립현충원으로 떠났다. 전 직원들이 나와서 임직원 영구가 정든 청사를 떠나는 마지막 모습을 속울음을 삼키며 지켜보았다.

나는 이 영결사를 쓰면서 슬펐고 마음속으로 분노했다. 연못에 돌을 던지면 개구리가 죽는다. 정치권과 언론의 근거 없는 의혹과 음모론이 한 사람의 소중한 생명을 앗아 갔다는 냉혹한 우리의 현실에 절망감을 느꼈다. 지금도 악플을 비롯한 우리 사회의 사회적 타살 행위가 지속되는 관련 기사를 때때로 읽으면서 나는 이 영결사의 아픔을 떠올린다.

장례식이 있은 지 6일 후인 7월 27일 국회정보위원회가 열렸다. 나는 다음과 같은 모두발언을 했다.

저는 오늘 안타깝고 답답한 심정으로 정보위원님들 앞에 섰습니다. 국정원은 최근 20일 넘게 근거 없는 소용돌이 속에 휩싸여 있었습니다. 그 과정에서 저는 부하 한 사람을 떠나보내야 했습니다. 참으로 슬픈 일이었습니다. 그는 태생적으로 민간인 사찰과 같은 나쁜 짓을 하거나 할 수 있는 사람이 아니었습니다. 그는 전북 익산에서 태어나 학교를 마치고 서울로 올라와 원에 입사한 순박하고 마음 여린 컴퓨터 기술자였습니다. 그는 자기의 기술로 국가 안위를 위해 일생동안 노력했다고 믿고 이를 보람으로 여긴 훌륭한 직원이었습니다. 그의 죽음은 최근의 의혹 논란이 빚은 슬픈 비극입니다.

국정원은 지난 20일 동안 우리 사회를 뒤흔든 그 숱한 의혹 가운데 한 건도 근거 있는 의혹을 보지 못했습니다. 모두 과거 나쁜 짓을 한 국정원이 해킹 프로그램을 도입했으니 나쁜 짓을 했을 것이라는 짐작뿐이었습니다. 거짓말이나 꼼수를 부릴 수 있는 성정의 사람이 아닌 그는 쓰나미처럼 쏟아지는 의혹을 감내하기 어려웠던 것으로 보입니다. 저는 그의 죽음을 두고 일고 있는 각종 의혹과 음모론에 강한 거부감을 갖고 있고 우리 사회의 비정함에 놀라고 있습니다.

저는 7월 14일 이곳에서 국정원이 RSC 프로그램으로 내국인 사찰을 하지 않았으며, 기술 연구용이고 해외 공작용이라고 말씀드렸습니다. 저는 불과 4개월 전에 국정원 원장직을 맡았습니다. 저는 이 문제의 실체적 진실을 아는 사람입니다. 이번 사건과 관련한 사실은 한 가지입니다. 국정원이 우리 국민을 상대로 불법적인 사찰을 했느냐 안 했느냐입니다. 저는 오늘 정보위가 그 진실에 다가가는 계기가 되기를 간절히 소망합니다. 그래서 누구에게도 도움이 안 되는 이 소모적 논란이 하루빨리 종식되기를 바랍니다.

이 모두발언은 나의 진심을 담은 호소였다. 그러나 민주당 의원들의 질의는 여전히 음모론을 벗어나지 않았다. 지루한 공방이 있고 난 뒤 정보위원회는 끝났다. 이 정보위원회를 끝으로 사건은 더 이상 확대되지 않고 사그라졌다.

국정원은 내가 7월 14일 정보위에서 제시한 정보위 위원들의 국정원 방문이 실현될 것에 대비하고 있었다. 은폐가 있어서는 안 된다는 내 지시에 의거, 관련 부서는 RCS 프로그램 시행 과정에서 기록이 삭제된 부분이 있는지 살폈다. 그 결과 극단적 선택을 한 직원에 의해 몇 건의 기록이 지워진 사례가 나타났다. 그중 일부는 국내에서 기술 시험을 해서 나타난 국내 IP에 관한 것이었다. 관계 부서는 비상이 걸렸다. 지워진 부분을 복구해 내야 했다. 지워진 내용은 국정원이 이 사업에 관한 자료를 모아 두는 특별 데이터 관리 시스템인 몽고 DB에 남아 있었고 복구란 이 데이터베이스의 포렌식을 의미했다. 당시 국정원에는 몽고 데이터베이스에 대한 포렌식 기술이 없었다.

일주일쯤 지나서 포렌식이 끝나 복구가 되었다는 보고를 받았다. 나는 복구에 참여한 기술팀 5명과 오찬을 하면서 포렌식 작업 내용을 들었다. 그들은 이렇게 말했다.

"우리는 몽고 데이터베이스에 대한 지식이 전혀 없는 백지상태였습니다. 전 세계 관련 논문을 다 뒤져 600여 편을 발견했습니다. 이들 논문을 밤새워 연구했습니다. 마침내 포렌식을 통해 지워진 자료를 복구할 수 있었습니다. 몽고 DB의 포렌식 기술에 관한 한 우리 국정원이 이제 전 세계 최고 권위가 되었다고 자랑스럽게 보고할 수 있습니다."

놀랍고 감탄스러웠다. 국정원 직원이 아니면 해낼 수 없는 열정과 임무 달성을 위한 의지, 집요함, 그리고 집중도에서 국정원의 미래를 느꼈기 때문이었다.

이렇게 만반의 준비를 마쳤지만, 정보위 위원들은 끝내 오지 않았다. 나는 한숨을 돌렸다. 정보위원들이 왔었다면 어쩔 수 없이 국정원의 공작 내용과 관련한 기술을 어느 정도 노출할 수밖에 없는데 이를 피할 수 있었기 때문이다.

국정원 직원들은 자발적으로 유가족 위로 모금에 참여하여 1억 7,334만 원을 모았다. 그야말로 누가 시키지도 않았는데 모은 아름다운 거금이었다. 나는 이렇게 지휘서신을 썼다.

국정원의 일은 상호 차단되어 있습니다. 고 임직원이 담당했던 일은 타 부서는 모릅니다. 그럼에도 이렇게 많은 참여가 있었던 것을 나는 참으로 소중하게 생각합니다. 이번 슬픈 사건은 국정원 직원이 한마음으로 뭉치는 계기로 승화되었다고 생각합니다. 직원 모두에게 감사드립니다.

2015년 7월 한 달을 흔든 이 사건은 누구에게도 도움이 안 되는 쓸데없는 헛소동이었다. 한 사람의 귀중한 생명을 앗아간 자해적 비극이었다. 왜 이런 일이 발생했을까? 그 원인은 국정원이 정치에나 개입하는 나쁜 기관이라고 여기는 뿌리 깊은 불신에 있다. 세상은 변했고 국정원도 변했는데 이를 인정하고 싶지 않은 세태가 있다. 특히 좌파가 장악한 정치권, 그리고 일부 언론이 그 정도가 심했다. 그들은 국정원을 나쁜 기관으로 공격해야 정치적 이득이 된다고 여긴다. 정보기관은 세계 어느 나라에서나 손쉬운 비판의 대상이다. 그렇지만 국정원처럼 그렇게 오랫동안 근거 없이 끈질기게 공격당하는 정보기관은 이 세상 어디에도 없다.

국정원은 원 역사상 2건의 직원 장례식을 치렀다. 1996년 10월 최덕근 영사 장례식과 RSC 사건 관련 임 과장의 장례식이다. 공교롭게도 나는 이 두 장례식 모두에 참여했다. 그렇게 나는 대표적인 국정원의 비극적 역사 사건의 증언자가 되었다.

더불어민주당, 테러방지법 제정을 격렬히 반대

2016년 2월 23일 테러방지법 제정을 반대하기 위한 더불어민주당 의원들의 필리버스터는 국정원에 대해 누가 누가 막말을 더 잘하느냐 경연대회처럼 진행되었다. 어떤 나라도 자국의 정보기관을 그토록 몹쓸 기관으로 매도하지 않는다.

국정원이 테러방지법을 국회에 제출할 당시 국제 사회는 아랍 테러 조직인 ISIL(이슬람국가)의 테러로 몸살을 앓고 있었다. 사하라 지역에서 발생한 러시아 여객기 추락 사건을 포함, 프랑스 파리와 미국의 LA 등지에서 2개월 동안 10건 이상의 충격적인 테러 사건이 일어나고 있었다. 테러 상황에 대비하기 위해 세계 모든 선진국은 이에 대비하는 법적 장치를 갖고 있었다. 우리나라만이 예외로서 법적 장치를 가지고 있지 못했다.

(미국은 Patriot Act 법으로 종교 시설, 정치 단체, 각종 결사 조직을 감시 수사할 수 있고, 테러 의심이 들면 관련자의 기본권을 제한할 수 있다고 했으며, 테러 용의자를 불고지하면 처벌하고 있다. 영국은 Terrorism Act 2000을 통해 테러 용의자를 영장 없이

6주간 구금할 수 있도록 강력히 대처하고 있다.)

당시 기승을 부리고 있는 국제 테러 사건 외에 국정원은 북한의 관련 동향을 주시하고 있었다. 북한은 2015년 정찰총국 5국 내에 테러와 암살을 전문으로 하는 특수공작과를 신설했다. 특히 2015년 6월 김정은은 정찰총국을 방문하여 "정찰 일꾼은 자폭 정신, 자결 정신을 인생관화해야 한다. 죽음도 하나의 투쟁 무기다"라고 지시했다. 아랍의 테러리스트들이 흔히 사용하는 자폭 테러를 연상시키는 지시였다. 이런 정세 전개가 국정원이 테러방지법의 제정을 서둘렀던 배경이다.

당시 더불어민주당은 이 테러방지법을 격렬히 반대했다. 나는 2016년 2월 23일 사무실에서 민주당 의원들의 이 법 제정 반대를 위해 행한 필리버스터 연설을 들었다. 무려 9일간 민주당 의원들 다수가 동원된, 196시간에 이르는 논스톱 필리버스터였다. 국회 역사상 최장 기록이라고 했다.

앞에서 지적한 것처럼 당시 야당의 필리버스터는 일종의 경연대회였다. 누가 더 국정원에 대한 비난을 잘하는가, 그리고 누가 오래 험한 말을 퍼부을 수 있는가 하는 경연대회였다. 테러방지법은 몹쓸 기관인 국정원이 낸 법안이므로 허용되어서는 안 된다는 것이 필리버스터의 주 내용이었다. 국정원장으로서 듣기가 참담했다. 국정원이 미움과 불신을 받는 세상에서 가장 불쌍한 정보기관임을 참담한 마음으로 확인한 필리버스터였다.

테러방지법은 여야 합의가 이루어지지 않아 국회의장 직권으로 본회의에 상정되어 결국 제정되었다. 당시 직권 상정을 결단한 정의화 국회의장에게 감사하고 있다.

현재 이 법은 국정원의 역할이 많이 축소된 내용으로 통과되어 시행 중이다. 국가 안위를 위해 꼭 필요한 법도 난산(難産)을 해야 하는 정치 권의 양태가 북한의 적화 야욕과 더불어 우리 국가안보를 해치고 있음을 절감한 경험이었다.

중국 소재 유경식당 여종업원들의 집단 탈출

2016년 4월 8일 울긋불긋한 옷을 입고 얼굴을 스카프로 가린 북한 여인들이 걸어가는 장면과 함께, 중국 닝보(寧波)에 있는 북한 식당에서 일하던 식당 종업원 13명이 집단 탈북해 한국에 왔다는 뉴스가 언론에 공개되었다. 그간 가족 단위로 많아야 수명 정도의 탈북 사례는 있었지만 이처럼 13명이 한꺼번에 집단으로 탈북해 한국으로 온 사례는 없었다. 당연히 언론의 집중적 관심을 받았다.

그 관심은 4·13 총선에 영향을 주기 위해 국정원이 꾸민 기획 탈북이라는 음모론으로 번졌다. 국정원이 기획한 납치라는 설까지 대두되었다. 북한이 납치를 주장했고, 민변이 나서서 이를 대변해 주었다. 북한에서는 이들 가족까지 동원된 기자 회견을 통해 납북설을 퍼뜨렸고 가족 품으로 돌아오라는 눈물의 읍소까지 했다. 민변은 북한 가족의 편지까지 입수해서 북한의 주장에 동조했다. 국가인권위 진정과 검찰 고발까지 해서 국정원 관계자가 검찰의 조사를 받았다.

탈북은 목숨을 건 탈출이다. 모두 나름대로 절박한 사연을 지니고 있다. 중국 닝보 지역 유경식당에서 같이 일하던 지배인 허강일 씨와 12명의 여종업원 집단 탈출도 나름대로 사연을 지녔다. 하루아침에 충동적으로 이루어진 일이 아니다. 종업원마다 사랑하는 가족을 떠나야 하는 절절한 아픔을 지녔고 오랜 고민 끝에 내린 결정들이었다. 이들이 국정원의 꼬임에 빠져서 집단으로 탈북했다는 음모론은 처음부터 어이없는 주장이었다. 납치설도 말이 안 된다. 중국에서 북한 사람들을 떼로 납치해 오다니, 중국은 자국의 주권 침해를 방치하는 허수아비 나라가 아니다. 중국과의 외교적 마찰을 뻔히 알면서 북한 식당 종업원을 납치해 올 어리석은 국정원도 아니다. 한동안 납치설로 떠들썩했지만, 중국은 한 번도 이 문제에 대해 우리 정부에 문의하거나 항의해 온 바가 없다. 사실이 아니기 때문이다.

그들의 탈북 전말은 널리 보도되어 잘 알려져 있다. 탈북의 지휘자는 허강일 식당 지배인이었다. 유경식당에는 총 19명의 여성 종업원이 근무하고 있었다. 이들은 평소 남한의 드라마를 자유롭게 보면서 지냈다. 지배인인 허강일이 용인한 것이다. 북한으로 복귀하라는 지시를 받은 허강일은 탈북을 마음먹고 여종업원들에게 하나씩 자신의 속마음을 털어놓고 동행 여부를 확인했다. 이 중 14명이 탈북에 동의했고 5명은 거절했다. 동의한 14명은 자신들의 자유롭던 행적이 북한 당국에 알려지면 처벌받을 것을 두려워했고 또 한편으로는 드라마에서 접한 남한의 자유로운 삶을 동경했기 때문에 탈북에 동의했다.

내가 이들의 탈북 계획을 보고받은 것은 2016년 3월쯤이다. 실제 탈북이 이루어지기 한 달 전쯤이다. 허강일이 자신들의 계획을 알리고 도움을 요청한 것은 국정원과는 다른 정보 라인이었다. 국정원은 이 라인으로부터 도움 요청을 받은 것이다. 나는 "자력 탈출이어야만 한다. 중국 내에서 도움을 줄 수는 없다. 동남아 한 국가로 탈출해서 자력으로 한국 대사관으로 이동하여 그 나라로부터 출국 허가를 받아야 한다"라는 지침을 주었다.

이 지침대로 허 지배인을 포함한 15명은 4월 3일 상하이국제공항으로 이동해서 동남아의 한 국가로 탈출했다. 이들의 탈출은 가슴 조이는 탈출이었다. 상하이공항으로의 이동도 2~3명씩 움직였다. 그 과정에서 2명이 상하이공항에서 비행기를 못 탔다. 이들은 탈출을 안 식당 주인에게 일시 붙잡혀 출발 시간을 놓친 것이다. 2명을 제외한 13명은 동남아 국가에 도착, 택시를 타고 한국 대사관으로 이동해 망명을 신청했다. 한국 대사관에 파견된 국정원 직원은 이 사실을 정보 협력 채널을 이용해 주재국에 알렸다.

보통 망명 신청을 받으면 해당 국가 정부는 신청자들의 망명 의사를 확인하는 등 절차를 밟는다. 국제적으로 확립된 통상적인 절차다. 최소한 수일 또는 몇 달이 걸리는 프로세스다. 이들의 경우에도 그렇게 될 것으로 예상했다. 그런데 예상치 못하게 그다음 날 한국으로 데려가라고 결정이 났다. 이것이 유경식당 종업원이 4월 5일 한국으로 오게 된 경위다.

낙오된 2명의 식당 종업원은 어찌할 바를 모르고 은신하고 있었다. 휴대폰으로 허강일과는 연락이 유지되고 있었다. 이들을 구출할 방법은 없었다. 결국 상하이에 있는 서방 국가 영사관으로 가서 망명 신청을 해 보도록 차선책을 권고했다. 그러나 영사관 진입에 실패했다. 서방 국가 영사관의 신고로 이들은 중국 공안에 인계되었다. 이 영사관의 처사는 참으로 실망스러웠다. 인권을 중시하는 태도가 아니었다. 그렇게 이들의 탈북 시도는 비극으로 끝났다. 가슴이 아픈 일이었다(이 중 한 명은 지배인과 결혼을 약속한 사이였다고 한다).

한편 탈북을 거부한 종업원의 신고를 접한 북한은 평양에서 체포조를 편성, 중국에 급파하는 조치를 취하고 있었다. 그만큼 이 사건은 북한에서도 충격적인 사건이었다.

남성 지배인 1명을 포함해 13명에 달하는 식당 종업원의 집단 탈북은 탈북 역사상 최초의 사례다. 이런 특별한 사건을 조속히 공개하지 않아야 할 이유가 없었다. 또한 이 사건은 숨길 수 있는 사건이 아니었다. 이미 북한 당국이 알고 있었고 체포조까지 파견된 상태였다. 세상에 알려지는 것은 시간문제였다. 국정원으로서는 세계적 특종과 같은 이 사건을 조기 공개함으로써 북한 체제의 실상을 세상에 널리 알릴 필요가 있다고 판단했다. 또한 북한이 먼저 이 탈북을 문제 삼을 수도 있다고 판단했다.

특히 나는 이 사건이 북한 사회에 미칠 파장의 잠재성에 주목했다. 당시 북한은 5월 6일부터 9일까지 개최될 제7차 당대회를 앞두고 김정은을 띄우는 우상화 캠페인이 한창이었다. 7차 당대회는 1980년에 김일성이 개최한 후 36년 만에 열리는 대회였다. 김정은의 리더십이 당대회를 개최할 만큼 북한 사회를 안정시켰음을 과시하기 위한 경축 분위기가 조성되고 있었다. 유례가 없는 북한 주민의 집단적 탈북은 경축 분위기 조성에 한창인 북한 사회에 찬물을 끼얹는 효과를 기대할 수 있다고 보았다. 국정원이 당시 이 사건을 조기에 공개하게 된 정보적 판단의 주요인 중 하나다. 물론 당시 총선을 며칠 앞두고 있어 정치적 오해의 소지가 일 수 있다는 것을 잘 알고 있었다. 그러나 국정원이 그런 오해를 꺼려서 해야 할 일을 주저해서는 안 된다고 당시 판단했다.

예상대로 국정원이 총선 개입 목적으로 13명의 집단 탈북 사실을 조기 공개했다는 야당의 공세가 시작되었다. 그해 4·13 총선에서 야당은 크게 이겼다. 그럼에도 이 사안에 대한 정치적 공세는 계속되었다.

2017년 문재인 정부가 들어섰다. 국정원 적폐청산위원회가 이 사안을 조사했다. 조사 결과는 특별히 문제가 없는 것으로 나왔다. 그러나 민변을 중심으로 한 흠집 내기 책동은 계속되었다. 북한의 납치설 제기, 재북 가족들의 돌아오라는 회유도 지속되었다. 그러나 진실의 힘은 강했다. 특히 당사자인 여성 종업원들은 흔들리지 않았다. 한국을 택한 자신들의 선택에 대해 끝까지 책임지는 의연함을 견지했다. 모두 문재인 정부 하에서 살아가기 힘들었을 것으로 짐작된다. 허강일 지배인은 미국으로 갔다고 듣고 있다. 여종업원들은 대학도 다니고 현재 특별히 잡음 없이 잘 지내고 있는 것 같아 안도한다.

탈북민들의 사연은 모두 절절하다. 국정원이 운영하는 북한이탈주민보호센터가 있다. 탈북민이 한국에 도착하면 일차적으로 수용되는 시설이다. 이 시설에서 탈북민은 모두 일차 조사를 받아야 한다. 이곳에서 가끔 먼저 와 있는 가족을 찾아 가족 상봉이 이루어지는 경우가 있다. 생사를 모르던 가족이 서로 만나는 장면은 눈물겹다. 만나는 장면은 영상으로 보존되어 있다. 남북 분단의 비극이 현재진행형임을 생생하게 보여 주는, 과거에 전 국민을 울렸던 KBS의 이산가족찾기의 재현이다.

탈북민은 분단 역사의 희생자인 동시에 폭압적 김씨 왕조의 피해자다. 목숨을 걸고 탈북한 이들을 대한민국이 따뜻하게 품어야 하는 것은 자유 대한민국의 소명이고 의무다.

유경식당 종업원에 대해 민변을 비롯한 좌파 세력이 한 일은 북한 편을 든 사실상의 괴롭힘이다. 사랑하는 가족을 뒤로하고 목숨을 걸고 자유를 찾아온 그들에 대한 인간적 연민과 도리의 배반이다(물론 그들은 인권을 내세웠다). 싫다는 식당 종업원들이 원하지 않는데도 스토커처럼 따라다니면서 그들의 탈북에 어떤 하자가 있었는지를 조사하려고 했다. 더구나 대한민국 국민이 북한의 주장에 동조, 그들의 대변자처럼 행동하다니 도저히 이해할 수가 없다. 소속 변호사 전부는 아니겠지만 민변은 대표적인 종북주의자들의 행태를 보이고 있다. 그들은 그렇게 국가안보를 해치고 있다.

중국 닝보에서부터 북한의 추격을 뿌리치고 동남아를 거처 한국에 온 13명의 집단 탈출은 한 편의 소설 같은 드라마다. 국정원 입장에서도 가슴 조이는 탈출 과정이었다. 예상을 뛰어넘는 빠른 출국을 허용한 나라가 고마웠다. 후에 나는 그 국가를 방문하여 감사를 표했다.

(이 사건도 적폐 청산의 조사 대상이 되어 담당 직원이 곤혹을 치렀다. 결과적으로 불기소 처분되었지만 조사 과정 그 자체가 고통이었다. 나도 서울구치소에 있을 때 국가인권위원회에서 나온 조사관에 의해 조사를 받았다. 문재인 정부 시절은 자유를 찾아 탈출한 사람들을 도운 인도주의적 노력조차 조사 대상이 된 잔인한 시대였다.)

천륜마저 저버린 김정은의 김정남 독살

2017년 2월 13일 9시경 김정남은 말레이시아 쿠알라룸푸르 공항 항공권 자동발권기 앞에서 마카오행 탑승권을 사고 있었다. 마카오에는 김정남이 살고 있는 집이 있었고 사실상 그의 부인인 내연녀가 거주하고 있었다.

9시 23분경 두 명의 아시아 여성(인도네시아 국적과 베트남 국적)이 김정남에게 다가갔다. 먼저 인도네시아 여성 시티 아이샤(당시 25세)가 김정남의 얼굴에 로션형의 액체를 기습적으로 바르고 베트남 여성 도안 티호응이 뒤에서 추가로 액체를 김정남 얼굴에 발랐다. 이 액체는 두 액체가 합쳐서 독성이 발효되는 VX2라는, 화학 무기에 사용되는 독극물이었다. 독극물 공격을 한 두 여성은 순식간에 도망쳤다.

김정남은 극심한 고통으로 비틀거리며 공항 안내 창구로 가서 "Very painful. I was sprayed liquid(몹시 아픕니다. 누가 나한테 액체를 뿌렸습니다)"라고 소리쳤다. 안내 데스크 담당 직원은 김정남을 즉시 공항 의무실로 데려갔다. 의무실에 도착하자마자 김정남은 의식을 잃었고 공항 직원들은 김정남이 위독하다고 보고 프트라자야 병원으로 이송 조치를 취했다. 그러나 김정남은 이송 도중 구급차 안에서 사망했다.

백주 대낮에 수십만 명이 오가는 국제공항에서 갑작스럽게 일어난 이 살인 사건은 세계를 뒤흔들었다. 말레이시아 경찰 당국은 처음엔 당황하여 사태 파악을 제대로 할 수 없었다. 범인들은 모두 현장을 이탈해 있었고 사인도 제대로 파악할 수가 없었다. 말레이시아 경찰은 희생자가 '김철' 명의의 북한 여권을 가지고 있어 북한 대사관에 연락했다. 북한 대사관은 즉시 시신 인도를 요구했다. 말레이시아 경찰은 부검 후 시신 인도를 검토할 것이라고 대응했다.

사건 발생 30분 후인 10시경 말레이시아 경찰 내 정보 부서인 SB(Special Branch. 말레이시아 국내정보 관장 부서)는 말레이시아에 파견된 국정원 정보관에게 "쿠알라룸푸르 공항에서 특이한 살인 사건이 발생했고 피해자가 김철이란 명의의 북한 여권을 소지하고 있다"는 사건 개요를 간단히 통보했다. 북한에 대한 말레이시아 경찰 당국의 지식은 극히 제한적이었다. 그 때문에 말레이시아 경찰은 국정원의 협조가 필수적일 수밖에 없다고 판단한 것이다. 말레이시아 경찰은 사실상 김정남이 누군지조차 잘 알지 못하고 있었다. 국정원 정보관은 SB의 통보를 받자마자 이를 즉시 국정원 본부에 보고했다. 국정원 본부는 김철은 김정남이 사용하는 가명이며 시신 모습이 틀림없이 김정은의 이복형인 김정남이라고 말레이시아 경찰 당국에 일차 통보토록 했다. 후에 말레이시아 경찰로부터 통보받은 김정남의 관련 정보를 국정원이 축적하고 있는 모든 데이터와 대조하여 희생자가 김정남임을 최종적으로 확인해 주었다.

　말레이시아 경찰은 범행을 자행한 두 여성을 인근 호텔에서 체포했다. 그러나 범행 현장에서 사건을 지휘한 북한인 4명의 신병 확보에는 실패했다. 범행 직후 그들은 성공적으로 말레이시아 공항을 빠져나갔다. 말레이시아 경찰은 4명의 CCTV 사진을 통보해 왔고 국정원은 그들이 각각 정찰총국 소속 오정길(55세), 리지현(32), 리지우(30), 홍성학(34)이라고 특정해 주었다. 범행 실행자인 여자 2명 외에 말레이시아 경찰은 말레이시아 현지에서 암살 사건의 조력자인 현지 외화벌이꾼 리정철(46)과 고려항공 직원 김욱일(37)도 체포했다. 또 다른 범행 가담자 1명은 말레이시아 주재 북한 대사관 외교관이었으므로 체포는 면했다. 이로써 말레이시아 경찰이 특정한 범행 일당은 총 8명이었다. 이 중 4명은 국외 탈출에 성공했다. 국정원은 이들 관련자의 신원과 소속 등 관련 자료를 말레이시아 경찰에 통보하여 적극적으로 수사를 도왔다. 당시 말레이시아 경찰이 사건 브리핑 시 사용한 차트는 모두 국정원이 통보한 자료를 참고하여 작성한 것들이다.

국정원은 이들 4명의 도주 항로를 추적했다. 이들은 각자 별도의 항공 노선을 이용하여 사건 발생 후 2일 만에 블라디보스토크에 모여 평양발 고려항공 탑승을 기다리고 있었다. 국정원은 이들이 블라디보스토크에서 대기 중에 있고 고려항공 탑승까지 몇 시간밖에 없다고 말레이시아 경찰에 통보했다. 말레이시아 경찰에게 인터폴에 연락, 이들의 평양행을 일단 저지해 놓아야 한다고 권유했다. 그러나 말레이시아 경찰은 적극적으로 움직이지 않았다. 그들이 범행을 저질렀다는 증거를 아직은 인터폴에 제시할 수 없다는 이유를 들었다. 범인들은 유유히 평양행 고려항공으로 북한으로 돌아갔다.

북한 대사관은 김정남의 시신 인도를 끊임없이 요구했고 말레이시아 정부는 이를 거부했다. 사건 발생 1주일 되던 3월 20일 강철주 말레이시아 북한 대사는 기자 회견을 열어, 북한 외교관 여권을 가진 북한 사람이 심장마비로 자연사했는데 시신을 인도해 주지 않는다는 비난을 퍼부었다. 말레이시아 정부는 강 대사를 추방 조치했다. 구금 중인 리정철도 암살에 가담한 증거 불충분으로 추방했다.

김정남의 시신 인도가 계속 거부되자 북한은 평양에 체류 중인 말레이시아 대사관 직원 9명을 인질로 삼았다. 인질 구출이 말레이시아 정부의 새로운 현안으로 떠올랐다. 말레이시아 정부 입장에서는 어떤 것보다 자국 인질 구출이 최우선일 수밖에 없었다.

당시 말레이시아 총리실 대외정보 책임자가 내 사무실을 방문했다. 여성이었다. 그녀는 이런 상황에서 어떡케 하면 좋겠느냐고 내게 자문을 구했다. 나는 그에게 조언했다.

"말레이시아 외교관 억류는 김정남 독살에 이은 또 하나의 말레이시아에 대한 주권 침해다. 말레이시아에 대한 모독이다. 북한과의 교섭에서는 강한 입장을 유지하는 것이 필요하다. 말레이시아 정부가 지닌 카드는 김정남의 시신이다. 북한 외교관을 억류하고 북한으로 도망간 용의자 인도를 포함하여 맞대응하는 강한 태도를 견지하라. 우위를 가진 강한 입장에서 북한과 해결책을 모색하는 것이 필요하다."

원론적인 조언이었다. 그 정보 책임자는 잠시 사무실 빈방을 사용케 해 달라고 요청했다. 그 빈방에서 그녀는 나지브 당시 말레이시아 총리에게 나와의 대화 내용을 보고했다. 그러나 말레이시아 정부는 내 조언대로 막무가내인 북한과 협상을 벌일 입장이 아니었다. 하루빨리 사건을 마무리 짓고 싶어 했다. 방법은 간단했다. 북한의 요구를 모두 수용하는 것이다. 결국 북한의 요청대로 김정남의 시신을 인도했고 말레이시아 외교관은 본국으로 귀환했다. 말레이시아는 40년 이상 지속해 온 북한과의 외교 관계를 단절했다. 이로써 말레이시아 정부는 이 사건에서 사실상 손을 뗐다. 망나니 국가인 북한과의 외교적 대결보다는 참는 것이 낫다고 판단한 것이다.

김정남의 독살 범행을 실제로 행동에 옮긴 베트남 여성과 인도네시아 여성은 재판에 넘겨졌다. 말레이시아 법정에서 이들은 북한 공작원의 꼬임에 빠져 무슨 일을 저지르는지도 모르고 범행에 가담하게 되었다는 점이 받아들여져 2017년 3월 모두 석방되었다. 이렇게 세상을 떠들썩하게 경악시킨 독살 사건은 북한의 성공으로 막을 내렸다. 범행 용의자 누구도 검거되지 않았고 사법 처리도 되지 않았다. 완전범죄로 막을 내렸다. 나는 이 사건의 전말과 국정원이 한 일을 당시 대통령 권한

대행이었던 황교안 총리에게 정부 청사 사무실에서 대면 보고했다.

나는 2017년 3월 27일 국회 정보위원회에 출석했다. 그 자리에서 "김 정남이 지속적으로 김정은의 살해 위협을 받고 있었고, 김정남의 암살은 김정은의 스탠딩 오더였다"고 말했다. 2016년에도 김정남이 중국 체류 시 암살 기도가 있었다는 사실도 설명했다. 김정남을 국정원이 보호해 주었어야 한다는 정보위원들의 지적에는 즉답을 피했다.

김정남은 그 존재 자체가 김정은에게는 위협이었다. 국정원은 김정남이 중국 정부의 묵인 하에 베이징과 마카오에서 생활하고 있었고 일부 북한 사람들은 김정남을 우호적으로 생각하고 있다고 평가하고 있었다. 휴민트를 통해 입수한 정보가 그런 판단의 근거였다. 그렇지만 아무리 김정남이 김정은의 권력에 잠재적 위협이라고 하더라도 대낮에 국제공항에서 자신의 이복형을 암살하다니, 그것도 독약을 사용하여 죽이다니 그 무모성과 잔인함, 그리고 패륜에 경악할 수밖에 없었다. 아마도 국제 암살 테러 역사상 전대미문의 가장 잔인한 사건의 하나로 기록될 것이다.

이 암살작전은 김정은의 명령이 있으면 물불을 가리지 않는 북한 정보기관의 가공할 첩보공작 실행력을 상징한다. 동시에 공작 구상의 놀라운 상상력과 치밀함도 보여 준다. 순진한 베트남 여성과 인도네시아 여성을 암살의 실행범으로 물색하고 포섭한 공작 구상은 놀라운 상상력이다. 이들 여성이 연예인이 되고자 하는 심리를 파악했고, 최근 동남아 유튜브에서 볼 수 있는 깜짝쇼를 공작 구성의 한 부분으로 착안한 것도 놀랍다. 보통 암살은 총격이나 폭파 등의 수단을 사용하는 것이 통상적이다. VX2를 암살의 수단으로 사용한 것은 공작 상상력의 극치다. 일찌감치 VX2 사용을 결정하고 그 구상으로부터 공작의 구체적 실행 방안을 강구했을 것이다.

김정남의 암살은 김정은이 권력을 장악한 이후부터 스탠딩 오더였다. 정찰총국은 이 오더의 실행에 죽기 살기로 매달릴 수밖에 없다. 어떤 변명도 통하지 않는 절대자의 명령이기 때문이다.

보통 공작 계획을 수립할 때는 노출 시 파장을 계산에 넣는다. 손익을 따지는 것이다. 백주 대낮에 수만 명이 오가는 외국의 국제공항에서 국제적으로 금기시된 VX2 독극물을 사용한 암살 계획은 그 자체가 상상을 초월하는 부작용을 수반한다. 독극물 사용에 익숙한 것으로 알려진 러시아 정보기관을 포함해 어떤 나라도 이토록 막무가내식 암살은 시도하지 않는다. 이 사건은 북한 체제의 위험한 본성을 또다시 적나라하게 드러냈다. 김정은의 절대권력 유지를 위해선 무슨 짓이든 마다하지 않는다는 김정은 체제의 본질적 위험성을 가감 없이 드러냈다. '조선이 없으면 지구는 없다'라는 김정일의 위험한 체제 DNA를 다시 상기할 수밖에 없다. 천륜마저 가볍게 여기는 잔학한 김정은의 손에 핵무기가 들려 있다는 엄중한 현실이 이 사건을 통해 다시 상기되어야 했다.

그러나 이 사건이 있고 난 뒤 3개월 만에 들어선 문재인 정부는 이 암살 사건이 주는 엄중한 교훈을 외면했다. 대신 김정은을 '신뢰할 수 있는 착한 김정은'이라고 여겼다. 핵무기를 폐기할 수도 있다는 그의 거짓말에 결과적으로 속았다. 그렇게 5년을 보냈고, 그 결과는 북한 핵무장의 고도화로 나타났다. 나라가 더 위험해졌다. 그런데도 더불어민주당 이재명 대표는 문재인 정권의 몽상적인 대북 인식을 되뇌고 있다. "더러운 평화가 이기는 전쟁보다 낫다"고 주장하면서, 북한을 억압해서도 안 된다고 주장한다. 북한 핵무기의 위협을 경시하고 이복형을 독살하는 패륜을 비롯해 북한 주민에게 저지르고 있는 김정은 정권의 숱한 만행을 외면한다. 그의 주장에는 국가의 존엄, 나라다운 기개, 인권에 대한 보편적 정의감이 모두 상실되어 있다. 평화가 어떻게 유지되고 지탱되는지에 대한 역사적 교훈에 무지하고 평화는 무조건 좋다는 유아적 사고에 젖어 있다.

2009년 김정일 사망 당시 영국 주간지 〈이코노미스트(The Economist)〉는 다음과 같은 사설을 게재했다.

> 김일성과 김정일을 제 명에 죽도록 한 것은 한국민의 수치다. 정의감이 있는 모든 사람과 수많은 희생자에게 김정일이 자연사하게 내버려 둔 것은 수치다. 북한은 영화 세트장이다. 김정일은 신의 역할을 맡았고, 인민들은 그를 숭배하는 역할을 맡았다.

사설 내용은 섬뜩한 뼈아픈 지적이다. 북한 정권에 의해 억울하게 죽임을 당한 수많은 희생자의 분노를 대변하는 내용이다. 이 사설이 지적하고 있는 북한 주민의 비참한 현실은 절대로 외면해서는 안 된다. 우리는 김정은이 만든 영화 세트장에서 북한 주민을 구해 내는 노력을 멈추어서는 안 된다. 불의와 굴욕적으로 타협하기보다는, 험난하지만 정의의 길을 걸어야 한다. 이것이 우리가 감당해야 할 민족적 소명이다.

우리 국가안보는 고도화를 거듭하고 있는 전대미문의 핵 위협에 직면해 있다. 핵 위협은 핵으로 대응할 수밖에 없다. 그런데 우리는 핵무장을 할 수 없다. 그래서 대신 미국의 핵 역량을 빌려 북한 핵과 균형을 이루는 정책을 쓸 수밖에 없다. 그것이 확장억제책이다. 윤석열 대통령은 2023년 4월 한미일 정상회담을 통해 그간의 확장억제책을 한미 핵협의그룹(NCG)으로 한 단계 업그레이드시켰다. 워싱턴 선언 외에도 바이든 대통령은 "김정은이 핵을 쓸 경우 김정은 정권은 멸망할 것"이라는 경고를 했다. 이 경고는 세계 최강국인 미국 대통령의 무게가 실려 있는 대량 보복(massive retaliation)의 경고다. 김정은이 아무리 막무가내라도 이 경고의 무게를 가볍게 여길 수 없다. 그렇게 북한의 핵은 쓸 수 없는 무용지물이 되어야 하고 오히려 정권의 부담으로 작용하여야 한다. 이것이 북한의 핵 위협을 억지하는 유일한 대책이다. 핵 억지를 통해 김정은으로 하여금 북한 핵정책의 무모성을 깨닫게 하는 것, 이것은 북한 체제의 변화를 촉진하고 진정한 한반도 평화를 이루는 가장 현실적인 방도이기도 하다. 이 때문에 굳건한 한미동맹은 우리의 유일한 선택일 수밖에 없다.

이런 측면에서 2023년 4월 윤석열-바이든 대통령의 한미 정상회담은 실질적 콘텐트 면에서 큰 성공이었다. 뿐만 아니다. 윤석열 대통령은 당시 국빈 방문을 통해 자신의 존재감을 미국 조야에 성공적으로 부각시켰다. 매력 있는, 다시 만나보고 싶은 지도자로서의 존재감을 과시했다. 이러한 윤 대통령의 이미지는 A4 용지를 들고 대화하던 문재인 대통령의 희미한 존재감과 대비된다.

박근혜 전 대통령도 많은 국가 정상이 만나고 싶어 했다. 박정희 전 대통령의 딸이라는 점, 부상하는 한국의 위상, 박근혜 대통령 개인의 단아한 모습과 뛰어난 외국어 능력, 대화에서 자연스럽게 드러나는 지적 능력과 품격 등이 박근혜 전 대통령이 지닌 매력 포인트였다. 국제 외교 무대에서 인기 있는 국가원수는 대체 불가능한 국가 브랜드요 국가 소프트 파워를 격상시키는 국가 자산이다.

촛불 시위, 우리 사회를 강타한 광기의 쓰나미

2016년 8월, 우리 사회는 점차 촛불 시위의 광기에 휩싸이기 시작했다. 불과 몇 년 전에 있었던 광우병 광란의 재판이었다. 사회의 분별력과 이성은 마비되고 선동과 괴담, 가짜 뉴스가 판을 쳤다. 박근혜 대통령이 청와대에서 굿판을 벌인다고 했다. 최순실이란 정체불명의 여자를 의지하여 국정을 운영한다고 했다. 세월호 침몰 때 희생자를 구하는 대통령의 책임을 다하지 못했다고 했다. 난데없이 정체불명의 태블릿 PC가 국정 농단의 증거로 등장했다. 밤마다 민노총과 전교조가 주축이 되어 피 흘리는 박 대통령의 모습과 단두대가 등장하는 촛불 시위가 벌어졌다. 조직적이었다. 민노총과 전교조가 그 주역이었다. 미움과 증오, 섬뜩한 살의만이 가득 찬 "박근혜를 구속하라"라는 시위대의 함성이 여성 대통령을 향해 쏟아지고 있었다.

기가 막힐 일은 당시 여당 의원들 일부가 박근혜 대통령 탄핵에 동조한 일이다. 이들의 동조는 어떤 이유를 대든지 간에 자신들이 세운 정치적 리더의 등에 칼을 꽂는 정치적 배신이었다. 그들은 진정한 민주주의를 위하는 척, 법 앞에 누구도 평등하다는 진정한 법치를 위하는 척했다. 그러나 그들의 행위는 촛불 선동에 자신의 소신을 판 얄팍한 정치 타산적 배신 행위였을 뿐이었다.

국회는 선동적 가짜 뉴스에 기반을 둔 언론 보도 내용을 짜깁기해서 탄핵소추서를 썼다. 국회 차원의 조사도 없었다. 헌법재판소의 판결은 비겁했다. 헌법재판소는 재판관 전원 합의로 판결했다. 이 중차대한 역사적 판결에 소수의견 하나 없었던 것은 헌법재판소 재판관들이 얼마나 비겁했는지, 어떻게 법관으로서의 소신과 양심을 저버렸는지에 대한 명백한 증거다. 민주주의를 채택한 문명국 역사상 그렇게 쉽게, 불과 몇 달 만에 증거도 없이 대통령 탄핵이 이루어진 사례는 전무하다.

그렇게 해서 졸지에 문재인 정부가 들어섰다. 한 번도 경험하지 못했던 잃어버린 5년이 대한민국을 덮쳤다. 적폐 청산이라는 명분 아래 잔혹한 조선 시대의 사화(土禍)가 21세기 대한민국에서 재현되었다. 갈등과 분열, 증오와 미움만이 가득한 상처 난 사회가 등장했다. 공정과 정의가 사라지고 법치가 유린당했다. 문재인 정부가 남긴 정치적 유산이다.

이제는 누구도 미국산 소고기 때문에 '뇌 송송 구멍 탁'을 주장하지 않는다. 같은 맥락으로 지금은 누구도 '촛불혁명'을 자랑스럽게 주장하지 않는다. 광우병 시위와 촛불 시위는 우리 사회의 시민 의식 수준이 얼마나 낮고 선동에 취약한가를 보여 준 전형적 사건들이다. 막무가내 떼법이 법치를 짓밟았다. 문재인 정부와 민노총, 전교조 등 좌파 세력은 이 떼법 분위기에 올라탔다. 민주주의의 이름으로 가짜 뉴스를 주동적으로 선동하고 시위를 부추겼다. 종국적으로 정권을 장악했다. 그렇게 불행한 우리 역사의 한 페이지가 쓰였다.

미국의 트럼프 대통령도 탄핵 위기에 몰린 적이 있다. 우크라이나 정부가 정적(政敵)인 바이든 대통령의 아들에 대한 부패 혐의를 조사해야 우크라이나 정부에 대한 미 정부의 원조 계획을 집행하겠다고 하여 대통령의 권한을 정치에 이용했다는 국정 농단 혐의로 탄핵 심의에 넘겨졌다. 실체가 뚜렷한 혐의였다. 그러나 공화당 의원들은 똘똘 뭉쳐 트럼프 대통령을 지켜 냈다. 대통령의 탄핵은 신중에 신중을 기해야 하는 엄중한 일이다. 미국 정치가 이를 보여 주었다.

나는 2016년 그해 겨울, 들불처럼 번지는 촛불 시위를 그냥 지켜볼 수밖에 없었다. 국정원장으로서 내가 할 수 있는 일은 없었다. 일부 야당 의원들이 국정원장은 최순실을 당연히 알았을 것 아니냐고 나를 다그쳤다. 국정원은 이유 없이 민간인을 사찰하지 않는다. 내가 최순실의 존재를 알아야 할 이유도, 알 수도 없었다. 당시 대통령 비서실장인 이병기 씨조차도 최순실의 존재를 몰랐다. 박근혜 정부의 안보팀 고위 공직자 그 누구도 최순실을 몰랐다.

내가 경험한 박근혜 대통령은 국가를 생각하는 공인 정신이 누구보다 강했고 영민했으며 대통령다운 기품(Presidential Dignity)을 지닌 자존감이 뚜렷한 지도자였다. 남에게 휘둘릴 성향의 사람이 아니었다. 부정부패에 대해서는 결벽증을 지녔다고 할 정도로 철저했다. 국정은 지극히 정상적으로 돌아가고 있었다.

그런데 어느 날 갑자기 최순실이 국정의 진정한 실력자로 암약하고 있다고 언론이 보도하기 시작했다. 최순실에 의해 국정이 좌지우지되는 국정 농단이 자행되고 있다고 했다. 명백한 가짜 뉴스였고 악의적 조작이었다. 그 이후 사태는 걷잡을 수 없이 악화일로로 눈덩이 구르듯이 커졌다. 쓰나미처럼 덮치는 촛불 시위의 광란 속에서 여당 내에는 현직 대통령의 등에 칼을 꽂는 배반자들이 속출했고 탄핵소추를 심판하는 헌법재판소 재판관들은 모두 양심을 판 비겁자들이 되었다. 그 결과 그해 12월 헌정사상 있을 수 없는 부당한 현직 대통령에 대한 탄핵소추안이 통과되고, 2017년 헌재에서 인용되고, 박근혜 대통령은 박영수 특검에 의해 구속 기소되었다. 명백한 헌법의 유린이고 정치 보복이었다. 그 후 대선이 있었고 문재인 정부가 출범했다. 불과 6개월도 안 된 기간에 일어난 경악스러운 사태 진전이었다.

박근혜 대통령은 그 시절 촛불 난동의 거친 비난의 폭풍 속에 홀로 서 있었다. 그 누구도 위로가 되지 못했다. 김장환 목사님과 김삼환 목사님이 청와대에서 박근혜 대통령을 만났었다. 고난에 처했을 때 옛 이스라엘 왕이었던 다윗 왕이 쓴 기도문과 시가 수록된 「시편」을 읽으시라고 권했다고 내게 전해 왔다.

그 무렵 나는 박근혜 대통령을 짧은 시간 대면할 기회를 가졌었다. 박근혜 대통령은 전처럼 침착하고 의연한 모습이었다. 내가 간단한 위로의 말을 건네자 박근혜 대통령은 내게 "하나님께서 우리나라를 버리시지는 않을 것이라고 믿는다"라고 말했다. 박근혜 대통령이 크리스천인지 아닌지는 나는 모른다. 그러나 나는 이 말에서 광기의 태풍 속에서도 자신의 안위에 대한 염려를 뛰어넘어 우리나라의 앞날에 대한 긍정적인 믿음을 갖고 있는 박근혜 대통령의 지도자로서의 품격을 느꼈다. 윤석열 정부가 출범한 지금 나는 "대한민국의 앞날에 대한 희망은 결코 끊어지지 않을 것"이라는 박근혜 대통령의 믿음이 현실화되고 있음을 느낀다.

나는 박근혜 대통령이 탄핵 당해 청와대를 떠나는 모습, 구속되는 모습을 TV로 지켜보았다. 법치가 무너지고 자유 민주주의 시스템이 망가지는 정치 보복의 현장을 보는 것은 경악스러웠다. 만감이 교차했다. 내가 할 수 있는 일이 없다는 무기력에 심한 자괴감이 들었다.

한국 주재 외신기자클럽 회장을 역임한 마이클 브린이 쓴 〈조선일보〉 칼럼을 읽은 적이 있다. 그는 청와대에서 숨겨 둔 시체가 나온 것도 아니고 숨겨 놓은 수억 원의 비자금이 나온 것도 아닌데 어떻게 박근혜 대통령을 감옥에 수감할 수 있는지 도저히 납득할 수 없다고 썼다. 그는 "한국 민주주의는 법이 아닌 야수가 된 민중이 지배한다. 한국 민중은 부패했다. 한국은 민중의 뜻이면 죄 없는 대통령도 감옥에 보낼 수 있다는 체험을 했다"고 했다. 이 칼럼에 나타난 영국인 마이클 브린의 사태 인식은 전혀 과장이 아니다. 보편적 양식을 가진 사람이라면 국적을 불문하고 모두 이 칼럼의 지적에 공감할 것이다. 북한의 장성택도 북한 법에 의해 처형되었다. 법을 빙자한 정치적 처형이다. 박근혜 대통령의 형사적 처벌도 정치가 법치를 압도한 맥락에서 유사한 사례다. 어떻게 북한의 법치와 한국의 법치를 비교할 수 있느냐, 지나치다는 비판이 있을 수 있다. 그러나 정치 목적으로 법치의 왜곡이 일어났다면 그것은 어느 나라에서든지 다 같이 법을 빙자한 국가 폭력일 뿐이다. 마이클 브린은 이를 에둘러 지적한 것이다.

국정원장직을 내려놓다

2017년 5월 9일 대통령 선거에서 문재인 정부가 들어섰다. 당장 사표를 쓰고 국정원장직을 떠나고 싶었다. 그러나 후임 원장이 임명되고 부임할 때까지 자리를 비워 둘 수 없다고 해서 5월 31일까지 국정원장직에 머물러 있어야 했다. 나는 6월 1일 다음과 같은 요지의 이임사를 끝으로 30년 동안 몸담았던 국정원을 떠났다.

"되돌아보면 원장으로 재직한 지난 2년 2개월 조금 넘는 기간 참으로 많은 일들이 있었습니다. 격렬한 시간을 보냈다고 회고합니다. 부임 순간부터 어떻게 하면 국정원을 바르게 운영해서 더 좋은 정보기관으로 만들까, 그래서 우리에게 부과된 정보적 과제와 도전을 어떻게 하면 더 효율적으로 달성할 수 있을까 하는 생각이 뇌리에서 떠나지 않았습니다.

그런 가운데 무엇보다 답답했던 것은 우리 사회에 널리 퍼져 있는 국정원에 대한 편견과 오해 그리고 수시로 제기되는 국정원을 폄훼하려는 악의적 시도였습니다. 이런 시도의 대표적 사례로 부임해서 얼마 되지 않아 불거진 이탈리아 해킹팀사 의혹 사건을 들 수 있습니다. 그 사건으로 우리는 한 유능한 직원의 극단적 선택이라는 안타깝고 아픈 사연을 경험해야 했습니다. 그때를 생각하면 나는 상식이 통하지 않는 우리 세태의 억지스러움에 지금도 분노합니다. (중략)

지난 10월부터 국정원은 지금껏 경험하지 못한 난감한 상황에 처했습니다. 대통령이 탄핵을 당한 것입니다. 그리고 바로 대선 정국으로 이어졌습니다. 국정원은 살얼음판에 놓여 있는 형국이 되었습니다. 글자 그대로 격동의 시간이었습니다. 이 어려운 시기에 국정원은 흔들리지 않고 우리가 해야 할 일을 묵묵히 성공적으로 감당해 왔습니다. 나는 이 어려운 시기에 여러분이 보여 준 열정과 헌신, 절제 그리고 현명함에 감사드립니다. (중략)

나는 취임사에서 북한 체제와의 Last Battle이 우리 앞에 놓여 있다고 말한 바 있습니다. 이 마지막 전투는 전쟁을 의미하지 않습니다. 전쟁은 절대로 피해야 할 일입니다. 이 마지막 전투는 보이지 않는 정보전의 형태로 전개될 것이며, 그래서 국정원이 그 주역이 될 것입니다. 국정원은 이 싸움에서 반드시 이기는 승리의 주역이 될 것입니다. 그래서 자유 민주주의 통일이라는 기적의 역사를 반드시 쓸 것입니다. 김정은의 폭압 통치에 신음하는 북한 주민을 구해 낼 것입니다. 내가 지켜봐 온 국정원의 총체적 정보 역량, 그리고 직원들의 열정과 강력한 소명의식, 또 헌신의 자세로 볼 때 반드시 우리는 이길 것으로 확신합니다.

늘 얘기했듯이 국정원은 일류 정보기관으로 평가받는 미 CIA나 영국의 MI6, 이스라엘의 모사드 등과 어깨를 나란히 할 수 있는 훌륭한 정보기관입니다. 원장으로서 재직하면서 나는 이를 발견하고 늘 누구에게나 이를 자랑스럽게 증언하고 있습니다. 직원 여러분들은 세계적 경쟁력을 갖춘 정보기관인 국정원에 근무하는 자랑스러운 직원이라는 자부심을 잊지 말기를 바랍니다.

정보 관리로서 내 삶은 중앙정보부에서 안기부까지 27년, 그리고 18년 공백 후 국정원에 돌아와 2년 2개월 12일, 총 30년에 걸친 긴 여정이었습니다. 이제 그 긴 여정을 마무리할 시간입니다. 대한민국에서 가장 애국적이고 헌신적인 직원들과 함께 나라의 안위를 지켜 내기 위해 애쓰는 국정원장 직책은 어떤 정부 직책보다 보람되고 영광된 최고의 자리임이 틀림없습니다. 그 영광된 자리를 여러분들의 덕택으로 잘 마치고 이제 자유인으로 돌아갑니다. 맥아더 장군의 말처럼 조용히 사라지겠습니다. 나는 직원 여러분들에게 '국정원에 대해 누구보다 깊은 애정을 가지고 국정원을 바르게 지휘하려고 애쓴 원장'으로 기억되기를 바랍니다."

나는 이임사의 마지막 부분에서 피력한 바람대로 조용히 사라질 수 없었다.

이임한 지 6개월 후인 2017년 11월 1일 새벽, 검찰이 집으로 들이닥쳤다. 압수수색을 나왔다 했다. 2022년 12월 사면 복권될 때까지 장장 6년에 걸친 악몽의 수난이 그렇게 시작되었다.

적폐 청산의 사냥터가 된 국정원

문재인 정부의 적폐 청산이 국정원에 한 일은 전대미문의 공격이었다. 어떻게 자국의 정보기관을 그토록 가혹하게 짓밟을 수 있었을까?

대통령은 국정원의 지휘관이다. 지휘관이 나서서 공격하면 방법이 없다. 문재인 대통령은 취임하자마자 국정원 적폐청산위원회(국정원 개혁발전위원회)를 만들었다. 대표적 좌파 인사인 정해구 씨가 위원장을 맡았다. 위원들도 모두 국정원에 비우호적인 좌파 성향의 인사들이었다. 이들이 국정원의 메인 서버를 뒤졌다. 국정원 직원에 대한 사냥이 시작되었다. 이 위원회와 협력하여, 또는 검찰 단독으로 문재인 정부의 검찰은 칼을 휘두르기 시작했다.

351명에 달하는 전·현 직원들이 검찰 조사를 받기 시작했다. 적폐 청산은 국정원을 덮친 사나운 쓰나미였다. 새로 부임한 문재인 정권의 국정원 지휘부는 이 사나운 검찰 조사에 적극 협조했다. 검찰은 이를 '임의제출'이라고 했다. 임의제출이므로 영장 없는 증거 수집이라도 적법성에는 문제가 될 것이 없다는 것이 검찰의 주장이었다. 정보기관이 자

체 기밀을 임의로 검찰에 제출한 사례는 세계 정보기관 역사상 어디에
도 없다. 검찰의 주장은 어불성설이다. 검찰은 촛불혁명이 정의로운 혁
명이고 때문에 반혁명 분자들이 척결되는 것은 역사상 모든 혁명 후에
이루어진 당연한 수순이라고 여기는 듯했다.

최근 이원석 검찰총장은 검찰은 "사건을 수사한다. 사람을 수사하
지 않는다"고 말했다. 참으로 지당한 말이다. 그러나 적폐 청산 시 검찰
은 이 당연한 검찰권 행사의 원칙을 스스로 배반했다. 말 따로 행동 따
로였다. 당시 검찰은 어떻게 하면 더 많은 공직자를 사냥해 촛불혁명의
정당성에 봉사하느냐에 주력했다.

"국정원 1급 직원은 무조건 구속, 2급 직원은 상황에 따라 기소, 그
이하는 불문 처리하라."

당시 검찰 지휘부의 책임검사 한 명(이름은 밝히지 않는다)이 피의자인
국정원 직원에게 한 말이다. 이처럼 당시 검찰은 사람을 사냥했다. 검
찰 스스로 마땅히 부끄러워해야 할, 당시 검찰의 민낯이었다.

적폐 청산은 국정원장 3명을 포함하여 46명의 전·현 직원을 감옥에
보냈다. 박근혜 정부에서 근무했던 다른 정부기관들도 같은 시련을 겪
었다. 김기춘 비서실장을 비롯하여 청와대 참모, 그리고 블랙리스트 시
비로 문체부 인사들도 고초를 겪었다. 그러나 규모 면에서 국정원과 비
교되지 않는다. 국정원 직원들로 감옥을 하나 더 지어야 한다는 우스갯
소리가 당시 있었을 정도였다.

당시 국정원은 최고의 적폐 청산 사냥터였다. 적폐 청산은 정적을
제거한 조선 시대의 사화에 왕왕 비유된다. 임진왜란 직전 1,000여 명
의 정적이 처형된 기축옥사에 비유한 신문 칼럼도 있었다. 결코 지나친

비유가 아니다. 역사가 후에 이 적폐 청산을 '문재인 사화'라고 평가할 것이다.

국정원 직원들이 받은 유죄 판결 내용은 대부분 비상식적이다. 감옥에 넣기 위한 목적으로 법리가 비틀린 경우가 대부분이다. 건전한 법리는 상식과 사회적 통념에 부합한다. 법 전문가가 아니더라도 다 아는 진실이다. 감옥에 간 국정원 직원들이 받은 범죄 혐의는 그간 국정원이 해 오던 통상적인 정보 활동 범주에 속한 것들이었다. 그런데 어느 날 갑자기 이것들이 범죄가 된 것이다. 돈을 착복한 것도 누구를 해코지한 것도 아니었다. 모두 국가 안위를 지키는 활동으로 생각하고 열심히 일한 직원들이었다. 정보 업무를 전혀 모르는 검사들이 자신들이 잡은 사냥감에 법의 현미경을 들이댔다. 그것도 감옥에 보낼 악의를 가지고 왜곡한 억지 법리의 현미경이었다. 잡은 직원이 많으면 많을수록, 직위가 높으면 높을수록 유능한 검찰 조사였다. 국정원을 범죄 집단처럼 비치게 하는 것이 당시 문재인 정부 검찰의 노림수였다.

국정원 직원 조사 과정에서 모 검사는 조사받는 직원의 집을 포함한 재산을 언급하며 거지로 만들겠다는 위협까지 해 댔다. 가정을 파괴하겠다는 위협이었다. 이는 당시 검찰 조사가 얼마나 인권 침해적이었나를 상징하는 실제 벌어진 팩트다. 당시 검찰은 누구든 검찰이 마음만 먹으면 죄를 만들어 뒤집어씌울 수 있는 검찰권의 막강한 위력을 가감없이 과시했다. 당시 검찰은 보편적 상식과 법 정신의 위에 서 있었다.

검찰은 댓글 사건을 범죄라고 했다. 당시 국정원은 우리 사회에 범람하고 있는 악플이 사회를 혼탁하게 하고 흔들려는 북한의 공작일 가능성에 주목했다. 김정일은 "남조선 인터넷은 국가보안법이 무력화되어 해방구"라고 하면서 "사이버전은 만능의 보검"이라고 교시했다. 이 교시에 따라 2008년 4월 광우병 난동 시 북한은 정찰총국 225국(사회문화국)과 통일전선부 등을 총동원하여 댓글공작을 전개했다(백화점 고객 리스트를 해킹해 우리 국민의 주민등록을 훔쳐 다음과 네이버 등 포털 사이트 회원으로 가입한 후 댓글공작을 수행). 이들은 소위 '1 대 9 대 90'이라는 댓글공작의 법칙을 강조했다. 즉, 북한 요원 1명이 선동 글을 게재하면 핵심 추종 세력 9명이 실시간으로 퍼 나르고 추종자 90명이 클릭하는 방식이었다. 당시 국정원은 이런 북한의 조직적인 댓글 책동을 방치할 수 없어 대응 활동을 했다. 이것이 댓글 사건의 본질이다.

검찰은 이를 범죄로 만들었다. 어렵지 않은 작업이다. 표현의 자유 침해이며 정치 개입이라고 법 조항을 들이대면 얼마든지 범죄로 만들 수 있다. 검찰은 이런 활동을 하게 된 동기와 배경에 대해서는 철저히 외면했다.

검찰은 댓글이 총 5,000만 건이라고 했다. 이 중 검찰이 정치 개입의 증거라고 문제시한 댓글의 수는 2,200여 건이다. 0.0045%에 불과한 댓글 수다. 이 2,200건 중에서도 반 이상은 이명박 대통령의 4대강 사업 지지, 한미 FTA 정책 지지와 같은 것이었다. 검찰은 이를 정치 개입 증거로 둔갑시켰다. 형사 처벌을 작심한 범죄 만들기였다. 범죄에는 악의적 범죄 의도가 있어야 한다. 형사 범죄의 대전제다. 검찰은 이런 기초적인 범죄 요건을 모두 무시했다. 그렇게 댓글 사건 관계 직원들이 모두 감옥에 갔다.

김대중 전 대통령 비자금(미국 정보기관 FBI도 인정한 실체 사건)을 조사하기 위해 사용한 경비가 국정원 예산 사용 규정에 맞지 않는다는 이유로 1년 6개월 실형을 산 직원도 있다.

실형을 산 40명 넘는 국정원 직원들의 사례는 거의 모두 다 유사한 억지 판결에 기초한다. 이를 지켜본 직원들은 모두 경악했다. 일하는 것이 무서워졌다. 자신들이 하는 일이 언젠가 범죄로 둔갑해서 감옥에 갈 수도 있겠구나 하고 두려움으로 의기소침해졌고 무사안일에 안주하게 됐다. 지극히 자연스러운 반응이다. 그렇게 국정원은 철저히 망가졌다.

법관들은 '자유심증주의'를 내세운다. 마음대로 판결할 수 있는 자유다. 법관들이 이를 내세워 유죄로 마음먹고 이에 맞는 법리를 자의적으로 왜곡하고 유죄 판결을 내리면 방법이 없다. 넘치는 무죄 증거를 외면해도 방법은 없다. 적폐 청산으로 감옥에 간 국정원 직원들은 적폐 청산이 아니었다면 결코 형사 처벌될 사람들이 아니다. 그런 측면에서 그들은 모두 정치범들이다. 21세기 대한민국에서 정치범이라니 참으로 부끄러운 일이다. 그런데도 문재인 정부는 자유 민주주의가 신장된 정의로운 시대였다고 억지를 부린다. 적폐 청산의 수난자로서 동의할 수 없다. 역사의 평가가 준엄할 것으로 확신한다.

적폐청산, 그 잔인한 천형

판사 앞에 놓여 있는 기소장에 적힌 이름은 한갓 글자가 아니다. 사람이다. 형사 처벌은 사람의 인생을 송두리째 파괴한다. 그래서 범죄의 단죄도 중요하지만 한 사람도 억울한 처벌이 없도록 극도로 경계하는 것이 법치의 기본 정신이다. 루마니아 공산 치하에서 억울하게 옥에 간

히게 된 판사가 과거 자신이 내린 모든 실형선고를 후회했다는 글을 읽은 적이 있다. 갇혀 보니 갇힌다는 것이 얼마나 기가 막힌 일임을 깨닫고 실형 판결은 함부로 해서는 안 된다는 것을 절감한 후회의 술회다(리차드 범브란트, 『하나님의 지하운동』 재인용).

판사는 높은 법대(法臺) 위에 근엄하게 앉아 있다. 그들에겐 법과 양심에 따라 판결을 내려야 하는 책무가 주어져 있다. 공정한 판결을 내리려는 올곧은 의지와 높은 윤리 의식, 자신이 내리려는 판결에 대한 두렵고 떨리는 마음, 좌고우면하지 않는 반듯한 정의감이 법관의 양심을 구성하는 핵심 요소다. 판결이란 바로 이런 양심의 요소들이 배어 있는 고뇌의 산물이어야 한다.

되돌아보면 내 재판을 담당한 판사 19명이 쓴 판결문에서 나는 그런 고뇌의 흔적을 발견할 수 없다. 유죄의 결론을 미리 내려 놓고 법 조항을 꿰맞춘, 영혼이 없는 상투적 법 기술에 불과했다. 이 비판은 내 재판 판결문에 한정되지 않는다. 유죄 판결을 받은 국정원 직원들에 대한 판결문에 모두 해당한다.

어떻게 수개월에 불과한 짧은 기간에 351명에 달하는 국정원 직원들이 검찰 조사를 받고 46명이 무더기로 감옥에 가게 되었을까? 국정원은 그렇게 많은 범법자를 양산한 범죄의 소굴이었을까?

형사 처벌을 받은 국정원 직원들의 범죄 혐의에는 돈을 착복했다든지 누구를 해코지했다든지 하는 개인 비리 혐의는 한 건도 없다. 사연은 다양하지만 모두 직무 수행 과정에서 법을 어겼다는 혐의다. 이들은 자신들이 수행한 직무가 범죄가 될 줄은 꿈에도 생각지 못했다. 그런데 어느 날 갑자기 범법자가 되어 모두 평생 동안 신음해야 하는 천형을 받았다.

형벌은 감옥 생활로 끝나지 않는다. 가뜩이나 풍족지 않은 공무원 연금도 반이나 깎이게 된다. 퇴직금도 모두 환수당했다. 5,000만 원 넘게 환수당한 직원도 있다. 처벌받은 직원들 대부분은 60대다. 아직도 자녀의 교육비를 부담해야 하는 형편에 처해 있는 직원도 있다. 나이는 들어 가는데 이들 모두 평생 가난한 노후를 보내야 한다. 적폐 청산이라는 정치행위가 국정원 직원에게 자행한 잔인한 폭거다.

나는 1965년 수도사단 수색소대장으로 베트남전에 참전했다. 그리고 무공훈장을 받아 참전 및 무공 수훈 국가유공자 자격을 획득했다. 그런데 형사 처벌로 이 자격이 박탈당했다. 보훈부는 국가유공자 예우 및 지원에 관한 법률에 형사 처벌 받은 유공자는 그 자격을 박탈한다고 되어 있기 때문이라고 설명하고 있다. 처벌을 받은 것은 국정원장을 했기 때문이고, 베트남 참전은 거의 60년 전의 일이다. 국가의 보훈 정책이 어떻게 아무 인과관계가 없는 60년 전 목숨을 건 전투에서 탄 무공훈장을 소환하여 이마저 부인하는가? 이 법에 의하면 형 집행이 끝나면 3년 후에 보훈부가 재심사를 한다고 한다. 보훈부가 요구하는 재심사 제출 서류는 황당하다.

○ 범죄 행위에 대한 반성과 향후 올바른 새 생활을 약속하는 본인 진술서 1부

○ 가정생활 및 이웃 주민들과 원만한 관계를 확인하는 지역 주민 3인 이상의 연명 날인서

○ 양로원, 고아원 등 사회 복지 시설에서 봉사활동 했다는 해당 기관장의 확인서

○ 기부금 영수증

이것들이 재심 시 제출해야 하는 서류다. 내가 앞으로 개과천선하겠다는 반성문을 써야 한다니 참담한 심정을 금할 길 없다. 나는 보훈부에 민원을 제기했다. 보훈부는 법을 고치는 노력을 하겠다고 간접적으로 알려왔다. "지체된 정의(delayed justice)는 정의가 아니다"라는 말이 있다. 보훈부가 지체된 정의로 정의 자체를 훼손하는 일이 없도록 적극적인 조치를 취해줄 것을 기대해 본다.

2022년 12월 나는 윤석열 대통령에 의해 사면 복권되었다. 다른 45명의 직원들도 모두 사면 복권되었다(대법원 최종 판결이 늦게 나온 직원 한 명만 사면에서 제외되어 있다. 다음 기회에는 함께 사면 복권되기를 기대한다). 그러나 사면 복권이 되어도 연금의 삭감과 유공자 자격 박탈은 그대로다. 사면 복권은 선거권과 관련한 권리 회복으로 그 효과가 한정되어 있기 때문이다. 헌법은 이중 처벌을 금지하고 있다. 공무원의 연금 삭감은 남은 생애를 파괴하는 감옥 생활 못지않은 가혹한 처벌이다. 살인, 성폭행, 예산 착복 등 파렴치한 범죄를 저지른 공무원은 결코 사면 복권되지 않는다. 그렇다면 적폐 청산이라는 정치 논리에 의해 처벌받았고 그 후 사면 복권된 국정원 직원들에 대해서는 연금 삭감이라는 이중 처벌은 당연히 면제되어야 한다. 이는 이중 처벌을 금지하는 헌법 정신, 그리고 국가안보를 중시하는 보편적 사회 통념에도 합당한 조치다.

일전에 자유민주당 고영주 변호사는 〈조선일보〉에 '대통령께 드리는 호소문'이라는 제하로 광고를 게재했다. 광고는 "국정원 출신 애국

안보 전사들과 그 가족들은 옥고에 이어 택배와 베이비시터 등에 나서
는 생활고에 신음하고 있다"고 지적했다. 반면 좌익 활동자들에게는
수억 내지 수십억의 보상금이 지급되고 있다고 하고, 이런 부조리한 현
상은 하루속히 개선되어야 한다는 점도 지적했다. 비록 일방성이 있는
광고이기는 하지만 그 내용은 처벌받은 국정원 직원들이 겪는 애환을
그대로 반영하고 있다. 나는 국회가 이런 현실을 바로잡는 특별법 제정
을 서두르기를 호소한다. 헌법재판소도 공무원은 이중 처벌을 받아도
된다는 법률의 위헌성을 바로잡는 데 적극 나서기를 바란다. 억울한 국
민이 한 사람도 없도록 해 나가는 것이 올바른 사회 정의의 실현이다.
민생 하나하나를 진정으로 챙기는 국가의 모습이기도 하다.

법치 농단, 국정원장 3명 투옥되다

퇴직한 지 6개월이 된 2017년 11월 1일 검찰의 압수수색팀이 집에 들
이닥쳤다. 꿈에서조차 한 번도 생각해 보지 않은 고난의 폭풍은 그렇게
시작되었다.

범죄는 범죄 의도가 전제되어야 한다. 형사 범죄에는 범죄가 되는
줄도 모르면서 결과적으로 범행이 되는 경우가 있다. 형사법은 이를 엄
격히 구분한다. 살인죄를 범해도 미필적 고의를 따진다. 잘못 인식되어
저지른 범죄도 오상(誤想) 범죄라고 따로 법리를 따진다. 적폐 청산은 이
런 형사법의 기초 원리를 처음부터 철저히 무시했다.

박근혜 대통령이 취임하자마자 경제 관료 한 분이 청와대 예산이 부
족하면 국정원의 예산을 전용해서 써도 된다고 브리핑했다. 오랜 관행

이라고도 했다. 박 전 대통령이 법정에서 밝힌 내용이다. 박 대통령은 그의 조언대로 남재준 원장에게 국정원에서 예산을 지원해 달라고 지시했다. 그 당시 그 지원이 범죄가 될 줄은 대한민국에서 그 누구도 몰랐다. 박 대통령도 알 리 없었다. 박 대통령이 위법인 줄 알았다면 이를 지시할 리가 없다. 지시를 받은 남재준 원장도 위법이 될 것이라고는 꿈에도 생각지 못했을 것이다. 이병기 원장도 마찬가지다. 박근혜 정부 집권 초기의 일이었다. 집권 초기는 어떤 대통령도 잘해 보려는 의욕이 넘친다. 박근혜 대통령이 사적 목적으로 집권 초기부터 국정원 예산의 지원을 요청하지 않았을 것이라는 점은 불 보듯 자명하다. 지원된 자금은 분명 공적 용도로 사용되었을 것이다(박 대통령이 재판을 거부했기 때문에 사용 내역은 조사되지 않았다). 이것이 사건의 발단이고 실체적 진실의 내용이다.

그런데도 검찰은 박근혜 정부가 부패한 정권임을 선전하기 위해 이 청와대 예산 지원을 범죄로 만들기 위한 작업에 착수했다. 법치 농단에 착수한 것이다. 검찰은 국정원장들을 조사하면서 이 사건을 국정원장 '특활비 상납' 사건이라고 불렀다. 국정원장이 대통령에게 돈을 상납하다니, 참으로 악의적인 사건 작명이다. 또한 국정원장 특활비는 다른 정부 부처 장관과 기관장이 사용하는 특활비와는 성격 자체가 다르다. 그것은 '국정원장 특별사업비'로 명칭이 부여된 정보 예산이다.

이 사건의 본질은 국정원 예산이 대통령 지시에 의해 청와대로 전용된 국가 예산 전용 사건이다. 예산 전용 사건은 형사 사건이 아니다. 본질적으로 공직 기강에 관한 사건이다. 때문에 처벌되더라도 국가재정법에 의거, 징계위원회에 회부하여 견책, 감봉 또는 파면의 처벌을 받아야 할 사건이다. 더구나 국가 예산 전용 사건은 여러 정부 부처에서 수시로 일어난다. 검찰에 배당된 정보비, 수사비를 법무부가 전용하여 사용한 것은 오랜 관행으로 법무부와 검찰에 근무한 직원들이면 누구나 다 아는 사항이다. 김명수 대법원장도 대법원 홍보 예산을 전용해 공관 리모델링에 사용했다. 대통령이 국정원 예산을 전용한 것은 이런 전용 사례와 전혀 다르지 않다. 검찰도 이를 모를 리 없었다. 그러나 검찰은 처음부터 이 케이스를 국정원장들의 개인 범죄로 만들기 위해 나섰다. 그래서 '국정원장 돈 상납' 사건이라고 악의적으로 붙였다.

나는 8차례에 걸쳐 검찰청에 불려가 조사를 받았다. 포토라인에 섰다. 지금은 피의자 인권 침해라고 포토라인이 금지되고 있지만 그때 적폐 청산 피의자는 인권이 무시되어도 좋고 오히려 망신을 주어야 하는 대상이었다. 오죽하면 기무사 전 사령관 이재수 장군이 극단적 선택을 했을까? 그때는 그런 시대였다.

검찰 조사는 국정원에서 수집한 — 영장도 없이 불법으로 가져온 — 2급비밀인 국정원장 특활비 지출 내역을 제시하면서 심문을 진행했다. 사실 조사할 거리가 거의 없었다. 국정원 예산이 청와대로 간 것은 팩트였다. 검사는 그 팩트가 적힌 비밀문서를 가지고 있었다. 물적 증거는 오직 그것뿐이었다. 검사는 이 팩트를 가지고 어떡케 해서라도 형사 범죄를 만들어야 했다. 검사의 임무였고 주 조사 방향이었다.

당시 검찰이 국정원의 2급비밀 문건을 수집한 경위는 다음과 같다.

검찰은 국정원에 공문을 보내 국정원장 특활비 지출 내역을 제공해 줄 것을 요구했다. 이에 대해 국정원은 2급비밀이므로 제출이 곤란하다고 회신했다. 그러나 검찰은 국정원 회신에 아랑곳하지 않고 이 회신을 받은 지 이틀 후인 2017년 11월 3일 압수영장도 없이 국정원을 방문해 비밀자료를 열람하고 수집해 갔다. 국정원의 거부 회신을 무시한 명백한 증거의 불법적 증거 수집이었다.

국가기밀을 볼 수 있는 가장 중요한 원칙은 '알 필요성(need to know)' 원칙이다. 국가 최고 비밀인가자인 대통령도 알 필요성이 없으면 기밀문서에 접근할 수 없다. 이것이 모든 문명국가가 기밀을 보호하고 관리하는 방식이다. 수사 목적의 기밀 열람은 알 필요성 원칙에 위배된다. 검찰이 수사 목적으로 기밀에 접근하게 되면 정보기관의 존재 의미는 무너진다. 어떤 문명국가 정보기관도 기밀문서를 검찰에 마구 내주지 않는다. 다른 문명국가에서 보면 혀를 찰 일이다.

재판에서 이에 대한 문제를 제기했다. 이에 대해 검찰은 국정원의 임의제출이라고 강변했고, 법원은 이를 적법하다고 외면했다. 문재인 정부 시절은 이처럼 검찰의 불법 증거 수집을 어불성설의 억지 논리로 강변하고 이를 법원이 그대로 받아들인 법치 농단의 야만 시대였다.

담당 검사는 "예산 지원이 불법인 줄 알았느냐?"고 물었다. 나는 당연히 몰랐다고 말했다. 그리고 대통령은 국정원법 제3조에 따라 법에 의해 국정원을 지휘하고 있다고 말하고, 대통령 지휘에는 당연히 예산도 포함된다고 설명했다. 사실상 이것으로 조사의 핵심은 끝났다. 검사는 사실상 더 질문할 것이 없었다. 그래서 검사는 질문을 만드는 데 시간을 썼다. 피의자인 나는 검사 앞에 앉아 있고 검사는 30분 이상 컴퓨터로 질문을 만드는 데 썼다. 때로는 한 시간이 걸린 것으로 기억한다. 오랜 준비 끝에 검사는 질문했다. 답변하고 나면 또 질문을 만드는 데

시간을 썼다. 8차례에 걸친 조사가 다 이런 패턴으로 진행되었다. 이런 질문도 있었다.

"대통령은 국가원수이지만 정당에 소속되어 있는 정치인이다. 대통령에 대한 자금 지원은 정치인인 대통령에게 지원하는 것이므로 정치 개입 소지가 있다 그렇지 않은가?"

검사가 고심 끝에 내놓은 질문이었다. 황당했다.

"국정원은 국가안보 기관이다. 이 때문에 대통령을 국가안보를 책임지는 지휘관으로 생각할 뿐이다."

내가 간단히 말하자 검사는 다시 질문을 구성하는 장고에 돌입했다.

내가 상상한 검찰 조사는 조사 내용을 사전에 질문으로 다 준비하고 피의자를 추궁해 들어가는 것으로 알고 있었다. 그런데 내가 경험한 검찰 조사는 달랐다. 검사들은 모두 친절했다. 이 사건이 무리인 것을 속으로는 다 알고 있었다. 점심시간에 같이 밥을 먹으면서 "원장님이 국정원장을 한 것이 불행입니다"라고 속내를 털어놓은 검사도 있었다.

검찰의 공소장은 소설이었다. 이렇게 시작되었다.

"피고인 이병호는 대통령 박근혜가 국정원장을 시켜 준 데 대해 고마운 마음을 품고 대통령에게 돈을 상납하기로 했다."

기가 막힌 구절이다. 검찰이 이렇게 사람의 마음을 멋대로 재단해도 되는지? 하루아침에 국정원장이 된 나는 한 번도 박근혜 대통령에게 국정원장 시켜 준 데 대해 고맙다는 생각을 해 본 적이 없다. 늘 책무의 무거움에 짓눌려 지냈을 뿐이다. 이미 밝힌 대로 내가 청와대 자금 지원을 한 것은 지난 2년간 관행화된 지원 시스템을 그대로 따른 것뿐이었다.

　검찰의 최초 기소는 뇌물 범죄 혐의였다. 그러다가 재판 도중에 검찰은 갑자기 예비 혐의로 국고 손실 범죄 혐의를 추가한다고 공소장을 변경했다. 뇌물 범죄가 성립 안 되면 국고 손실로 처벌해 달라는, 마치 별건 수사와 같은 맥락의 시도였다. 법원은 이를 받아들였다. 나는 후에 이런 식으로 다른 증거 제시도 없이 공소장을 변경하는 것을 본 적이 있느냐고 변호사들에게 물어본 바 있다. 모두 한 번도 본 적 없는 공소장 변경이라고 했다. 더구나 나는 검찰 조사에서 "청와대 지원은 뇌물이다. 그렇지 않은가?"라는 질문을 받아 본 적이 없다. 또한 회계 업무 관련 질문도 받아 본 적이 없다. 결국 피의자 조사도 없이 검찰이 제멋대로 범죄 혐의를 만들어 기소한 셈이다.

　1심 재판은 "청와대 자금 지원은 뇌물은 아니다. 대신 국정원장을 회계 직원이라고 볼 수 있기 때문에 국고손실범으로 유죄"라고 판결을 내렸다. 나는 3년 6개월 형을 받고 법정 구속됐다.

　항소심은 반대로 국정원장은 회계 직원이 아니라고 1심 판결을 뒤집었다. 항소심 판결문은 회계 관련법의 제정 취지를 포함해 모든 관련 법률을 세세히 검토한 후 10쪽짜리의 충실한 판결문으로 국정원장은 회계 직원이 될 수 없다는 결론을 내렸다. 항소심은 뇌물도 아니고 국고 손실도 아니라고 검찰의 기소 내용을 부인했다.

　그래도 항소심은 국정원장들을 풀어 줄 수는 없어서인지 횡령죄라는 법리를 새로 적용했다. 양형이 2년 6개월로 낮아졌다.

　항소심 과정에서 박근혜 대통령은 옥중에서 나를 위해 다음과 같은 진술서를 제출했다.

　　국정원장 특활비와 관련하여 책임을 묻는다면 이를 지원받아 업무에 사용하라고 지시한 저에게 모든 책임이 있습니다. 특히 이병호 국장원장은 고령의 나이에도 불구하고 저와 국가의 부름을 거절하지 않고 국정원장인 어려운 직책을 맡아서 훌륭하게 임무를 수행한 분입니다. 평생 군인으로 또 국정원장으로 근무하면서 비난받을 만한 개인적인 비리를 저지른 적이 단 한 번도 없는 청렴결백한 분으로 알고 있습니다.

　　저의 지시를 전달받아 국정원 예산을 지원한 국정원장들은 자신들이 지원한 예산이 사적인 용도로 사용되고 국고에 손실을 끼치는 불법행위라는 것에 대한 어떤 인식도 없었을 것입니다. 재판장께서 이러한 사정을 혜량하시어 국정원장들과 이 사건에 관련된 분들께 어려운 일이 없도록 살펴 주시기를 부탁드립니다.

2018년 10월 17일

진술인 박근혜

　　박근혜 대통령의 진술은 사건의 실체였다. 이론이 있을 수 없는 사건의 진실이었다. 국정원 예산 지원을 직접 지시하여 사건의 원인을 제공한 대통령의 진술이란 점에서 결코 외면되어서는 안 되는 증거였다. 그런데도 이 증거는 항소심 재판에서도 어떤 영향도 끼치지 못했다. 철저히 외면되었다.

　　더 기가 막힌 것은 대법원이 항소심 판결을 뒤집고 국정원장이 회계 직원이라고 판결한 것이었다. 대법원의 판결문은 대한민국의 최고법원이 내린 판결문이라고 도저히 볼 수 없는 부실하기 짝이 없는 3장짜리였다. 항소심 판결문의 어디가 잘못되었다고 법리적으로 지적하는 내용은 한 줄도 없었다. 그냥 담당 대법관들이(주심 박정화) 국정원장을 회계 직원으로 본다는, 자신들의 심증을 밝혔을 뿐이다.

이 재판 결과는 대법관들도 얼마든지 잘못된 판결을 내릴 수 있다는 실증적 사례다. 국정원장이 회계 직원이라니, 그 누구도 납득할 수 없는, 어떤 문명국에서도 있을 수 없는, 기네스북에 기록될 정도의 기이한 판결이다. 이 판결은 대법관들은 법과 양심에 따라 판결해야 한다는 재판의 근본 원칙을 버리고 대신 적폐 청산의 정치 논리를 판결 기준으로 삼은 결과다. 나는 법조인은 물론 양식을 가진 사람이라면 모두 이 평가에 동의하리라고 확신한다.

이 대법원 판결에 따라 원심이 파기 환송되어 다시 고등법원에서 재판을 받았다. 파기환송심 재판을 맡은 구회근 재판장은 공판 첫날 자신도 국정원장은 회계 직원이 아니라고 생각한다고 말했다. 법정에 있던 모든 사람들이 다 들었다. 그러나 파기환송심 재판은 대법원 판결에 기속(羈束)되어서 그런지 나에게 1심 판결과 같은 3년 6개월의 유죄 판결을 내렸다. 법정 구속은 하지 않아 대법원에 재상고하게 되었다.

대법원은 재상고 3개월 만에 최종 확정 판결을 내렸다. 2021년 7월 8일이었다. 2016년 11월 1일 집이 압수수색을 당할 날부터 무려 5년의 지옥 같은 핍박의 세월이 결국 3년 6개월의 실형으로 구체화되었고, 나는 7월 12일 남부교도소에 수감되어 복역하기 시작했다.

1심에서 대법원에 이르기까지 국정원장 특활비 사건에 관여한 판사의 수는 19명에 이른다. 이 중 8명은 대법관들이다. 나는 이 19명의 판사 중 제대로 증거를 좇아 재판한 정의로운 판사가 한 명도 없었다고 생각한다. 이들 모두 적폐 청산의 정치 논리가 정한 '답정너' 판결에 참여한, 판사답지 않은 판사들이었다. 특히 대법관 중에서 한 명도 소수의견을 낸 사람이 없었다는 것이 기막힌 김명수 대법원의 민낯이었다(파기환송 판결 대법관 권순일, 이기택, 박정화, 김선수. 상고 기각 판결 대법관 조재연, 민유숙, 이동원, 천대엽).

대법원에서 뒤집힌 항소심 판결

그 과정을 복기해 보면 다음과 같이 추정된다.

국고 손실 재판은 돈을 지원받은 박근혜 전 대통령 재판과 돈을 지원한 국정원장 재판으로 구분되어 투 트랙으로 진행되었다. 대법원은 먼저 박근혜 대통령을 국고 손실 범죄자로 확정해 놓고 있었다(박근혜 전 대통령은 재판을 거부했고 이 판결은 박근혜 전 대통령의 방어권 행사 없는 법원의 일방적 판결이었다). 후에 국정원장 항소심 재판 결과에 대해 검찰이 대법원에 상고했다. 국고 손실 범죄가 아닌 횡령 범죄로 상고된 것이다.

담당 대법관들은 이미 국고 손실 범죄로 확정 판결을 받은 박 전 대통령의 범죄 혐의와 국정원장들의 횡령 범죄 혐의가 아귀가 맞지 않는다고 여겼을 것이다. 국정원장 특활비와 관련된 공범인데 판결 내용이 다르니 대법관들은 판결의 모양 상 아귀를 맞추어야겠다고 판단했을 것이다. 국정원장들이 졸지에 회계 직원이 된 판결의 배경이다. 정당한 법리 적용이 아닌 억지 판결을 위해 법리를 왜곡한 것이다. 이것이 한국 최고의 대법원이 한 일이다. 이는 아전인수의 억지 주장이 아니다. 이해할 수 없는 부실한 대법원 판결문이 이를 증명한다.

하나님이 솔로몬에게 소원을 물었을 때 솔로몬은 재판을 잘할 수 있도록 지혜를 달라고 해서 하나님이 기뻐하셨다는 성경 일화가 있다. 성경 「히브리서」는 "너희도 함께 갇힌 것같이 갇힌 자를 생각하라"(13장 3절)고 하나님의 말씀을 전하고 있다. 이 말씀처럼 솔로몬 왕조차 옳은 재판에 목말라 했다. 이런 솔로몬 정신은 우리 헌법에도 그대로 반영되어 있다. 그래서 잘못된 재판을 하지 못하도록 여러 장치와 규정을 두고 있다. 3심제 재판 제도도, 판사에게 높은 직위와 신분을 보장해 주는 것도 모두 그런 장치의 일환이다.

좋은 판결, 옳은 판결은 법리만으로 구성될 수 없다. 판결의 근저에는 인간에 대한 따뜻한 사랑과 연민이 살아 있어야 한다. 「히브리서」 말씀이 좋은 재판의 기준이다. 이런 역지사지(易地思之)의 연민이 없으면 그 판결은 법 기술자들에 의한 잔인한 법 기술에 불과하다. 판결은 한 점 흠결이 없어야 한다. 상식과 사리, 그리고 사회적 통념에 맞아야 하고 피의자도 최소한 납득하는 판결이어야 한다. 절대로 잔인해서는 안 된다. 그렇지 않으면 그 판결은 폭력이다. 높은 지위와 독립성을 보장한 국가와 헌법 정신의 배반이다.

나는 대법원 판결을 납득하지 못한다. 인간에 대한 연민과 배려가 사라진 잔인한 판결이라고 생각한다. 우리나라 최고의 법관들이 모여 있는 지고의 대법원이 국정원장들을 일개 회계 직원으로 격하시키는 비상식적인 판결을 내리다니, 야만적 법치의 명백한 사례. 이런 나의 평가는 나만의 생각이 아닐 것이다. 많은 법조인, 그리고 양식 있는 많은 사람이 공유하는 인식일 것으로 생각한다.

한 가지 더 지적하고 싶다. 국정원장이 회계직원이 아니라는 항소심 판결은 피고인을 직접 대면하고 증인 심문, 변호인의 방어권 행사 등의 절차를 거친 공판의 결과다. 반면 대법원 판결은 재판 서류만 보고 내린 판결이다. 형사 재판은 공판 중심주의를 채택하고 있다. 대법원이 이를 부정하고 법리 적용이 잘못되었다고 판결하려면 탄탄하면서도 설득력 있는 논리와 법리 제시가 전제되어야 한다. 이 사안에 대한 대법원 판결은 앞에서 지적한 대로 대법관들이 '그렇게 본다'라는 자의적 해석과 심증만이 제시되어 있을 뿐이다.

이러한 대법원 판결에 대해 2019년에 헌법재판소에 위헌심사 헌법소원을 청구했지만 2023년 11월 현재 아직 답이 없다. 2021년 12월에 사면 복권된 후 나는 2023년 1월 헌법재판소에 탄원서를 제출했다. 헌재의 인용(認容)을 기대하고 있다. 이 탄원서에는 대법원 판결의 부당성을 지적하는 모든 문제점이 망라되어 있다. 탄원서 내용을 별도 첨부한다.

이미 언급한 대로 현재 국정원장 3명을 변호한 변호사들이 공동으로 작성한 헌법소원이 헌법재판소에 제출되어 있다. 이 헌법소원은 어떤 법관들도 쉽게 부정할 수 없는 탄탄한 법리로 구성되어 있다. 적폐 청산과 같은 정치 논리가 배제되고 순수 법리로만 따진다면 나는 헌법재판소가 이 헌법소원을 당연히 인용할 것이라고 확신한다.

증거 명확성의 원칙은 헌법의 기본 정신이다. 국정원장이 회계 직원이라는 판결은 형사법의 기본인 증거의 명확성 원칙과 적법 절차의 원리가 무너진 전형적 사례다. 헌법 가치의 수호를 위한 마지막 보루인 헌법재판소가 본 헌법소원을 인용함으로써 헌법 가치가 법정에서 다시 바로 세워지는 계기가 되기를 바란다.

앞에서 미국에는 토튼 독트린이라는 사법 원칙이 있다고 소개했다. 이 원칙은 1980년 CIPA라는 특별법정(Court) 설립으로 구체화되었다. 그 후 정보기관 관련 범죄 혐의는 CIPA에서만 재판 심리가 가능하다. 재판 과정에서 기밀의 노출을 방지하고 국가안보를 지키려는 미국 사법 제도의 특별조치다. 이처럼 미국은 국가 기밀 보호가 국가를 지탱하는 중요 원칙임을 사법 제도에 철저히 반영하고 있다. 국가안보 가치와 형사법 가치의 균형을 추구하고 있는 것이다. 반면 우리나라 사법 제도는 국가안보 가치에 대해서는 고민이 없다. 검사나 법관들 모두 국가안보에 대한 경험도 없고 국가안보 가치를 존중도 하지 않는다. 법 조항만을 들여다보고 해석에만 집중하는 법 조항 해석 기술자일 뿐이다. 이 때문에 국정원장이 회계 업무를 다루는 회계 직원이라는 기상천외의 판결이 내려진 것이다.

전 세계 모든 정보기관장은 secret fund를 가지고 있다. 예측불허 정보 업무의 특성을 고려한 조치다. 『먼저 일어나 죽여라(Rise and Kill First)』라는, 이스라엘 정보기관 모사드에 관한 책이 있다. 이 책에 샤론 이스라엘 총리가 모사드 부장의 비밀자금 사용처를 지시하는 일화가 나온다. CIA는 'Black Budget'이라는 특별예산 편성 권한을 운영하고 있다. 예산을 다른 정부 부처 예산에 숨겨 놓는 방식이다. 이를 '블랙 예산'이라고 한다. 또한 CIA 부장은 타 정부 부처 예산의 전용을 요청할 수 있다. 물론 대통령과 NSC와 협의 절차를 거친다. 이런 예산의 지출은

CIA 부장의 권한에 속한다. CIA 부장이 서명한 지출 증명(Certificate)이 있으면 이 예산 지출은 합법이다.

미국 기준으로 보면 국정원장의 사법 처리는 있을 수 없는 일이다. 보편적 상식과 양식에 비추어 보더라도 정보예산 사용을 빌미로 국정원장을 감옥에 보낸 일은 우리나라 사법 시스템의 전대미문의 오점으로 역사적 평가를 받게 될 것이다.

좌파정권은
왜
국정원을
무력화 시켰을까

V. 한반도의 위기와 북한
체제의 본질

핵 개발은 김일성 신정(神政) 체제 불변의 신앙

북한의 핵 개발 의지는 1950년대 중반의 김일성 시대까지 거슬러 올라간다.

김일성은 1950년 6·25 전쟁을 일으켰다. 남한 적화를 무력으로 달성하겠다는 기도였다. 그러나 미국의 개입으로 김일성의 꿈은 좌절되었다.

김일성이 6·25 전쟁을 통해 깨달은 교훈은 두 가지다. 미국에 대한 적의(敵意)를 국시로 삼아야 하겠다는 점과, 핵무기 개발의 필요성이다.

북한은 어린아이들에게 셈법을 가르칠 때도 "미국 승냥이 다섯 놈이 있는데 세 놈을 쏘아 죽이면 몇 명이 남느냐"는 식으로 미국에 대한 증오를 키운다. 김일성 집단은 북한이 현재 고통을 받는 것은 미국 때문이며, 남한이 공산화되면 북한 주민의 '고통 끝, 행복의 시작'인데 미국의 적대 정책이 이를 방해하고 있고 북한을 침략하려는 전쟁 연습을 하고 있다며 북한 주민을 끊임없이 세뇌해 왔다. 이런 미국에 대한 증오 증폭 정책은 북한의 망상장애(paranoia)로 자리 잡았다. 그렇게 스스로를 봉쇄하는 '피포위 위기 인식(seige mentality)'으로 가두었다. 이것이 북한 핵무기 개발의 이론적, 표면적 핑계이며 배경이다.

김일성은 소련과의 합의 하에 북한의 핵물리학자들을 소련 두브나 핵연구소에 보내 핵무기를 연구하게 했다. 또한 영변에 핵연구소와 5메가와트 원자로를 건설했다. 김일성이 중국의 마오쩌둥에게도 북한의 핵무기 개발을 도와달라고 요청했지만 거절당했다는 설도 신빙성 있게 전해지고 있다. 이러한 김일성의 핵무기 개발 집념은 김일성 집권 내내 계속되었고 죽은 후에는 유훈(遺訓)이 되었다. 김정일도 그 유훈을 집요하게 추진했다. 극비리에 핵 개발 프로젝트를 추진했다.

그간 몰래 추진되어 왔던 북한의 핵 개발은 1980년대 말 미국의 정찰위성에 의해 발각되었다. 이를 계기로 북한의 핵 개발 문제는 핵무기 개발과 확산을 막으려는 NPT 체제에 정면으로 도전하는 국제적 사안으로 떠올랐다. 유엔 기구인 국제원자력위원회(IAEA)가 나섰고, 미국을 비롯한 국제 사회가 공론화하기 시작했다. 그러나 북한은 아랑곳하지 않았다.

김정일이 죽고 김정은이 집권하면서 북한의 핵 개발 의지는 더욱 노골화되고 강고해졌다. 북한은 2022년 말 현재 6차 핵실험까지 마치고 7차 핵실험을 앞두고 있다.

나의 국정원장 재임 기간인 2016년경부터 미 CIA와 국정원은 영변 핵단지뿐만 아니라 비밀리에 작동 중인 북한 지역의 고농축 우라늄 시설을 감시했고, 특정 지역의 원심분리기 설치 정보를 극비로 취급했었다(현재 그 '특정 지역'은 언론을 통해 알려져 있지만 구태여 언급하지 않는다). 영변 핵단지의 핵시설을 포함, 기타 지역 핵물질 생산 시설의 역량으로 보아 북한이 수년 내에 100기(基)가 넘는 핵무기를 만들 수 있는 핵물질을 확보할 가능성을 우려했었다.

당시 미사일 개발도 우려했지만, 지금 보는 것처럼 빠르게 성장할 것으로는 예측하지 못했다. 그러나 현재 북한의 핵무장 역량은 당시 예상을 훨씬 뛰어넘고 있다. 2022년 11월 18일 발사한 ICBM급 미사일인 화성-17호의 사거리는 미국 본토를 위협할 수준이다.

그간 경제 제재로 돈줄이 마른 김정은이 어떻게 이런 성장을 이룰 수 있었을까? 이런 빠른 진전은 김정은이 대량 살상 무기 개발에 모든 것을 희생하고 목숨을 걸듯이 집착하지 않으면 불가능한 일이다.

무엇이 김정은을 이렇게 만들었을까? 북한은 이를 미국의 위협 때문이라고 한다. 그러나 이 주장은 스스로 만든, 실체가 없는 허구에 불과하다. 김정은은 이 허상에 너무 오랫동안 스스로를 가두어 왔다. 그래서 이 허구가 만든 호랑이 등에 올라타고 있는 형국이다. 호랑이 등에서 내려오려고 해도 내려올 수가 없다. 핵 개발이 김정은이 내세울 수 있는 유일한 존재적 명분이 되어 버렸기 때문이다. 호랑이 등에서 내려오면 그는 아무것도 아닌 존재가 된다. 자신의 정권 자체가 위험해진다. 핵을 포기한 리비아 카다피의 몰락은 북한 김정은이 핵을 포기할 수 없는 또 하나의 이유로 각인되어 있다.

김정은이 바라는 명분, 즉 미국이 북한을 핵 보유국으로 인정해 주고 우리 남한도 북한 핵에 스스로 인질이 되는 상황이 조성되지 않는 한 김정은이 스스로 핵 호랑이 등에서 내려올 가능성은 거의 없다. 이제 북핵 문제는 북한과 우리를 포함한 국제 사회 간의 의지의 싸움으로 변했다.

반세기 전 미국 외교관 조지 케넌의 경고

1947년 주 소련 미국 외교관이던 조지 케넌은 미국의 외교 전문지 〈포린 어페어스〉지에 익명(x)으로 기고한 유명한 「롱 텔리그램(Long Telegram)」의 마지막 결론 부분에서 이렇게 주장했다.

소련 공산 체제는 달래거나(calmed) 설득(talked)으로 본질이 변할 수 있는 체제가 아니므로 장기적(long term)이고 인내심(patience) 있는 단호한(firm) 봉쇄정책으로 맞서야 한다.

케넌의 주장은 미국의 대소 봉쇄정책(Containment Policy)의 이론적 근거가 되었고, 이 정책은 냉전 기간 동안 유지되었으며, 마침내 1991년 12월 25일 소련 체제의 해체로 이어졌다.

이런 케넌의 주장은 우리의 대북정책 방향과 관련해 시사하는 바가 크다. 소련 체제의 본질에 대해 케넌이 설파한 것처럼 북한 체제의 본질도 우리가 화해 협력 정책을 추진한다고 해서, 또는 '우리 민족끼리'와 평화를 외치면서 종전 선언을 해 준다고 해서 변할 체제가 아니다. 소련 체제가 해체되는 데는 70년이 걸렸지만 북한 체제가 변하는 데는 더욱 오랜 세월이 소요될 것으로 예상된다. 따라서 인내를 가지고 이 과정에서 제기되는 제반 도전을 극복해 나가는 것이 조지 케넌의 봉쇄정책이 주는 역사적 교훈이라 생각된다.

"조선이 없으면 지구는 없다": 김일성 왕조의 위험한 유전인자

"조선이 없으면 지구도 없다."

김정일이 김일성 면전에서 했다는 유명한 말이다. 김정일은 김정은의 배포를 나타낸 발언이라고 칭찬했다고 한다. 그래서 유명해졌고 지금도 이 말은 김정일의 어록으로 북한에서 떠받들어지고 있다.

이 말 속에는 김일성 왕조의 위험한 자폐적 DNA가 내재되어 있다.

조선, 즉 김일성 왕조가 위험에 직면하면 못 할 짓이 없다는 선언이고 핵무기도 쓸 수 있다는 선언이다. 소위 백두혈통이라는 김정은도 이러한 위험한 유전인자와 김정일보다 더 잔인한 폭압적인 성정을 지녔다. 김정은의 정신세계는 보통 사람이 가늠할 수 없을 정도로 위험하다.

> 김정은과 같은 독재자들은 특유의 도파민 중독 증상을 지녔다. 위험한 공격적 성격을 지니고 양심의 가책이 없다. 자신에 대한 과대망상을 지닌 비사회적 정신병 환자(sociopath)이다.

미국 트리니티대 신경과학연구소의 진단이다. 마치 과대망상증 환자의 손에 핵무기가 들려 있는 형국이다. 이는 누구도 부인할 수 없는 우리의 악몽적 국가안보 현실이다.

김정은이 열 살 된 딸을 데리고 미사일 발사 현장을 찾아다니고 있다는 뉴스가 세계적 화제가 되고 있다. 보통 상식으로는 이해할 수 없는 괴이한 행각이다. 이를 두고 후계자설 등 여러 해석이 난무하고 있으나 김정은의 속마음은 누구도 알 수 없다. 무슨 짓을 할지 모른다. 열 살 난 딸의 후계자설은 그저 짐작일 뿐이다.

그러나 김정은의 속마음 분석은 큰 의미가 없다. 정보 분석 원칙의 하나는 '적의 의도보다 적의 실체적 역량을 주시하라'는 것이다. 의도는 변하지만 역량은 상수(常數)이기 때문이다. 북한 정세 분석에서 늘 유념해야 할 명제이다.

많은 사람이 대화의 중요성을 강조한다. 이론적으로 보면 대화는 당연히 좋은 일이고 필요한 일이다. 그러나 현실 세계에는 말이 통하지 않는 상대, 대화 상대가 될 수 없는 막무가내식 상대가 실제로 존재하며, 김정은이 대표적으로 그런 존재이다. 그런데도 대화가 가능하다고 믿는 것은 헛된 희망적 사고에 불과하다.

문재인 정부는 5년 동안 이런 희망적 사고에 매달렸다. 2명의 탈북 어부를 강제 북송하고 우리 해수부 공무원의 야만적 살해를 월북 사건으로 물타기하려던 시도도 '우리가 선의를 보이면 김정은도 선의로 보답할 것'이라는 기대 때문에 생겨났다. 이런 몽상이 문재인 정부 5년을 지배한 대북 코드였다.

더불어민주당 사람들은 최근 더욱 빈발하고 있는 북한의 위협 행각을 윤석열 정부의 대북정책 때문이라고 주장한다. 북한의 말을 듣지 않으니 북한이 화가 나서 저런다는 주장이다. 그들은 북한 정권이 무슨 짓을 하든 같은 민족이므로 관용해야 한다고 한다. 전쟁 중에도 적과 대화해야 한다는 명분을 내세우며 아직도 대화 지상주의에 매몰돼 있다. 그들의 주장은 위험하다. 나라의 굳건한 안보 의지를 내부로부터 좀먹는 바이러스 역할을 하며, 결과적으로 북한의 대남 적화 야욕을 고무하게 된다.

햇볕이 아닌 전갈과 개구리의 우화

"햇볕을 비춘다고, 또 종전 선언을 한다고 북한은 결코 핵을 내려놓지 않는다."

2019년 한국으로 망명한 류현우 전 쿠웨이트 주재 북한 대사대리는 2022년 12월 12일 자 〈조선일보〉 인터뷰에서 "북한에서 일주일만 살아

보면 김정은이 비핵화 의지가 없음을 알 수 있다. 김정은은 핵과 ICBM을 완성하면 미국이 군축 회담에 나오리라 판단하고 있다"고 했다.

햇볕을 비추면 신사가 외투를 벗는다는 이솝 우화보다는 전갈과 개구리에 관한 우화가 북한의 본성을 더 정확하게 짚고 있다.

전갈이 강을 건너기 위해 개구리에게 등에 태워 달라고 부탁한다. 개구리가 "네가 나를 독침으로 쏘면 어떻게 하느냐?"고 걱정한다. 전갈이 "나도 죽는데 그럴 리가 있겠느냐?"고 대답하자 개구리는 그 말에 넘어가 전갈을 태워 준다. 강 가운데서 전갈은 독침으로 개구리를 찌르고 같이 강물에 빠져 죽는다. 전갈은 죽기 전에 개구리에게 "독침을 찌르는 것이 내 본능이다"라고 고백한다. 북한 핵 개발은 전갈의 독침이고 이는 북한 체제의 본성으로 고착되어 가고 있다. 문재인 정부는 이 위험한 북한 체제의 본성을 경시했다.

"나라를 지키려면 나라를 위협하려는 자가 그 나라를 두려워하거나 존중하게 만들어야 한다. 절대로 얕보이면 안 된다."

한나라당 대표였던 정몽준 의원이 미국의 한 학회에서 한 말이다. 당연한 말이다. 전쟁은 결코 일어나서는 안 된다. 그러나 전쟁을 지나치게 두려워하는 국가의 모습은 오판을 불러일으키고 오히려 전쟁을 일으키는 초대장이 된다는 것이 역사의 교훈이다. 80년 전 2차대전 직후에 조지 케넌이 지적한 대소련 봉쇄정책의 논거는 우리의 대북정책에도 유효하다. 북한은 설득으로 변할 체제가 아니다. 힘의 논리로 억지할 수밖에 없는 것이 북한 체제의 본질이라는 냉엄한 현실을 결코 잊지 말아야 한다.

가난은 북한 체제 내구성의 비밀

고난의 행군과 같은 참상을 견뎌 낸 북한 체제의 내구성은 참으로 신기하다. 폭동이 일어나도 여러 번 일어났어야 하는 상황인데 지금까지도 잘 버텨 내고 있다. 왜 그럴까? 평소에 지니고 있던 의문이다.

이 의문에 대해 나는 국정원장이 된 후 한국에 와 있는 엘리트 탈북자 10명에게 물어보고 각자의 소견을 글을 써서 제출해 주도록 요청했다. 이들은 북한 주민이 태어나서부터 받아야 하는 집요한 세뇌 작업, 강력한 통제와 잔인한 숙청의 공포, 그리고 오랜 폐쇄적 환경 속에서 다른 대안의 삶을 모르고 또 생각해 볼 여력이 없는 '무지와 정보의 결여'를 공통적으로 지적했다. 그들은 이런 요인들이 복합적으로 작용해 체제 순응에 길들여질 수밖에 없다고 결론지었다.

북한 주민은 평생에 한 번도 잘살아 본 적이 없다. 정권 수립 이래 이어져 온 가난에서 벗어난 적이 없다. 조선 시대의 연장적 삶이다. '이밥에 고깃국'이 김일성이 주민들에게 한 약속이었지만 그 소원은 북한 주민에게 빈말로 그쳤다. 북한 주민에게 가난은 운명처럼 주민을 짓누르고 있다.

"가난하면 적을 선택할 수 없다. 우선은 가난에 지배당하고 결국에는 운명에 지배당하게 된다."

프랑스의 대표적 지성 앙드레 말로의 말이다. 이 말은 "지독한 가난이 지속되는 사회는 내부에서 정권을 바꿀 에너지가 생성되지 못한다. 그 때문에 사회 변혁이나 저항 의지를 기대할 수 없다. 결국 가난이라는 운명에 순치된다"로 풀이될 수 있다. 김정은도 앙드레 말로가 지적한 가난이 주는 체제 생존의 비밀을 알고 있다. 북한 주민의 복리 증진이 자신의 체제를 위협하는 비수가 될 수 있음을 잘 알고 있다. 그래서 북한 주민을 굶겨 죽이는 뻔한 길, 모든 국력을 핵무장에 쏟는 길을 고집하고 있다.

국민대 안드레이 란코프 교수는 북한 체제가 직면한 딜레마를 이렇게 표현했다.

"북한의 개혁 개방은 재앙을 초래하는 전략이다. 반면 개혁 개방을 하지 않는 것은 재앙을 기다리는 전략이다."

북한 체제와 같은 비정상적인 체제는 결국 재앙에 직면할 수밖에 없다는 역사적 불가피성을 지적한 것이다.

21세기를 휩쓸고 있는 정보화의 물결에 북한도 예외는 아니다. 인터넷, 휴대전화, PC 등 정보 기기가 확산하고 장마당도 확산되고 있다. 정보의 통제가 점점 한계 상황으로 몰리고 있다. 북한 주민들이 다른 대안의 삶이 있다는 것을 점점 더 깨달아 가고 있다. 이런 변화의 물결은 폭발성을 지닌다. 북한 체제가 취하는 모든 억압 장치가 이를 억누르고 있지만 사회 근저에는 변화의 마그마가 점점 뜨거워지고 있다. 흔히 말하는 경착륙(hard landing)이라는 북한판 재앙이 현실화할 가능성이 높아지고 있는 것이다.

북한의 하드랜딩의 형태, 시나리오 및 강도는 다양할 것이다. 식량 폭동과 대규모 시위의 확산, 그리고 무자비한 진압 사태의 모양일 수도 있고, 갑작스러운 쿠데타와 같은 정변일 수도 있다. 외부의 위기를 조성해 정권 위기를 넘기기 위해 도서 침공과 같은 대남 무력 도발의 형

태가 될 수도 있다. 정말로 심각한 것은 어떤 행태이든 핵무기라는 절
대무기의 그림자가 드리워져 있다는 사실이다.

이런 상황의 도래는 우리 역사상 최대의 민족적 도전이 될 것이다.
우리가 이를 잘 다루면 역사적 기회가 될 수도 있지만 잘못 다루면 돌
이킬 수 없는 재앙이 될 수도 있다. 나는 이를 우리 민족 앞에 놓여 있
는 최후의 결전, 즉 Last Battle이라고 생각한다. 여기서 배틀이란 무력
적 충돌이나 전쟁을 의미하는 것은 아니다. 자유 민주주의 기본 질서에
입각한 평화통일을 추구한다는 헌법적 명령을 실현하기 위해 언젠가는
넘어야 하는 결정적 국면을 의미한다.

북한 체제가 개과천선해서 착한 체제가 되는 소프트랜딩에 대한 희
망을 버릴 수는 없다. 그러나 이 희망도 그냥 오지는 않는다. 힘든 고비
를 넘어야 한다. 결국은 최후의 결전으로 상징되는 과정을 통과해야 한
다. 나는 그 행태가 어떤 것이 되든 간에 최후의 결전을 위한 전장의 선
두에 첨병으로서 국정원이 서 있다고 생각한다. 첨병은 전쟁의 승패를
좌우한다. 국정원이 반드시 일류 정보기관이 되어야 하는 이유다.

북한 핵을 머리에 이고 살 수 없는 이유

북한 핵은 도저히 용납될 수 없다. 핵무기는 한반도의 문명을 일거
에 초토화할 수 있는 절대무기다. 우리는 이런 핵을 머리에 이고 살 수
는 없다.

더구나 김정은의 핵무기 사용 문턱은 위험할 정도로 낮다. 핵의 선
제적 사용을 법제화할 정도다. 김정은은 2023년 12월 26일부터 30일간
개최된 노동당 중앙전원회의에서 "핵무력을 포함, 남조선 평정을 위한

대사변을 준비하라"고 지시했다. 이 지시는 내용 면에서는 새삼스럽지 않다. 이미 2022년 말 김정은은 한국을 '명백한 적'이라고 규정했고 핵 선제 타격 가능성을 언급하면서 "남조선 전역을 핵 사정권에 둘 것"이 라고 위협한 바 있다. 단지 이번에는 남한 평정이라는 보다 직접적인 험한 말을 동원해 대남 위협의 강도를 최대치로 끌어올렸을 뿐이다.

그러나 김정은의 핵 사용 위협은 절대로 경시할 수 없다. 그렇다면 어떡해야 할까? 한국 안보의 최대 과제이고 최대 난제다. 두 가지 접근 방안이 있다.

그 하나는 이미 지적한 대로 미국의 핵우산을 빌려 북한 핵에 대응 하는 핵 균형을 이루는 방안이다. 이 방안은 2023년 4월 윤석열-바이든 정상회담을 통해 창설된 한미 간 핵협의그룹(Nuclea Consultative Group) 합 의로 더욱 구체화되었다. 이제 이 합의에 의한 미국의 핵우산 제공이 실질적인 실행력을 높이는 구체적 조치를 강구해 나가는 것이 한미 양 국이 직면한 과제다.

북핵 문제에 대한 또 다른 현실적 접근 방안은 강력한 국제 대북 경 제 제재의 유지이다. 북한 핵 개발이 견딜 수 없는 고통이고 오히려 체 제를 위협하는 요인임을 깨닫게 만들어야 한다. 중국과 러시아의 미온 적 태도로 제재의 효율성이 떨어지고 있지만 그래도 경제 제재는 북핵 을 반대하는 국제 사회의 일치된 의지로 북한이 무시할 수 없는 고통을 느끼는 압박 수단임이 틀림없다. 이 압박을 통해 북한이 대화의 창을 열도록 해야 한다.

문재인 정부가 매달렸던 '대화를 위한 대화'는 무의미하다. 강력한 대량 보복 가능성과 대북 경제 제재 조치의 압박을 배경으로 한 대화만

이 유의미한 대화를 이끌어 낼 수 있을 것이다.

박근혜 대통령, 강력한 대북 제재 리더십을 결단

2016년 1월 6일 북한이 핵실험을 자행했다. 박근혜 정부 들어 첫 번째 핵실험이었다. 북한의 네 번째 핵실험이었고 2013년 제3차 핵실험 후 3년 만의 일이었다.

핵실험 직후 개최된 청와대 국가안보회의(NSC)에서 박근혜 대통령은 북한의 핵실험은 '진실의 순간', 즉 북한의 참모습이 드러난 사건이라고 지적했다. 박 대통령은 'moment of truth'라는 영어 표현을 그대로 썼다. 북한이 결코 핵 개발 의지를 꺾지 않을 것임을 지적한 발언이었고 향후 대북정책은 핵실험으로 드러난 '북한 정권의 진실'을 바탕으로 전개되어야 함을 예고한 말이었다.

국제 사회도 강도 높게 반응했다. 유엔 안보리가 개최되었고 대북제재 강화 조치 2270호가 안보리에서 새로 채택됐다.

2016년 2월 10일 박근혜 대통령은 개성공단을 폐쇄했다. 북한 핵실험 후 1개월이 지난 시점이었다. 개성공단으로 흘러들어 간 외화가 북한의 핵무력 강화에 쓰인다는 것은 불 보듯 뻔했다. 당사자인 한국이 이런 상황에서 개성공단을 그냥 둘 수는 없었다. 유엔 안보리의 대북제재 조치에 당연히 부응해야 하는 입장이었다. 그러나 개성공단 입주 업체의 형편을 고려하면 쉽지 않은 일이었다. 그러나 박근혜 대통령의 국가안보 리더십은 단호했다. 어렵지만 해야만 하는 일이었다. 당시 NSC 상임위가 이 문제를 논의하는 과정에 박근혜 대통령의 결단이 통보되었다.

김정은의 반발도 이례적으로 신속했다. 24시간 내 개성공단을 비우라고 반발했다. 당시 안보팀은 안도의 한숨을 돌렸다. 김정은이 추방명령 대신 개성공단에 근무하는 우리 국민을 인질로 잡았다면 사태는 걷잡을 수 없을 정도로 복잡하게 전개되었을 것이기 때문이다.

국제 사회의 대북 압박정책과 연계된 대북 강경 기조는 박근혜 정부 내내 이어졌다. 박근혜 대통령의 표현대로 진실로 드러난 북한 정권의 민낯에 바탕을 둔 현실적 정책 기조였다.

북한 미사일 방어를 위한 사드 배치도 박근혜 대통령이 내린 결단이다. 대통령은 어려운 결단을 내리는 자리다. 박근혜 대통령이 내린 제반 결정은 국가안보 수호를 위한 단호한 대통령 리더십의 전형이라고 할 수 있다.

잘 알려진 대로 문재인 대통령의 대북 인식은 박근혜 대통령과 판이하게 달랐다. 문재인 대통령은 대북 몽상가다. 북한 정권이 보여 주고 있는 현실을 무시하고 자신이 설정한 희망에 근거하여 대북정책을 폈다. 문재인 정권 때도 북한은 핵실험을 멈추지 않았다. 문재인 정권이 들어선 후 4개월 만인 2017년 9월 3일 제6차 핵실험을 했다. 북한의 핵무장 야욕이 간단없이 추진되고 있음을 분명하게 드러낸 것이다.

그러나 문재인 정부는 이를 외면했다. 2018년 2월 평창 동계 올림픽이 개최됐다. 이를 계기로 문재인 정부의 대북 유화정책은 급물살을 탔다. 올림픽 개막식에 참석한 김여정의 초청으로 정의용 안보실장과 서훈 국정원장이 북한을 방문했고 김정은을 만났다. 김정은은 이들에게 "북한은 핵무장을 포기할 의사가 있으며 미국과 이 문제를 협의하고 싶다"고 말했다. 달콤한 유화 제스처였고 문재인 정부가 듣고 싶은 말이었다. 문재인 정부는 김정은의 제스처를 트럼프 대통령에게 전했다. 그 결과로 싱가포르, 하노이, 판문점에서 트럼프와 김정은이 만나는 떠들썩한 정치적 쇼가 벌어졌다. 문재인 대통령 자신도 북한을 방문해 칙사 대접을 받았다. 15만 군중이 모인 능라도경기장에서 유명한 '남측 대통령'이라고 자신이 소개된 후에 감격스런 표정을 지으며 연설했고, 답례라도 하듯이 고모부를 총살하고 이복형을 독살한 살인자 김정은을 '북한을 위대하게 이끄는 최고의 지도자'라고 극찬했다. 그때가 대북 굴종의 쇼가 절정에 이른 '문재인의 시간'이었다.

그러다가 북한의 따돌림이 시작되었다. 북한으로부터 온갖 험한 욕이 쏟아져 나왔다. 그래도 문재인 정부는 아랑곳하지 않았다. 북한의 태도를 이해하려는 근거 없는 희망 사고에 매달렸다. 급기야는 문재인 대통령이 북한의 대변인이라는 국제 사회의 조롱까지 들어야 했다.

임기 말이 가까이 되면서 문재인 대통령은 종전 선언이 북핵 문제 해결책이 된다는 주장을 폈다. 그러나 국제 사회에서는 누구도 이 주장을 귀담아듣지 않았다. 특히 문재인 정부 시절 대한민국의 국가 위상은 '김정은의 폭압 정치에 신음하는 북한 주민의 인권을 아랑곳하지 않는 비겁한 국가'로 추락했다. 북한의 환심을 사기 위해 탈북 어부 2명을 강제 북송시킨 잔인한 나라가 되었다.

이 시절 우리 외교관들은 고달팠다. 본국 정부의 정책을 주재국에 설명하는 것이 외교관의 본분이다. 국제 사회에서 먹히지 않는 비상식적인 본국 훈령은 고역이다. 아무도 귀담아듣지 않는 정책을 설명해야 하는 상황은 외교관의 자긍심을 무너뜨린다. 국정원의 해외 분야도 마찬가지였다. 대북 교섭에 매달리는 국정원을 보고 다른 나라 정보기관들은 의아하게 생각했다. 그간 축적되어 온 정보기관 간 신뢰 관계가 주춤할 수밖에 없었다.

천만다행으로 국가 안위를 해친 해괴한 일을 벌였던 문재인 정부는 역사의 뒤안길로 사라졌다. 윤석열 정부는 국가안보 상황을 바로잡기 위해 현재도 고군분투하고 있다.

평화통일을 만들어야 하는 국정원의 소명

헌법 제4조는 "대한민국은 통일을 지향하며 자유 민주주의적 기본 질서에 입각한 평화적 통일정책을 수립하고 이를 추진한다"라고 되어 있다. 이처럼 통일은 헌법의 명령이다.

통일은 저절로 오는 것이 아니다. 헌법에 규정돼 있는 대로 정책을 수립하고 구체적으로 추진해야 한다. 그간 역대 정부는 노태우 정부의 '민족화합 민주통일' 방안을 비롯하여 이명박 정부의 '비핵 3000' 방안, 그리고 좌파 정권의 햇볕정책 및 포용정책, 그리고 윤석열 정부의 '담대한 구상'까지, 통일과 관련된 각종 구상과 아이디어를 쏟아냈다. 이 구상들은 모두 북한 정권이 북한 주민의 삶을 생각하는 보통 국가로 전환될 수 있다는 것을 전제로 한다. 그러나 그 전제는 북한 정권의 본질을 간과한 원천적으로 잘못된 전제이다. 우리 측의 희망적 사고에 불과하다.

북한 정권의 관심은 오로지 김일성 왕조 체제의 생존이다. 그 생존은 혁명 논리에 기초하고 있다. 그 혁명 논리에 의하면 남한은 적(敵)이어야만 한다. 적화되어야만 하는 혁명의 대상이다. 이 혁명 논리는 북한 정권의 신앙이고 절대적 진리이다. 공산혁명의 대상이어야 하는 남한과 평화 공존한다는 것은 북한 정권으로서는 상상조차 할 수 없는 일이다. 남한 적화가 북한 정권의 꿈이며 이를 위해 모든 것을 참아야 한다고 수십 년간 북한 주민을 세뇌해 왔고 핵무장을 하고 군사력을 건설해 왔는데 이제 와서 그 진리를 바꿀 수는 없다.

남한과의 평화 공존은 김정은이 북한을 통치해야 할 정당성을 잃는 것을 의미한다. 정권을 내놓아야 하고 김씨 왕조의 붕괴를 의미한다. 김정은이 절대로 받아들일 수 없다. 그 때문에 남북 관계는 늘 교착상태(deadlock)일 수밖에 없다. 비관적 견해지만 한반도의 진실이다.

그렇다고 손놓고 있을 수는 없다. 그간 우리 정부의 대북정책의 첫 번째 기조는 한반도 정세의 현상 고정이다. 이를 위해 국방력과 한미동맹의 강화를 주축으로 한 대북 억지 전략이 추진되었다. 현상 고정은 전쟁 재발 방지책이다.

이것만으로는 자유 민주적 기본 질서에 입각한 평화통일의 달성이 요원하다. 평화통일의 과실이 저절로 익어 떨어지기를 기다리는 동안 북한 주민의 비극적 삶의 고통은 기약 없이 가중된다. 대한민국은 인류의 보편적 가치인 인권적 측면에서나 한반도 통일이라는 역사적 당위 측면에서도 북한 주민의 고통을 방치해서는 안 된다.

그렇다면 현상 고정이라는 정책 기조 뒤에서 조용히 평화통일의 여건 조성 작업을 해야만 한다. 그 일은 당연히 국정원의 몫이다. 국정원의 '평화통일 만들기' 프로젝트와 프로그램은 다양하다. 비밀스러운 일도 있지만 상식으로 누구나 쉽게 짐작할 수 있는 프로젝트도 포함돼 있다. 프로젝트의 주제는 북한 주민에게 대한민국이 그들의 희망이라는 메시지를 보이는 것이다. 황장엽 비서가 말한 '한민족의 미래가 남한에 있다'라는 믿음을 북한 주민 모두가 공유토록 하는 것이다. 인권 문제와 같은 북한 정권의 취약성을 공략하여 북한 주민의 의식을 깨우는 일도 있다. 또한 북한 엘리트로 하여금 우리에게 우호적인 활동을 할 경우 통일될 때 두려워할 필요가 없다는 메시지도 확산시켜 북한 엘리트의 응집력(cohesion)을 흔드는 프로그램도 있다.

국정원의 여러 가지 대북 프로젝트는 북한 내에서 상당한 반응이 있었다. 탈북자의 증가, 특히 엘리트 탈북자의 증가가 이를 방증한다. 나의 국정원장 재직 기간 중 13명의 유경식당 종업원 집단 탈북을 비롯해서 일반 탈북자 행렬이 중단 없이 이어졌다. 태영호 공사를 비롯해서 두 자리 숫자의 북한 고위직 엘리트의 탈북이 있었다. 북한 주민들 사이에 남한을 동경하는 분위기가 점차 확산되고 있었다.

그런데 난데없이 남한에서 촛불 시위가 일어났다. 문재인 정부가 갑자기 등장했다. 북한 주민에게 희망을 심는 작업이 철퇴를 맞았다. 이 작업은 북한 주민에 대한 김정은의 거센 탄압의 토양에 구멍을 뚫는 일이다. 오랫동안 정성을 다해 희망의 씨앗을 키워야 열매를 맺을 수 있다. 한두 해의 노력만으로 수확을 거둘 수는 없다. 수십 년 꾸준히 같은 기조로 노력해야 하는 일인데 불행하게도 그 노력이 문재인 정부 등장으로 철퇴를 맞게 된 것이다.

문재인 정부는 목숨을 걸고 탈북한 탈북자들은 홀대했다. 엘리트 탈북자들도 내쳤다. 탈북 어민을 눈을 가린 채 판문점을 통해 강제 북송했다. 북한 주민의 눈에도 문재인 정부는 포악한 독재자 김정은만 상대하고 구애를 간청하는 정권으로 비쳐졌을 것이다. 그렇게 북한 주민은 대한민국에 대한 희망을 잃어 갔다. 대한민국은 더 이상 목숨 걸고 가야 할 곳이 아니게 되었다. 겨우겨우 이어 가던 북한 내 체제 불만의 촛불도 자포자기 상태로 내몰렸다.

이처럼 문재인 정부는 북한 주민의 희망을 빼앗았다. 자유 민주주의 기본 질서에 입각한 평화통일이라는 헌법 정신을 짓밟았다. 그동안 국정원이 조심스럽게 이룩해 놓은 자유민주주의 통일 기반을 5년 내내 허물었다.

통일은 무조건 해야 하는 것은 결코 아니다. 중요한 것은 어떤 통일이어야 하느냐, 어떤 방식으로 통일하느냐이다. 우선 전쟁은 안 된다. 통일을 위해 전쟁을 할 수는 없다. 또한 김정은을 최고 존엄으로 받드는 통일은 있을 수 없다. 북한 주민이 노예와 기아 상태에서 해방되고 잘살게 하는 통일, 그리고 대한민국이 주도하는 통일이어야만 한다. 마틴 루터 킹 목사는 "정의가 결여된 평화는 진정한 평화가 아니다"고 역설했다. 북한 주민을 노예 상태로 방치하는 것은 결코 정의도 진정한 평화도 아니다.

우리의 통일 방안은 헌법의 명령대로 평화적으로 이루어져야 하는 것이 대전제다. 따라서 평화 공존의 단계를 거치는 것이 필수다. 우선 남북 간 불가침을 합의한 1991년의 남북기본합의서를 기반으로 접근해야 한다. 전 한림대 총장 이상우 교수는 『우리가 바라는 통일』에서 이산가족의 행방 확인 및 상봉, 우편물 교환 같은 쉬운 노력을 정착시키고 주민의 상호 방문 및 남북 교역과 같은 단계로 넘어가는 통합의 비율을 10퍼센트에서 20퍼센트로 계속 높여 가는 통일 방안을 제시하고 있다. 매우 설득력 있는 통일 방안의 전개다. 그런데 이런 접근 방안도 '북한이 과연 그들의 혁명 논리를 접고 평화 공존을 바랄 것이냐'라는 원천적인 난관에 봉착한다. 그러나 통일은 아무리 어려워도 반드시 오게 만들어야 한다. 한반도 역사 전개의 당위이다.

2022년 12월 22일 미국을 방문한 우크라이나 젤렌스키 대통령은 미의회 연설에서 "미국 국민은 정의로운 힘이므로 절대적으로 승리할 것"이라는 루스벨트 대통령의 제2차 세계대전 당시 연설을 인용했다. 한반도에서 대한민국은 정의로운 힘이다. 한반도에서 절대적으로 승리해야만 하는 정의로운 힘이다. 따라서 북한 주민에게 그들의 순치된 삶 아닌 또 다른 삶이 있음을 깨닫게 하고 대한민국이 그들의 희망임을 제시하는 국정원의 숨은 노력은 지속되어야 한다. 그렇게 국정원의 통일 만들기 작업은 국정원이 해야만 하는 숙명이다.

CIA도 모사드도 아닌 대한민국의 국정원

국정원을 비판하는 글들 중에서 국정원이 미국 CIA처럼 되어야 한다든지, 이스라엘 모사드처럼 되어야 한다는 주장을 쉽게 볼 수 있다. 이런 글은 국정원이 이들 정보기관에 비해 한참 모자란다는 인식을 전제한다.

나는 이런 전제를 수긍하지 않는다. 국가가 필요로 하는 국가 정보 소요(intelligence requirements)는 나라마다 다르다. 국가 정보기관은 해당 국가의 정보 소요를 감당하기 위해 존재한다. 미 CIA는 글로벌 리더로서 미국이 필요로 하는 국가안보와 국가정보 소요를 충족시키기 위해, 이스라엘 정보기관은 이스라엘의 국가안보와 국가정보 소요를 충족시키기 위해 존재한다. 마찬가지로 국정원은 대한민국의 국가안보와 정보 소요를 충족시키기 위해 존재한다. 국정원은 미 CIA나 이스라엘의 모사드처럼 될 수 없고 되어서도 안 된다. 국정원은 오직 대한민국의 국정원일 뿐이다.

대한민국 역사는 북한의 위협이 상수로 작용해 온 격동의 역사다. 북한 위협의 내용과 강도는 시대별로 부침했다. 이에 따른 국가안보와 정보 소요도, 우선순위도 시대별로 변화를 거듭했다. 그간 국정원은 이처럼 끊임없이 변화하는 우리의 국가안보와 정보 소요를 잘 감당해 왔다. 그렇게 국정원은 현재 모습의 국정원이 되었다.

어떤 정보기관이 일류인가 그렇지 않은가를 가르는 보편적 기준은 없다. 그러나 그 정보기관이 그 나라의 정보 소요를 어떤 모습으로 어떻게 잘 감당하느냐 여부가 기준이 될 수 있을 것이다. 그런 기준으로 보면 국정원은 미 CIA나 이스라엘 정보기관에 비해 크게 뒤떨어진 기관이 아니다.

국정원은 큰 규모의 정보기관은 아니다. 정보 예산도 다른 나라 정보기관에 비해 적다. 어느 나라에서든지 정보기관의 인원과 예산은 비밀이다. 그래서 국정원의 규모를 다른 나라 정보기관과 비교하는 것은 사실상 불가능하고 또한 특별한 의미가 없다. 하지만 국정원이 다른 선진국 정보기관에 비해 크지 않은 정보기관이라는 실상은 지적하고 싶다. 미국의 경우 CIA, FBI, DIA, NSA, NGA 등 5대 정보기관에 복무하는 정보요원이 10만 명을 훨씬 넘는다. 정보 예산도 국정원 예산의 100배 이상으로 추산한다. 인구 800만 명의 작은 나라인 이스라엘의 정보기관 근무 요원의 수도 국정원보다 많을 것으로 추산한다. 예산도 많을 것이다. 영국 정보기관은 국내(MI5), 해외(MI6), 통신정보 기관으로 구분하여 운영되고 있다. 분명 직원 수 그리고 예산도 우리 국정원보다 많다. 프랑스 정보기관과 독일 정보기관도 마찬가지다. 특히 북한의 경우 정보 업무 종사자들은 통일전선부, 정찰총국, 인민보안성 등으로 흩어져 근무하고 있다. 그 수는 8만 명 정도로 추산된다. 예산은 우리보다 적겠지만 인원수는 많은 것이다.

이미 지적한 대로 국정원 직원은 크게 해외정보 기능과 국내 방첩 기능으로 크게 양분되어 직무를 수행한다. 최근에는 새로운 정보 분야로 떠오른 사이버 분야 업무도 감당한다. 현재 국정원 규모로는 힘겨운 일이다. 더구나 우리나라에 소요되는 정보 요구는 계속 증가 추세다. 앞에서 지적한 대로 국정원 직원 수와 예산 규모는 기밀이다. 밝힐 수는 없지만, 다른 나라 정보기관과 비교해서 크지 않은 규모로 국가안보를 위해 맡은 소임을 잘 감당해 왔다는 점만은 지적하고 싶다.

나는 18년 만에 국정원에 돌아왔다. 1996년 말에 퇴직했다가 2015년에 원장으로 돌아왔다. 18년 만에 내가 발견한 국정원은 18년 전에 내가 경험한 정보기관이 아니었다. 정보 역량이 놀라울 정도로 발전해 있었다. 국정원은 북한 문제에 특화된 정보기관이다. 북한을 들여다볼 수 있는 정보 수단의 경쟁력이 과거보다 획기적으로 높아져 있었다.

정보 수집은 세 가지 주요 수단으로 이루어진다. 정보 세계에서는 '삼각 주요 수단(three legs of intelligence collection)'으로 불린다. 즉 휴민트, 통신 첩보, 영상 정보가 그것이다. 대북 휴민트 역량은 세계 어떤 정보기관도 따라올 수 없는 최고 수준이 되었다. 통신 첩보 수집 수단은 자동화, 지능화되고 있었다. 첩보위성을 통한 영상 정보 수집 분야도 독자적 역량을 갖추어 나가고 있었고 미국과의 정보 협력의 대상이 되고 있어 이 분야도 획기적 수준으로 격상되어 있었다. 특히 정보 수집의 새로운 영역으로 떠오른 사이버 역량은 세계 최고 수준이었다. 18년 전에는 사이버라는 말 자체가 없었다. 무엇보다 직원들의 자질(quality)은 지적 역량이나 어학 능력, 직무에 대한 열정 측면에서 어떤 선진국 정보기관에 비해서도 전혀 손색이 없었다.

그럼에도 불구하고 국정원은 세상에서 가장 불행한 정보기관이었다. 정보기관이 하는 일은 숨겨진 일이다. 투명성을 지향하는 민주적 공개 사회에는 맞지 않는 숙명적 측면을 지니고 있다. 그 때문에 근거 없는 비판과 비난에 수시로 직면할 수밖에 없다. 이에 대해 정보기관은 늘 침묵으로 대응한다. '시인도 부인도 하지 않는다'라는 NCND(neither confirm, nor deny)가 정보기관이 지켜야 할 기본 준칙으로 굳어져 있다. 모든 선진국 정보기관도 때때로 부당한 비판을 받고는 있다. 그렇지만 국정원처럼은 아니다. 국정원은 다른 선진국 정보기관과는 달리 국정원이 하는 일을 모두 몹쓸 짓으로 고착화시키려는 강력한 비토 세력과 직면해 있다. 이 비토 세력의 주축은 우리 사회 각계에 포진해 있는 종북 세력이다. 물론 북한도 거들고 있다. 일부 국민 여론도 우호적이지는 않다.

이들은 과거 우리 정보기관의 어두운 역사의 기억을 전가의 보도처럼 쓰고 있다. 이런 비토 세력들은 사사건건 국정원을 음모론에 가두고 국민적 신뢰를 허문다. 나는 국정원장 재직 시 이 음모론에 끊임없이 시달렸다. 급기야 적폐 청산이 국정원을 강타했다. 40명이 넘는 직원들과 함께 나도 감옥까지 갔다.

나는 재직 시 경험을 뒤돌아보면서 국정원이 부당한 오해와 편견에 시달리는, 세상에서 가장 불행한 정보기관이라고 평가한다. 어느 정부 부처 공무원보다 가장 애국적인 국정원 직원들이 이런 평가를 받는다는 것은 안타깝고 참담하다. 국가안보에 해로운, 국정원에 대한 잘못된 인식은 하루빨리 불식되어야 한다.

전 세계에서 북한 정보를 체계적으로 다루는 트라이앵글

북한에 대해 국가적 차원에서 정보적 노력을 기울이는 나라는 전 세계에서 세 나라뿐이다. 즉 한국, 미국, 일본 세 나라만이 북한 정보를 체계적으로 수집, 분석하기 위해 조직을 만들고 국가 예산을 투입하고 있다. 이 세 나라만 휴민트 프로그램부터 비싼 정찰위성 운영까지 모든 정보 자산을 동원하여 대북정보를 수집하고 있다. 중국도 북한 정보에 관심을 가지고는 있다.

그러나 중국의 노력은 제한적이다. 1993년경 중국의 자춘왕(賈春旺) 국가안전부장이 방한한 적이 있다. 당시 나는 안기부 해외 담당 차장직을 수행하고 있었다. 자춘왕 부장은 나에게 "중국은 북한 정보 수집을 위한 정보 활동을 하지 않는다. 그 이유는 마오쩌둥 주석이 사회주의 형제국에 대해서는 정보 수집 노력을 해서는 안 된다는 지시가 있었기 때문이다"라고 설명했다. 그 설명의 진위 여부는 알 수 없다. 그러나 북한은 중국 안보에 위협이 되지 않는 대상이다. 그런 북한에 대해서 구태여 많은 돈을 들여 가면서 정보 활동을 할 필요성이 없을 것이다. 외교 관계만으로도 충분하다고 여길 것이다.

그렇다 해도 중국이 정보적으로도 북한을 방치하고 있는 것은 아니다. 중국 국가안전부에는 규모가 크지는 않지만 북한 담당 부서가 있다. 중국에 나와 있는 북한인을 포섭하는 휴민트 활동도 전개하고 있다. 그렇지만 정찰위성과 같은 다른 정보 수집 수단을 운영하고 있는 징후는 없다. 때문에 자춘왕 부장의 언급이 아니라도 중국의 대북한 정보 역량은 제한적인 것으로 평가하는 것이 합리적이다.

미국과 일본의 대북정보 역량은 지속적으로 강화되고 있다. 정찰위성의 역량도 미국, 일본 모두 꾸준히 첨단화되고 있다. 정보 예산도 증액되고 있다. 이들 국가의 대북 역량이 모두 한반도 정세 안정과 평화 유지를 겨냥하고 있다. 이런 측면에서 우리 국가안보에 큰 도움이 된다. 한미일 삼국 간 정보 협력은 삼국 간 안보 협력 체제의 중요한 한 축이다. 그 때문에 삼국 정보 협력 체제에서 국정원은 주도적 역할을 수행해야 한다. 북한 위협에 직면하고 있는 당사국인 우리나라 정보기관이 이 협력 체계에서 선도적 역할을 감당하는 것은 당연한 책무다.

좌파정권은
왜
국정원을
무력화 시켰을까

VI. 국가정보원의 수난

망가진 국정원의 핵심 정보 기능

국가정보 업무는 크게 두 분야로 이루어진다. 국내 보안 정보 분야 (Internal Security & Intelligence)와 해외정보 분야(Foreign Intelligence)다. 이미 앞에 서 지적한 대로 대부분의 선진국은 이 양대 기능을 별도의 정보기관에 서 담당하도록 하고 있다. 국정원은 이를 통합해서 운영하고 있다. 이 양대 국가정보 기능 중 문재인 정부는 국내 보안 정보 분야를 사실상 해체했다. 국정원을 반쪽짜리로 만든 것이다. 세계 어느 국가도 자국의 국내정보기능을 이처럼 스스로 망가뜨린 사례는 없다.

문재인 정부가 망가뜨린 국정원 국내정보 기능의 구체적 내용은 다 음과 같다.

국정원 대공 수사권의 폐기 및 경찰 이관: 북한의 70년 소원 성취

1947년 사실상의 한반도 분단 이후 남북 간의 역사는 체제 생존을 걸 고 사투를 벌인 치열한 대결의 역사였다. 공세를 퍼부은 쪽은 늘 북한 이었다. 북한이 우리를 해코지한 공격 사건의 리스트는 참으로 길다. 천안함 폭침, 연평도 포격, 목함지뢰 사건과 같은 무장 폭력 공세는 지 난 70년간 북한이 감행한 긴 무력 도발 리스트의 극히 일부일 뿐이다. 반면에 남한은 늘 수세적이었다. 한 번도 북한을 폭력적으로 공격한 적 이 없다. 왜 이런 현상이 지속되고 있는 것일까?

우리가 다 아는 대로 북한은 혁명의 나라다. 북한 전역은 혁명 구호 로 도배되어 있다. 북한이 주장하는 혁명은 북한 내에만 한정되지 않는다. 한반도 전역, 즉 남한까지 적화해야 혁명 완수가 이루어진다. 그 혁명의 완수까지 북한 주민은 참고 또 참아야 한다는 것이 3대에 걸친 김일성 왕조의 국시다. 조선 노동당이 최고의 규범으로 떠받들고 있는 노동당 규약에 그렇게 명시되어 있다. 김일성 왕조 세습 체제는 이 혁명의 논리에 통치 정당성을 두고 있다. 즉, 백두혈통만이 혁명의 뇌수로 모든 사람에게 행복을 가져다주는 프롤레타리아 혁명을 잘 이끌 수 있기 때문에 천부의 통치권을 대를 이어 부여받아야 한다는 논리다. 그래서 김정일도 김정은도 혁명 과업, 즉 남한 적화 작업을 쉼 없이 전개해야만 한다. 그것이 북한 체제의 본능이고 DNA다.

북한의 대남 혁명작업은 투 트랙으로 전개된다. 하나는 혁명 기지로서의 북한의 역량을 강화하는 것이다. 즉, 남한 적화를 위한 군사력의 강화다. 핵무력 강화가 그 핵심이다. 또 다른 트랙은 남한 내 혁명 역량의 강화다. 끊임없는 간첩의 침투, 통일혁명당(1968)과 같은 지하당 구축 사업, 그리고 남한 사회의 혼란을 조성하기 위한 정보공작, 이런 것들이 남한 내 혁명 역량 사업의 내용이다. 이는 사실상 우리를 향한 간접적 혹은 저강도 분쟁 형태의 침략(low intensity conflict)이다. 김일성은 1960년대 3대 혁명 전략을 제시했다. 즉 북한 혁명 역량 강화, 남한 혁명 역량 강화, 국제 혁명 역량 강화가 그 내용이다. 이 중 국제 혁명 역량 강화는 국제 사회에 먹히지 않아 사실상 폐기 상태다.

북한 정보당국의 입장에서 보면 우리 사회에 팽배해 있는 순진한 대북 포용 분위기와 통일 낭만주의는 정보공작의 황금어장과 같다. 한국 사회에는 무조건적으로 북한을 이해하고 포용해야 한다는 내재적 접근론자와 햇볕정책 주창자들이 있다. 통일 지상주의자. 민족 우선주의자,

대화 지상주의자들도 있다. 대한민국 국민으로 잘 살면서 대한민국이 잘못 태어난 국가라고 주장하는 정신 나간 사람들도 있다. 이런 부류들은 북한 정보당국이 손쉽게 부추길 수 있는 먹잇감이다. 1980년대 들어서 이들을 중심으로 소위 군사 정권 반대와 민주화를 위한 운동이 기승을 부리기 시작했다. 이 와중에서 주사파가 생겨났다. 전교조도 민주노총도 생겨났고 이들은 좌파 정권의 주류로 등장했다. 이들이 박근혜 대통령의 탄핵을 이끌고 문재인 정권을 탄생시킨 주류 세력들이다.

이들은 우리가 알고 있는 미국의 민주당이나 영국의 노동당, 프랑스의 사회당처럼 서구의 사회 민주주의나 민주 사회주의, 또는 유로코뮤니즘의 가치와 전통을 유지하는 진정한 의미의 좌파 세력이 아니다. 오로지 노동자와 농민, 그리고 자신들을 추종하는 일반 시민을 자신들의 권력 쟁취를 위한 도구와 수단으로 이용할 뿐이다. 그들은 자신들 세력의 이익만을 추구하며 초법적, 초국가적 경계를 넘나들며 국제 사회의 보편적 가치와 상식을 외면하는 북한을 추종하는 변형된 사이비 좌파 세력일 뿐이다.

문재인 정권은 국정원의 대공 수사권을 폐지하고 경찰 이관을 밀어붙였다. 그리고 국정원의 국내정보 분야를 사실상 폐지했다. 국정원의 나라 지키기 기능을 전면적으로 약화한 것이다. 북한이 기뻐해 마지않는 상황 전개다. 북한이 지난 70년 내내 국가보안법 폐지, 국정원 해체를 줄기차게 주장해 온 것은 누구나 다 안다. 국보법과 국정원이 자신들이 하고자 하는 일, 즉 남한 적화 프로젝트 운영에 가장 큰 장애요인이기 때문이다. 문재인 정권은 북한 정보당국의 소원이었던 장애 요인 해체를 스스로 스스로 실행해 북한에 헌납한 셈이다.

대공 수사권은 단순히 간첩 잡는 기능만을 의미하지 않는다

국정원의 대공 수사권은 단순히 간첩 잡는 기능만을 의미하지 않는다. 간첩 침투는 나라에 대한 안보 위협의 한 축인 간접 침략의 일환이다. 국정원은 그간 북한의 간접 침략 기도로부터 우리나라를 지킨 훌륭한 역사를 지니고 있다. 앞에서 지적한 대로 북한은 투 트랙으로 남한 적화를 노리고 있다. 이에 대해 우리나라는 억지 전략을 구사하고 있다. 무력을 사용한 직접 도발 기도에 대해서는 강력한 군사력 구축과 한미동맹이 이 억지 전략의 주축이다. 간접 침략 기도에 대해서는 국정원의 대공 수사권이 억지 전략의 핵심 기능이다. 때문에 국정원의 대공 수사권은 우리나라의 전반적인 대북 억지 전략 패키지의 일환으로서 전략적 의미를 지니고 있다. 국정원의 대공 수사권 폐지는 그간 성공적으로 나라를 지켜 온 우리 억지 전략의 구조를 흔들고 약화시킨다. 실로 무책임한 안보 위해 행위다.

더구나 북한 정보당국의 간첩 남파와 운영은 날로 고도화되고 있다. 수상한 사람의 신고와 같은 옛날 방식으로는 간첩을 검거할 수 없다. 그런 시대는 지났다. 국정원의 국내외 정보를 모두 통합하여 추적해도 간첩 검거는 지난한 작업이다. 또한 축적된 노하우가 결정적인 역할을 한다. 국정원에는 70여 년에 걸친 노하우가 축적되어 있다. 또한 국내외정보가 유기적으로 연결되어 작동한다. 최근 간첩 검거가 어떻게 단서를 포착해서 어떻게 이루어지는지 그 과정을 밝힐 수는 없다. 국정원이 경찰에 정보 지원을 해 주면 되지 않느냐는 주장도 있다. 그러나 출처 보호를 중시하는 국정원으로서는 경찰에 극도로 민감한 정보를 지원해 주기가 어렵다. 정보 운영의 현실이다.

대공 수사권의 경찰 이관은 결국 간첩 검거를 거의 불가능하게 만드는 개악(改惡)이다. 국가안보는 실험의 대상이 아니다. 국정원의 대공 수사권은 국가안보를 지켜 온 성공적 모델이다. 이를 허무는 것은 위험한 바보짓이다.

간첩 수사는 3D 작업

간첩 수사는 어떤 형사 사건 수사와도 비교할 수 없는 고난도의 작업이다. 다 아는 대로 오랜 검거 과정을 거친다. 검거 과정에서 수사관들은 드라마에서 나오는 잠복 감시를 포함하여 긴 인내의 과정을 겪는다. 외국에까지 쫓아가서 감시한다. 외국에서의 수사 활동은 그 나라 입장에서는 위법이다. 노출되면 외교적 물의가 일어난다. 외국에서는 수사관들이 그 나라 방첩 기관의 눈을 피하면서 간첩 대상자를 쫓는다. 국내에서 감시하다 들키면 인권 탄압의 덤터기를 쓴다. 국가 반역자를 검거하여 국가를 수호하겠다는 강한 의지가 없으면 하기 어려운 3D 업종의 일이다.

2년 2개월간의 원장 재임 기간 중 5명의 간첩을 검거했다.

원장 취임 후 첫 번째 간첩을 검거했을 때다. 후에 '목사 간첩' 사건으로 기소된 사건이다. 수사국으로부터 검거 과정을 상세히 보고받았다. 검거와 수사 과정을 녹화 영상으로 보았다. 그 간첩은 신학대학을 졸업한 자였다. 한밤중에 신학대학 사무실 컴퓨터로 대북 보고를 하는 현장을 덮쳐 검거했다.

간첩 활동을 하다가 들키면 대상자는 겁먹고 의기소침한 반응을 보이는 것이 정상이다. 그런데 그는 달랐다. 오히려 "내가 너희 국정원 직원의 얼굴을 똑똑히 기억해 두겠다"고 큰소리쳤다. 북한과의 내통이 통일운동이고 민주화운동이라고 여기는 우리 사회 일각의 주장과 맥을 같이하는 태도다.

그 간첩이 검거되자 민변이 나섰다. 민변 변호사는 묵비권을 종용했다. 그 간첩은 민변의 종용대로 조사 내내 묵비권을 행사했다. 뿐만 아니라 국정원 조사실에서 수사관에게 적대적인 태도를 보이기까지 했다. 수사관 앞에서 의자를 돌려 등을 보이며 돌아앉아 대면 조사를 거부하곤 했다. "국정원 너희들에겐 대답하지 않아"라며 큰소리를 치기까지 했다. 민변 소속 변호사도 옆자리에 앉아 비슷하게 적대적 태도를 보였다. 수사국에 들러 이를 지켜보면서 기가 막힌다는 느낌을 지울 수 없었다. 그 간첩 조사는 사실상 불가능했다.

조사가 미진한 상태에서 검찰로 이관되고 검찰 조사를 거쳐 기소되어 3년 형을 받았다. 국정원장인 내가 국고손실죄로 받은 3년 6개월 형보다 낮은 형량이다.

간첩은 검거하기 어렵다. 앞에서 지적한 대로 수상한 사람이 있다는 신고로 간첩을 잡는 시대는 지났다. 북한의 간첩 운영 방식도 나날이 고도화되고 있다. 이제는 국정원의 정보 역량이 융합적으로 총동원되어야 단서를 포착하고 수사를 진행할 수 있다.

그보다 더 간첩 검거를 어렵게 만드는 요인은 날로 해이해져 가는 우리 사회의 전반적인 안보 의식이다. 간첩은 조용한 침략의 한 형태다. 그럼에도 불구하고 요즘 세상에 간첩은 별거 아니라는 식의 좌파 세력의 주장이 먹히고 있다. 그래서 수사가 어려운 성역이 존재한다.

통일운동이니 민주화운동을 한다고 주장하는 사회단체, 그리고 민노총 같은 강한 힘을 가진 단체는 성역으로 군림한다. 특히 민변 소속 일부 변호사들은 조직적으로 간첩 수사를 방해한다. 간첩 수사에는 어김없이 민변 소속 변호사가 등장한다. 이들은 마치 북한이 보낸 변호사 같은 행동과 역할을 한다. 좌파 정치권은 국정원의 간첩 수사에 대해 적대적이다. 노무현 대통령은 국가보안법은 "칼집에 넣어 박물관으로 보내야 할 독재 시대의 유물"이라고 했다. 국정원 간첩 수사의 법적 근거를 폄훼한 것이다.

노무현 정부의 간첩 수사 방해

실제로 노무현 정권은 진행 중인 간첩 수사를 중단시켰다. 당시 진행 중이던 일심회 간첩 수사는 정권의 압력에 의해 중단되었다. 건전한 양식으로는 이해되지 않지만 실제로 있었던 팩트다.

일심회라는 명칭의 간첩단 사건은 미국 교포 마이클 장이 조직한 간첩단 조직으로, 김정일을 한마음으로 모신다는 의미의 일심회라는 명칭을 가졌으며 조직원 5명 모두 유죄 판결로 복역했다. 당시 수사를 지휘한 국정원 수사국장이 청와대 민정수석실에 불려 갔다. 수사국장이 직접 민정수석실로 불려 가는 것은 이례적이다. 경찰 출신인 이상업 당시 차장이 수사국장에게 민정수석실에 가야 한다고 종용했기 때문이다. 이상업 차장도 동행했다. 민정수석은 수사국장에게 수사 중단을 요구했다. 수사국장이 조사를 중단할 수 없다고 뚝심 있게 대답하자 민정수석은 "국장을 더 할 의사가 없는 생각인 모양이네"라고 말하고 면담은 종료되었다. 이 일이 있고 얼마 지나지 않아 김승규 원장이 사표를 냈고, 김 원장은 퇴임하면서 일심회 사건의 수사 중단 압력을 받았다고 언론에서 밝혔다.

김만복 원장이 후임으로 원장직을 맡았고, 수사국은 추가 수사 계획을 김 원장에게 보고했으나 추가 수사는 실행되지 못했다. 수사국장은 경질됐고 일심회 사건 수사는 중단되었다. 추가 수사를 피한 대상자들은 후에 문재인 정부에서 요직을 맡았다. 대상자 중 한 명은 서훈 원장 체제 하에서 국정원의 핵심 간부직을 맡았다. 또한 다른 요직을 맡은 한 명은 윤석열 정부에서도 나가지 않고 버티고 있다.

정부가 이처럼 노골적으로 간첩 수사를 막은 사례는 대한민국 역사상 전무후무한 일이다. 간첩 수사를 막는 것은 국가 반역 행위에 해당한다. 좌파 정권이 얼마나 위험한 정권인가를 단적으로 보여 주는 사례다.

간첩 검거에서 유죄의 증거를 찾는 일은 불가능에 가까운 일이다. 간첩 혐의가 뚜렷해도 증거를 찾는 일은 또 다른 지난한 일이다. 간첩은 대체로 단독으로 활동하지 않는다. 조력자, 즉 하부 망이 있는 것이 일반적이다. 옛날 같으면 하부 망 검거는 그렇게 어렵지 않았다. 그러나 이제는 한 명 한 명 모두 별도의 증거로 간첩임을 입증해야 한다. 간첩은 모두 혐의를 부정한다. 북한에 보고하고 지령을 받는 현장에서 잡혀도 아니라고 부인하는 상황이다. 통일운동이니 민주화운동이라고 우긴다. 검거되면 이미 지적한 대로 민변이 달라붙는다. 간첩들은 붙잡히면 민변이라는 우군이 기다리고 있다는 것을 안다.

법원의 증거 요구는 때로 과도하다. 간첩 혐의자가 외국에서 북한 공작원을 접선한 증거 사진을 제시해도 어떤 법관은 "그 접선한 북한 사람이 북한의 정보요원임을 입증하라"는 요구까지 한다. 그리고 간첩의 형량은 4년 미만이 통상이다. 관대한 형량이다. 간첩이 무서워할 정도로 무거운 형량이 아니다.

법정에서 간첩임을 입증하지 못한다고 간첩이 아닌 것은 아니다. 국정원 수사관은 입증을 못 해 뻔한 간첩을 두고 보아야 하는 속앓이를 한다. 증거를 찾으려는 과도한 열의로 오히려 수사관이 형사 처벌되는 일도 있다. 그런 불행한 환경에서 수사관들은 나라를 지킨다.

간첩이 얼마나 되느냐는 질문을 수시로 듣는다. 고 황장엽 비서가 5만 명이라고 주장했다는 설도 있다. 그러나 간첩이 얼마나 되느냐 하는 문제는 간첩의 정의를 어떻게 내리느냐와도 관계가 깊다. 북한이 직파한 간첩에 포섭되어 활동하는 전통적인 의미의 간첩만을 간첩이라고 정의하면 그 수는 제한적이라고 할 수 있다. 그러나 '무의식 간첩' 범주까지로 간첩의 정의를 확대하면 그 수는 엄청나다.

자신이 의식하지 못한 채 결과적으로 간첩과 마찬가지로 북한에 득이 되는 일을 하는 사람들은 정보 용어로 '무의식 간첩' 또는 '영향력 공작원'이라고 한다. 우리 사회에는 이런 범주에 속하는 사람들이 많다. 북한 정보당국은 통일전선전략의 고전적 접근 방법으로 '우리 민족끼리'라는 명분을 내세우며 미국이 통일 반대 세력이라고 주장한다. 주한 미군 철수를 주장하고 한미 합동군사훈련 반대도 북한 주장의 단골 메뉴다. 좌파 세력은 이런 북한의 주장에 공명한다. 북한 정보당국은 이런 좌파 세력을 숙주 삼아 우리 사회를 흔들고 안보를 해친다.

국가안보를 책임지고 있는 국정원으로서는 이런 세력의 움직임을 주시할 수밖에 없다. 부당한 오해와 많은 어려움에도 불구하고 국정원은 항상 이들을 뒤쫓고 있다. 국정원의 수사를 받고 있는 민노총 간부 강모 씨는 2023년 4월 24일 일산 킨텍스에서 열린 민노총 임시대의원대회에서 국가보안법 폐지와 국정원 해체를 대놓고 주장했다. 이런 간첩 혐의자의 주장을 공식 석상에서 공공연하게 제기하는 민노총을 국가안보적 시각에서 어떻게 이해해야 할까?

좌파 노무현 정권은 이미 지적한 대로 간첩 수사를 막았다. 좌파 정권 시즌 2인 문재인 정부는 아예 국정원의 대공 수사권을 경찰로 이관하는 조치를 취했다. 국정원이 간첩 수사를 사실상 못 하게 한 것이다. 북한의 적화 위협에 놓여 있는 국가가 어떻게 대공 업무를 이토록 약화하는 조치를 지속적으로 취했는지 도저히 납득할 수 없다. 이미 남북한 체제 경쟁이 끝났으므로 북한과 잘 지내기 위해, 또는 인권 보호를 위해 등 좌파 세력의 주장은 모두 크게 잘못된 주장이다.

윤석열 정부는 이런 비정상적인 상황을 바로잡아 가고 있다. 간첩 수사도 피치를 올리고 있다. 국정원은 간첩 수사를 통해 "북한이 본사, 민노총이 영업1부"라고 표현한 문서와 90건의 북한 지령문을 압수했다. 이 사건으로 민노총 전직 간부 4명이 기소됐다. 민노총과 같은 거대 조직의 활동이 북한과 연계되어 전개되고 있다면 이는 국기(國紀)를 흔드는 중대한 반역 행위다. 반드시 그 전모가 밝혀지고 차단되어야 한다.

국정원이 최근 검거한 간첩 사건은 우리 사회 안보에 대한 좌파 운동권의 위험성을 경고하고 있다. 우리 사회를 제대로 지키려면 공동체 구성원 전체의 의지가 중요하다. 국정원만 고군분투하게 해서는 안 된다. 국정원이 수사를 통해 관련자 몇 명을 처벌하고 곧 잊히고 말면 국정원의 노력은 사실상 무의미하다. 이 사건이 우리 사회를 깨우는 경종의 역할을 하게 되기를 바란다.

북한 간첩은 북한의 대남 적화 전략의 주요 수단이다. 때문에 대공업무는 경찰의 주임무인 치안 차원에서 다룰 일이 결코 아니다. 당연히 국가안보 차원에서 다루어야 한다. 북한 간첩의 임무는 정보 수집에 한정되지 않는다. 북한 간첩은 국가안보를 위협하는 대규모 테러 사건의 주역으로 등장할 잠재력도 지녔다. 이런 위험한 대공 업무를 국정원 기능에서 제외하고 기타 외국 정보기관에 대한 방첩 업무, 산업 스파이 방지 등과 같은 주변적인 방첩 업무만 하라는 것은 국가 방첩 기능을 형해화하는 사실상의 포기를 의미한다. 차제에 국정원의 대공 수사권도 다시 원위치하도록 국민적 여론과 성원이 형성되기를 바란다. 그렇게 문재인 정부가 저지른 국가안보 자해 행위가 하나씩 제자리를 찾아가기를 바란다.

국내보안정보 기능의 와해: 국내정보 기능이 없는 이상한 나라

문재인 정부는 국내보안정보 기능을 폐기했다. 기존 국정원법 제3조에 있었던 '국내보안정보'라는 용어를 아예 삭제하고 새 국정원법 제4조에 국정원의 직무를 '국외 및 북한 에 관한 정보, 방첩·대테러·국제범죄 조직에 관한 정보'로 제한했다.

국내보안 기능을 영어로 internal security라고 한다. 싱가포르 국내 정보기관의 명칭은 ISD(Internal Security Department)다. 이처럼 국내보안정보(국내안보정보로도 번역할 수 있다)는 사회를 보호하는 공안(public security) 기능을 상식적으로 표현하는 정보 용어다. 우리 정보기관에서 수십 년간 사용해 오던 용어인데 문재인 정부는 애써 이 용어를 버렸다.

새 국정원법에서는 기존 국내보안정보의 내용이었던 대공 업무는 경찰로 이관하고 방첩은 별도로 독립시켰다. 자연히 그간 국내보안정보 기능의 핵심 역할을 해 왔던 국내정보관(I/O, intelligence officer) 제도도 폐기되었다. 국내정보관은 국정원의 역사적 특수성과 우리 사회를 위협하는 북한 위협의 특수성에 따라 반세기 동안 유지 발전되어 온 국정원의 국내보안정보 운영의 한 방식이었다. 국내정보관이 사회 각계각층과 연락 체계를 유지하면서 우리 사회 내 취약 요소들을 모니터하고 관련 정보를 수집하는 시스템이다. 마치 우리 사회 구석구석에 설치되어 있는 CCTV와 유사한 기능을 수행하는 제도다. CCTV가 범죄 예방 기능을 수행한다면, 국내정보관은 사회를 보호하고 안녕을 지키는 공안 기능을 위한 CCTV 역할을 담당한다.

국가의 공안 기능은 불가피하게 개인의 자유권과 인권을 중시하는 가치관과 충돌할 개연성을 내포하고 있다. 그러나 개인의 자유권과 인권 보호도 국가 공동체를 지키는 공안 기능의 역할을 통해서 실질적으로 고양될 수 있다. 이처럼 사회 공동체를 보호하는 공공선(pubic good)의 추구는 현대 국가의 기본적 국가 운영 방식이다.

그런데 문재인 정부는 이런 국가 운영 방식에 역주행을 택했다. 국정원의 인권 침해 소지를 없앤다는 명분으로 국정원의 국내보안정보 기능을 폐기한 것이다. 자연히 국가 안위를 살피는 국내정보관의 CCTV 기능도 폐지되었다. 국정원은 국내정보관 제도가 자칫 민간인 사찰의 위험성을 내포하고 있음을 늘 유의해 왔다. 그런 시비가 몰고 올 파장을 유의하면서 조심스럽게 운영해 왔다. 그러나 공공의 안전을 위한 공안 기능이 국정원의 소명이라는 인식 하에 쉽지 않은 길을 걸었다. 어떤 기여를 했는가를 구체적으로 논의하는 것은 의미가 없다.

북한은 늘 우리 사회의 모든 분야를 노린다. 그 때문에 우리 사회에서는 평범해 보이는 사건 사고라도 북한이 악용할 개연성이 항존한다. 국정원은 이런 가능성에 촉각을 세우고 대비하지 않을 수 없다. 이런 연유로 국정원의 정보보안 활동은 다른 나라 보안기관에 비해 다양하고 광범위하다. 국정원의 국내정보관이 사회 각 분야를 일차 스크린하는 이유다. 국내정보관의 스크린 과정(이 단계에서는 합법적인 방법만 사용된다)에서 대공 혐의점이나 방첩, 국제 범죄 같은 혐의가 있는 첩보가 발견되면 이 첩보는 국정원 내 해당 전문 부서에 이첩된다. 그 후부터 전문 부서의 추적이 시작된다. 국내정보관은 업무수행 과정에서 국정 운영과 관련한 정보를 자연히 접하게 된다. 여론도 듣게 된다. 유의미한 정보가 있으면 이 정보는 대통령 비서진에게 직접 전달되어 정부의 관련 대책 수립에 참고가 된다. 이 과정에서 정치 관련 정보는 원천적으로 배제된다.

새만금 세계 잼버리 대회를 예로 들어 보자. 이 대회에는 조직과 운영을 전담하는 조직위가 구성되어 있고 담당 공무원과 책임 부처가 있다. 국정원은 이 대회 운영과는 직접 연관이 없다. 그러나 대규모 국제 행사이므로 국정원은 당연히 국가안보 차원의 시각에서 준비 상황을 관찰한다. 북한의 방해 책동 가능성은 없는지, 테러 위험은 없는지, 비상 상황 발생 시 연락 체계 등을 관찰한다. 그 과정에서 국내정보관은 잼버리 대회 준비 상황의 미흡한 점을 제3자의 시각에서 발견할 수 있다. 이 미흡한 점이 대회 전체를 망가뜨리는 큰 문제로 발전할 소지가 있을 때 관찰 소견을 대통령실에 직보할 수 있다. 이처럼 국내정보관 기능이 제대로 살아 있었다면 세계 잼버리 대회의 실패 가능성을 미리 방지하는 데 도움이 되었을 것이다. 실상을 알 수 있는 정보 루트를 차단하면 실패의 확률은 그만큼 커지게 된다. 이번 새만금 잼버리 대회가 주는 교훈이다.

국정원의 이러한 역할은 정보기관이 할 일이 아니라고 비판할 수 있다. 그러나 건실한 국정 운영은 튼튼한 국가안보에 직결된다. 이런 맥락에서 국내정보관 활동은 우리 안보 현실에서 국정원이 해야 하는 본연의 안보 활동의 일환이라고 볼 수 있다. 때문에 역대 정부는 국정원의 정보관 제도 운영의 순기능을 적극적으로 활용해 왔다. 김대중 정부나 노무현 정부도 활용해 왔다. 그렇게 반세기 이상 노하우가 축적되었다. 책임 있는 정부는 효율적 국정 운영을 위해 축적된 국정 운영의 지혜를 적극 활용한다. 문재인 정부는 이와는 다른 선택을 했다. 국내정보관 제도의 폐기가 가져올 폐해를 인식조차 하지 못했다. 이로써 국정원의 대내 보안정보 역량은 결정적으로 훼손되었고 효율적인 국정 운영을 위한 주요 수단을 잃게 되었다. 참으로 어리석은 짓이다.

국정원의 국내정보관 제도와 대공 수사권 폐지는 국가 수준의 국내 정보 부서를 사실상 폐지한 것을 의미한다. 마치 미국이 FBI의 기능을 정지시키고, 이스라엘이 신베트를, 그리고 영국이 MI5를 폐지한 것과 같다. 이제 우리나라는 사실상 국내정보 부서가 없다. 명목상 방첩, 테러, 국제범죄, 마약 범죄와 같은 사안이 국가정보원의 직무로 남아 있지만 이는 허울뿐이다. 정보 수집 방법까지 제한된 상황에서 국정원이 제대로 된 역할을 할 수 없게 된 것이다.

대형 사고는 잘 보이지 않는 위험 요소들에 대한 경계 이완으로 종종 발생한다. 국정원의 국내보안 기능과 국내정보관 운영은 이런 안보위해 요소들을 지속적으로 살피는 국가적 장치이다. 미 FBI는 댐, 상수도, 전기 시설과 같은 국가안보 취약 시설의 리스트를 유지하고 이들 시설과 관련한 위험 요소들을 지속적으로 살핀다. 그 과정에는 관련된 인물의 체크도 당연히 포함된다. 이석기 내란 음모 사건에서 이석기 일당이 변전소 등 사회를 혼란에 빠뜨릴 수 있는 시설에 대한 공격 모의를 했다는 점을 보면 국내보안정보의 필요성을 쉽게 이해할 수 있다. 미국 FBI도 수행하는 국가적 기능을 문재인 정부는 대책 없이 사실상 없앴다. 현재 국정원에 대테러 기능과 일부 방첩 기능이 살아 있지만 이제 국정원은 한쪽 눈이 감긴 상태에서 국내안보 위해 요소를 살펴야 하는 절름발이 정보기관이 되었다.

나의 국정원 정보 경력은 모두 해외 분야이다. 국정원장이 되기 전까지는 국내정보에 관해 제한된 지식과 경험만 지니고 있다가, 원장이 되고 나서 국내정보 기능의 중요성을 새삼 깨닫게 되었다. 거듭 지적하지만 미국, 영국, 이스라엘 등 선진국 대부분은 FBI, MI5, 신베트와 같은 방첩 업무 전담 정보기관을 운영하고 있다. 국정원 대공 수사권과 국내정보관 제도 폐지는 이들 선진국이 국가 안위를 지키는 국내정보기관의 기능을 스스로 약화시킨 것과 마찬가지다. 선진국은 결코 자신들의 안보 역량을 약화시키는 조치를 취하지 않는다. 더구나 우리나라 안보 환경은 이들 국가와는 비교할 수 없을 정도로 열악하다. 최근 독일에서 총리 암살을 모의한 쿠데타 세력 25명을 체포했다는 보도가 있었다. 이석기 사건의 데자뷔다.

국가안보 위해 사건은 언제 어떤 모습으로 일어날지 아무도 모른다. 결국은 정보 기능을 강화해 대처할 수밖에 없다. 문재인 정부는 국정원 국내 기능의 약화를 개혁 조치라고 주장한다. 빈대 잡으려 초가삼간 태우는 것은 어리석음의 극치를 나타내는 말이다. 어떤 명분을 내세워도 국내정보 기능의 약화는 초가삼간을 태우는 격이다. 어떻게 나라를 지키는 기능을 아무 생각 없이 스스로 약화시킬 수 있는가? 국정원은 나라를 지키는 소명을 받았다. 그 소명을 어떤 기술로 지키느냐는 국정원에게 맡겨야 한다. 이 엄중한 소명을 수행하는 장치를 아무 생각 없이 약화시켰다는 것은 참으로 어리석은 일이다.

정보 업무 수행의 핵심은 사람을 파악하는 것이다. 대공, 방첩, 테러 등 모든 정보 분야에서 정보기관은 사람을 알아야 한다. 어떤 사람 군(群)이 적대 세력의 포섭 위험에 노출되어 있는지, 누가 외로운 늑대형의 테러 위험성을 지녔는지 정보기관은 당연히 알아야 한다. 이를 위해 국정원은 공개된 SNS, 페이스북 등을 서베이한다. 또 공개된 특이 여론이 있으면 이를 수집하고 데이터로 유지해야 한다. 물론 정보기관이 인적 파일을 유지하는 것은 일반 시민의 관점에서는 꺼림칙한 일이고 시비의 대상이 될 수 있다. 그러나 공동체의 자유와 안위라는 더 큰 가치를 위해 위험 잠재력을 지닌 사람들을 관찰하고 감시하며 기록을 유지하는 것은 누군가는 해야 하는 필수적인 일이다. 이는 전 세계 정보기관이 모두 하는 일이다. 물론 정보의 수집 방법이 불법적이어서는 안 된다. 불법 사찰은 어느 나라에서든 형사 처벌 대상이다. 또한 파일 내용을 유출하는 것도 명백한 불법이다. 국정원은 이런 금기를 잘 알기 때문에 철저한 법적 마인드를 가지고 정보를 운영한다.

세계 최강의 정보기관, 미국 정보 공동체

최강의 정보 역량을 보유한 세계 최고의 정보기관은 두말 할 필요 없이 미국 정보 공동체(intelligence community: CIA, FBI, NSA, DIA, NGA를 필두로 17개 정보기관이 정보 공동체를 구성)이다. 인적 규모나 예산 측면에서 미국 정보 공동체에 필적할 정보기관은 없다. 중국, 러시아를 비롯해서 어떤 나라도 미국처럼 정보 노력에 투자하지 못한다. 미국의 정보 역량은 지구촌 구석구석에까지 미친다.

2016년 초 나는 미국을 방문해 국가보안국(NSA) 상황실에서 브리핑을 받았다. 그 당시 이집트 사하라 상공에서 러시아 여객기 한 대가 폭발한 사건이 있었다. 그 폭발은 ISIS가 배경이라는 설이 떠돌고 있었다. 그 사건에 관하여 NSA 담당자는 ISIS 소행이 아니라고 판단하고 이를 상부에 보고했다고 말했다. 워싱턴에서 수천 마일 떨어진 지구의 한 구석인 사하라 사막에서 일어난 사건의 진상을 거의 실시간으로 자신 있게 말하는 것을 들으면서 미국 정보 역량의 글로벌 리치(global reach)가 가공하다는 현실을 새삼 실감했다.

지리정보국(NGA)은 미 정찰위성을 관장하는 미국 5대 정보기관의 하나다. 1만 5,000명 이상의 직원이 근무하며, 우주 공간에 촘촘히 떠지상의 탁구공을 식별할 정도의 해상도를 지닌 정찰위성을 운영하여 지구 구석구석의 정보를 수집한다. 세계 어느 나라도 이런 역량을 갖추고 있지 못하다. NGA 부장으로부터도 상황실에서 브리핑을 받았다.

카딜로(Robert Cardillo) NGA 부장은 상황실에서 2015년 8월 북한의 목함지뢰 도발 사건 발생 시 NGA 역량의 80퍼센트가 북한 감시에 집중적으로 투입되었다고 말했다. 나는 그 말에 깊은 인상을 받았다. NGA의 80퍼센트 정보력은 꿈의 역량이다. 유사시에 이 가공할 역량을 우리의 안보를 지키기 위해 공유할 수 있다니 감동적으로 들을 수밖에 없었다. 한미동맹은 정보 협력적 측면에서도 소중한 우리의 안보 자산임을 재확인할 수 있었다.

카딜로 부장은 DNI에서 오바마 대통령에 대한 정보 브리핑을 오랫동안 담당했었다. 대통령 브리핑 담당관은 미 정보기관 내에서 최고의 엘리트가 선발된다. 그 임무를 마친 후 NGA 장을 맡았다. 그의 사무실에는 오사마 빈 라덴을 사살할 당시 백악관 상황실 사진이 전시되어 있었다. 오바마 대통령이 한구석에 앉아 있는 유명한 사진이다. 그 사진 속에 카딜로 부장도 있었다. 그는 내게 특별히 친절했다. 상황실에서 직접 브리핑을 했고 오찬을 같이 했고 현관까지 나와서 영접하고 환송했다. 그는 내가 퇴임 시 국정원과 NGA 간 정보 협력이 본궤도에 진입한 것에 대해 특별히 고맙게 생각한다는 각별한 서한을 보내 주었다.

전투로 단련된 이스라엘 정보기관

이스라엘은 해외정보를 담당하는 모사드(Mossad), 국내 방첩을 담당하는 신베트(Shin Bet), 군 정보기관(Anman)으로 정보 공동체를 구성한다.

이스라엘 정보 공동체는 3개 부분으로 나누어졌지만 실상은 총리의 지휘 아래 한 몸처럼 움직인다. 국가안보 위협에 대해 어떤 나라보다 통합적 노력으로 대응한다.

이스라엘의 정보기관은 국가 생존을 위협하는 실질적 전투로 끊임없이 단련된 정보기관(battle hardend service)이다. 이스라엘은 1948년 건국 이후 지금까지 사실상의 전쟁 상태에 있는 나라다. 저강도 전쟁(low intensity war) 상태가 일상화되어 있는 나라다. 이 때문에 이스라엘 정보기관은 다른 나라 정보기관과 다르다. 다른 나라 정보기관이 하지 않는 일을 일상적으로 행한다. 이스라엘 안보에 위협이 되는 인물을 사전에 제거하는 표적 암살(target assassination)이 그것이다. 이스라엘 정보기관이 자행한 표적 암살 사례는 널리 알려져 있다. 숫자도 많고 영화에 나올 법한, 상상을 초월하는 다양한 암살 수법이 사용된다.

『먼저 일어나 죽여라(Rise and Kill First)』라는, 이스라엘 정보기관의 표적 암살 역사를 집중적으로 다룬 책이 있다. 이스라엘의 저널리스트 로넨 베르그만(Ronen Bergman)이 수십 명의 전직 정보요원을 인터뷰한 내용을 바탕으로 쓴, 이스라엘 정보기관을 다룬 가장 권위 있는 저서의 하나다. 나는 서울구치소에서 이 책을 읽었다.

그 책에 의하면 이스라엘 정보기관이 암살한 사람의 숫자는 1,000명이 훨씬 넘는다. 1972년 뮌헨 올림픽에서 이스라엘 선수들을 살해한 팔레스타인 테러리스트를 포함, 이란의 핵 기술자, 팔레스타인 테러 조직인 하마스와 헤즈볼라의 지도자, 무기상 등 이스라엘 안보에 위협이 되는 인물은 국적 불문하고 누구나 암살 대상이 된다. 암살작전에 드론을 사용하기 시작한 것도 이스라엘이다. 후에 그 드론 기술은 미국으로 넘어가 현재 미국은 ISIS 제2인자 제거, 이란의 혁명수비대 사령관 제거 등 중동 지역에서 테러 관련자 제거에 광범위하게 사용하고 있다. 현재 드론은 미국의 가공할 통신위성 기술이 접목되면서 정보전에서뿐만 아니라 미래 전쟁의 새로운 게임 체인저로 떠오르고 있다.

모사드, 국정원과 정보 협력 관계 강화를 요청

국정원과 모사드 간의 관계는 우호적이고 상호 보완적이다.

북한은 중동 지역과의 관계를 강화해 왔다. 과거 북한은 팔레스타인 해방기구(PLO)를 포함, 아프리카 등에서 활약하는 게릴라들을 훈련한 적도 있다. 또한 중동 지역은 북한의 주 무기 수출 대상 지역이었다. 이란에 스커드 미사일을 수출하고 그 기술을 전수했었다. 특히 시리아와의 관계가 깊었다. 급기야 핵무기 생산을 위한 원자로 건설 합의에 이를 정도가 되었다. 북한은 영변에 건설된 흑연감속원자로와 똑같은 원자로를 시리아에 건설해 주기로 합의하고 건설을 시도했다. 시리아 수도 다마스쿠스 북쪽 100여 마일 떨어진 작은 마을에 농업기술연구센터라는 원자로 건설 단지가 건설되기 시작했다. 모사드는 모든 정보를 종합, 이 단지가 북한의 도움으로 건설되는 핵단지라고 결론 내렸다. 2007년 9월 5일 밤 이스라엘은 공군의 신예 전폭기 F-151 5대를 동원, 기습 공격을 감행했다. 이 공습으로 핵단지는 완전히 파괴되었다.

1994년 모사드 사비트(Shavit) 부장이 안기부를 방문했다. 이스라엘 정보기관장으로 최초였고 갑작스러운 방한이었다. 사비트 부장은 북한과 PLO와의 협력 관계, 그리고 이란 및 시리아와의 미사일 협력 관계를 설명했다 그리고 안기부와 북한 정보 협력 관계 강화를 제안했다. 그는 지리적으로 멀리 떨어진 북한이 이스라엘의 안보를 위협하는 현안으로 떠오를 것으로는 생각지 못했다고 했다. 당시 안기부는 사비트 부장의 요청을 듣고 상호 협력을 강화하자는 데 원칙적으로 동의했다. 그리고 구체적 정보 프로그램은 차차 실무적으로 협의해 나가기로 합의했다. 안기부도 북한과 중동 간의 커넥션을 중시하겠다고 약속했다.

당시 차장직을 수행하던 나는 1995년 모사드를 답방했다. 모사드 본부 청사는 텔아비브시 외곽에 위치해 있었다. 평범해 보이는 2층짜리 건물들이 여러 동 흩어져 있는 콤플렉스(complex)였다. 모사드 부장 사무실은 평범했다. 별로 크지 않았고 작은 부속실이 딸려 있었다. 부장 사무실 옆 회의실에서 환담에 이어 구체적인 상호 협력 방안을 논의했다. 휴민트의 공동 작업 방안도 구체적으로 논의했다. 저녁에는 그 청사에서 만찬이 있었다.

정보기관 간 정보 협력은 긴 프로세스다. 상호 협력하여 보완할 분야를 찾고 신중하게 공동으로 프로젝트를 추진하게 된다. 안기부는 당시 텔아비브에 정보관을 두고 있었고 후속 작업은 정보관을 통해 더욱 긴밀히 연락하며 하자는 데 합의했다.

2015년 3월 국정원장으로 부임한 후 국정원과 모사드 간 협력 관계가 그간 꾸준히 발전하고 있었음을 발견했다. 모사드와의 협력 관계는 국정원 정보 역량의 중요 자산이다. 중동 지역 정세를 파악하고 그곳에서 일어나는 일 처리에 큰 도움이 되고 있다. 국정원도 물론 상응한 도움을 준다. 상호 원원 관계다.

앞으로 우리 기업의 활발한 중동 진출이 예상된다. 제2의 중동 진출 붐이 일 것이라고 한다. 이 분야에서도 모사드와의 협력 관계의 중요성이 증대될 것이다.

이스라엘 정보기관 활동 사례: 엔테베 인질 사건

이스라엘의 정보기관에 대한 이해를 돕기 위해 책에 수록된 일화를 소개한다. 이 일화는 국제 테러 인질 구출작전의 전설이 된 유명한 1976년 7월 3일 우간다 수도 엔테베(Entebbe)에서 발생한 인질 구출작전과 관련된 일화다.

엔테베 인질 사건은 팔레스타인 테러 조직 팔레스타인해방인민전선 (PFLP, Popular Front for the Liberation of Palestine)가 에어 프랑스 민간 항공기를 납치, 엔테베로 기수를 돌려 강제 착륙시킨 데서 비롯한 사건이다. 이 에어 프랑스에는 이스라엘 국민 83명이 타고 있었다.

엔테베 납치 사건이 발생한 배경은 그 6개월 전 케냐에서 발생한 이스라엘 여객기 폭파 기도 사건으로 거슬러 올라간다. 6개월 전 PFLP는 부책임자(Deputy)인 하다드(Wadi Haddad) 지휘 아래 어깨에 메고 발사하는 러시아제 미사일 스트렐라 샘7(Strela Sam7)을 사용, 비행 중인 이스라엘 여객기를 폭파하는 테러를 계획하고 있었다. 이 테러를 위해 하다드는 독일 테러 조직 적군파(Red Army Faction) 소속 요원 2명을 포섭했다. 하다드는 리비아 카다피의 도움을 받아 미사일을 확보했고, KGB는 이 미사일의 케냐 밀반입을 도왔다.

1976년 1월 25일 이스라엘 여객기 LY512는 남아공 요하네스를 출발하여 텔아비브로 가는 도중에 케냐 나이로비에 중간 기착하도록 예정되어 있었다. 독일인 2명(1명은 여성)이 포함된 PFLP 테러리스트 5명은 나이로비 공항에서 미사일을 흰색 밴에 감추어 놓고 만반의 준비를 끝내고 대기하고 있었다. 한편 모사드는 공작국(모사드는 공작국을 영어로 Junction이라 부른다)에서 침투시킨 암호명 'Sadness'로부터 이 계획을 사전 입수하고 있었다.

이 테러 계획에 어떻게 대처할 것인가를 두고 이스라엘 정보기관 내에서 격론이 일었다. 모사드의 암살 조직 바요넷(Bayonet. 이스라엘은 Kidon이라 부른다)을 파견해 비밀리에 해치우는 방안이 제기됐다. 그러나 이는 이스라엘과 우호 관계에 있는 케냐의 주권을 침해하는 행위라는 반대 의견이 대두됐다. 케냐 정부 당국에 테러 정보를 통보, 합동으로 대처하자는 방안도 논의되었으나 이 방안은 공작원 Sadness를 노출해 위험에 빠트릴 수 있다고 모사드가 극렬히 반대했다. 이츠하크 호피(Yitzhak Hofi) 모사드 부장이 워싱턴을 방문, CIA와 협의했다. CIA는 케냐 당국과의 협의를 통해 대처하는 방안을 권했다.

1976년 1월 23일 작전명 Heartburn이 착수되었다. 17명의 이스라엘 요원이 나이로비에 도착했다. 공작 책임자 아드모니(Admoni)가 케냐 대통령에게 브리핑했다. 이스라엘 팀은 1월 25일 케냐 정보당국과 합동으로 테러리스트 5명을 공항에서 붙잡았다. 케냐 정부는 확보된 테러리스트 5명의 신병 처리와 관련, 이스라엘 측에 이 작전에 케냐 정부가 관여한 것이 어떤 경우에도 노출되어서는 안 된다고 강조하고 두 가지 선택지가 있다고 제시했다. 첫째는 테러리스트 5명을 쥐도 새도 모르게 사막의 하이에나의 먹이로 주는 방안, 둘째는 이스라엘 측이 알아서 처리하는 방안이라고 했다. 그러나 이스라엘에 맡기는 처리 방안은 케냐 정부의 관여 사실이 절대로 노출되지 않는다는 약속을 전제로 한다고 강조했다. 이스라엘 측은 테러 지휘자 하다드의 정보를 포함한 관련 정보를 추가 확보키 위해 두 번째 방안, 즉 이스라엘이 신병을 처리하는 방안을 택했다.

그러나 붙잡은 테러리스트들의 신문이 끝난 후 궁극적인 신병 처리 문제가 현안으로 떠올랐다. 이스라엘로 데려와 감옥에 가두면 이들의 석방을 위한 하다드의 추가 테러가 염려되었다. 그래서 이스라엘 영토로 데려오지 말고 데려오는 군용기에서 이들을 홍해에 떨어뜨려 없애야 한다는 방안이 논의되었다. 당시 라빈 총리는 고민하다 법무장관을 불러 의견을 구했다. 법무장관은 홍해에 떨어뜨리는 방안을 듣고 미쳤느냐고 강력하게 반발했다. 독일 시민 두 명이 포함돼 있다는 점도 지적했다.

결국 이스라엘이 처음부터 우려했던 상황이 벌어졌다. 1976년 6월 27일 하다드는 리비아 카다피 및 우간다의 이디 아민과 협력해 이스라엘에서 파리로 향하던 에어 프랑스 AF139 여객기를 우간다 엔테베 공항으로 납치했다. 이스라엘 국민 83명을 제외한 다른 국적의 탑승객과 승무원 전원은 석방하고, 이스라엘 인질들을 모두 공항 터미널에 가두었다. 테러리스트는 8명이었고 이디 아민의 병력이 터미널을 지키고 있었다. 이들의 요구 사항은 나이로비 테러리스트 5명을 포함한 53명의 '자유 전사(freedom fighter)'의 석방이었다. 중개인은 이디 아민이었다. 원래 이디 아민은 모사드에 신세를 많이 졌었다. 쿠데타를 통한 집권 자체가 모사드 덕택이었다. 그 이후 이스라엘부터 많은 돈을 받았다. 그러다가 리비아 카다피가 더 많은 돈을 지급하기 시작하자 아민은 이스라엘을 배반했다.

엔테베 납치 소식이 6월 27일 당일 라빈 총리에게 전달되었다. 라빈 총리 경악했다. 그리고 6개월 전 다섯 명의 테러리스트를 홍해에 떨어 뜨리지 않은 결정을 후회했다. 엔테베는 이스라엘로부터 2,200마일 떨어진 곳이다. 인질을 구출할 수 있는 방안은 거의 불가능에 가까웠다. 그는 하다드의 요구를 들어줄 수밖에 없다고 생각하고 있었다. 나흘 동안 고민했으나 뚜렷한 대책이 없었다.

그러는 동안 인질 가족들의 시위가 격렬하게 일어났다. 그 가족 중에는 딸이 인질로 잡힌 저명한 이스라엘 핵과학자도 포함돼 있었다. 그뿐만 아니라 언론이 Heartburn 작전을 파헤치기 시작했다. 이것이 언론에 보도되면 케냐 정부와의 관계가 틀어질 것이 뻔했기 때문에 이를 틀어막으려는 노력도 병행해야 했다. 시간이 없었다.

그때 모사드로부터 중요한 정보가 입수되었다.

하라리(Harari) 모사드 부장은 그 5년 전 비행 조종 기술을 익힌 직원이 필요하다고 결정하고 이를 위해 투자를 했다. 이를 '다비드 프로젝트'라 불렀다. 5년간 조종 기술을 익힌 모사드 직원을 영국인으로 가장, 우간다에 파견했다. 그는 사냥차 우간다로 간다는 가장 구실 하에 케냐에서 임대한 소형 비행기를 엔테베 공항으로 몰았다. 그 과정에서 엔테베 공항을 샅샅이 촬영했다. 이 사진들은 12시간 후에 라빈 총리실에 전달됐다. 이 사진을 보고 터미널에 폭탄이 설치되지 않았다는 점, 우간다 군인이 지키고 있는 터미널 경비가 삼엄하지 않다는 점이 파악됐다. 이 정보를 바탕으로 인질 구출을 위한 특공작전이 수립되었다. 특공대가 C-130에 탑승, 캄캄한 야음 상태에서 활주로에 착륙하고 미리 배치된 벤츠 승용차(이디 아민이 사용하는 차종)에 탑승해 터미널을 급습한다는 계획이었다. 급습이 진행되는 동안 후속 조치로 더 많은 이스라엘 군이 투입되어 공항 관제탑 기능을 마비시키고, 추격 방지를 위해 우간다 전투기를 파괴하도록 계획했다.

마침내 7월 3일 시몬 페레스(Simon Peres) 국방장관이 이 계획에 대한 총리의 결재를 얻었다.

계획대로 특공대를 태운 4대의 C-130 수송기가 엔테베 공항 활주로에 착륙했다. 희미하게 켜진 화물용 조명에만 의지한 착륙이었다. 특공대 지휘관은 베냐민 네타냐후 현 이스라엘 총리의 형인 요나탄 네타냐후였다.

특공대가 터미널을 향해 이동하는 동안 우간다 경비병 2명과 조우했고 총격전이 일어났다 그 과정에서 요나탄 네타냐후는 총상을 입었고 후에 사망했다. 터미널을 급습한 특공대는 인질범 8명을 모두 사살하고 인질들을 구출했다. 그 과정에서 3명의 이스라엘 인질이 사망했고, 부상을 당해 병원으로 후송된 여성 인질은 이디 아민의 보복으로 그다음 날 살해됐다. 후속 부대는 공항의 관제탑과 MIG기 8대를 파괴했다.

엔테베 인질 구출 작전은 대성공이었다. 그러나 이스라엘은 전술적 승리에 불과하다고 여겼다. 인질 테러를 일으킨 주범 와디 하다드를 잡지 못했기 때문이다. 이스라엘로서는 하다드는 반드시 죽어야(must die) 하는 테러리스트였다.

엔테베 작전이 있은 지 18개월이 흘렀다. 하다드는 바그다드와 베이루트를 오가며 호화롭게 살고 있었다. 모사드는 바그다드나 베이루트에서 하다드를 납치하거나 총격을 가하는 것은 너무 위험하다고 결론을 내려 놓고 있었다. 보다 은밀한 암살 방법을 모색해야 하는 처지였다. 모사드 공작국은 하다드의 조직에 깊이 침투하고 있는 Sadness 공작원을 활용해 독살하기로 결정했다.

이스라엘 텔아비브 남동쪽에 위치한 네스 지오나(Ness Ziona)시에는 생물학연구소(Institute for Biological Research)가 있다. 비밀리에 운영되는 경비가 삼엄한 연구소다. 이 연구소에서 특수 치약을 개발했다. 1978년 1월 10일 Sadness는 하다드가 사용하는 치약을 특수 치약으로 교체하는 데 성공했다. 하다드는 얼마 지나지 않아 앓기 시작했다. 심한 복통을 앓았고 식욕을 잃고 체중이 격감했다. 이라크 병원 의사들은 독물에 중독되었다고 의심했지만 치료 방법을 찾지 못했다. 아라파트 PLO 의장은 동독 정보기관 수타지(Stasi)와 접촉, 하다드를 동독 병원으로 이송 방안을 협의하라고 지시했다. 1978년 3월 19일 하다드는 동독의 병원으로 이송됐으나 10일 후인 3월 29일 사망했다. 하다드는 사망할 때까지 극심한 통증에 시달렸다.

이 에피소드는 이스라엘 정부가 정보기관을 활용하여 국가안보를 어떻게 지켜 나가는가를 보여 주는 생생한 사례다. 이스라엘 정부는 이스라엘 국민의 안전을 지키는 데 양보가 없다. 희생자를 절대로 잊지 않는다.

우리와 이스라엘의 안보 환경이 엄중하다는 점에서는 공통점이 있지만 안보 위협의 내용은 질적으로 다르다. 국정원이 이스라엘 방식으로 업무를 추진할 수는 없다. 국정원은 우리 안보 환경에 맞는 방식으로 업무를 진행한다. 그러나 국정원도 이스라엘 정보기관의 강력한 안보 의지는 벤치마킹해야 한다. 치밀하고 집요한 정보 업무 추진 방식은 이 일화에서 배워야 할 교훈이다. 정보기관 업무에 대한 이해를 돕기 위해 이 에피소드를 소개하면서, 국정원도 국민의 생명을 지키는 데 이스라엘 정보기관 못지않게 단호한 의지를 지니고 있음을 덧붙이고 싶다.

이스라엘 정보기관의 대실패: 하마스의 대규모 테러 공격 징후 포착 실패

2023년 10월 7일 팔레스타인 가자지구(地溝, Gaza Strip. 세종시 크기의 지역으로 인구 230여만 명)를 지배하고 있는 테러 조직 하마스는 이스라엘에 대한 대규모 침공을 감행했다.

원래 하마스의 출발은 테러 조직이었다. 그러다가 정치 단체로 진화하면서 2006년 가자 지역을 통치하는 정치 권력을 쟁취했다. 그 후 하마스는 가자 지역 주민을 상대로 북한정권과 유사한 폭압 통치를 폈다. 극도로 부패하면서 반대자들은 이스라엘 첩자라는 굴레를 씌워 고문하는 등 테러 정치를 감행했다.

10월 7일 하마스 소속 1,000여 명의 무장 테러리스트들이 동원되어 이스라엘 남부를 침공했다. 수천 발의 로켓포탄도 퍼부었다. 이는 테러의 수준을 넘는 사실상의 전쟁 행위였다. 완벽한 기습작전의 성공이었다. 이스라엘은 아수라장이 되었다.

모사드를 비롯한 전설적인 이스라엘 정보기관은 완패했다. 가자 지구는 이스라엘 정보기관이 샅샅이 살필 수 있는 지역이다. 세종시만 한 면적에 230만 명이 밀집한 제한된 지역으로 통신 감시, 휴민트 운영 등 정보 목표로서는 쉬운 타깃이라고 할 수 있다. 세계에서 가장 어려운 정보 타깃인 북한과는 비교가 안 되는 용이한 표적이다.

그런데도 이스라엘 정보당국은 가자지구에서 1년 넘게 계획된 하마스의 대규모 침공 계획 탐지에 실패했다. 이스라엘 정보기관으로는 상상할 수 없는 치욕적 패배다. 그 실패 원인은 추후 밝혀질 것이다. 아마도 지나친 자만(hubris)이 한 요인일 수 있을 것 같다. 자만은 정보기관의 촉수를 무디게 만든다. 무사안일이 지배한다. 정보 업무는 숨기려는 자와 쫓는 자의 게임이다. 이 게임에서 하마스가 이겼다. 또 다른 실패 요인으로 하마스가 이스라엘에 대해 평화 제스처를 취했고 이스라엘이 결과적으로 이에 속아 경계심을 이완시켰다는 점이 지적되고 있다.

이런 사건의 요인들은 우리 안보에 심각한 교훈을 던져 준다. 북한도 어느 날 우리를 대상으로 이와 유사한 침공을 시도할 수 있다. 그 가능성은 지난 70여 년간 늘 우리 안보를 위협하는 상수였다. 국가안보에는 과도한 대비 태세란 없다. 오히려 과도함은 덕이다. 북한의 위협을 탐지하는 국정원의 역량을 지금처럼 약화된 채로 방치해서는 안 되는 절대적 이유다. 우리는 이스라엘 같은 정보의 대실패를 이 땅에서 절대로 허용해서는 안 된다.

좌파정권은
왜
국정원을
무력화 시켰을까

VII. 미래를 위한 제언

국정원 정보 역량 강화를 위한 특단의 조치를 기대

우리나라가 직면하고 있는 국가안보 현실은 살얼음판처럼 위태롭다. 미·중 간 전략 대결은 '투키디데스의 함정' 이론을 상기시키면서 국제 질서의 판을 근원적으로 흔들고 있다. 우리 안보는 이 대결에 직접적인 영향을 받는다. 우리나라의 지정학적 숙명이다.

이 와중에 우크라이나 전쟁과 제5차 중동 전쟁이 격화되고 있고, 북한제 무기가 이 두 전쟁에서 모두 사용되고 있다는 증거가 나오고 있다. 우크라이나 전쟁을 계기로 밀착되고 있는 러시아와 북한 간 위험한 군사 거래는 우리 안보를 직접적으로 위협하고 있다.

2024년 새해 들어 북한의 태도도 심상치 않다. 김정은의 대남 위협 레토릭이 더 거칠어지고 있다. '남한 평정 전쟁'을 공개적으로 언급할 정도로 험악한 말폭탄을 쏟아내고 있다. 뿐만 아니라 서해 NLL 북쪽 해역에서 포사격 훈련을 감행하고 중거리 탄도미사일(IRBM)을 발사했다.

북한 내부 정세는 계속 악화되고 있다. 현 시점에서 김정은이 할 수 있는 것은 늘 해오던 대로 핵무장에 매달리고 대남 도발 위협을 강조하는 것뿐이다. 김정은은 다른 통치 방식은 모른다. 알려고도 하지 않는다. 그러나 이런 통치 패턴은 영원히 지속될 수 없다. 언젠가는 임계점에 도달할 것이다. 한반도의 안정과 남북관계의 틀이 근본적으로 변할 수밖에 없는 결정적 국면이 반드시 닥칠 것이다. 우리 국가안보가 결코 피할 수 없는 운명적이고 결정적인 도전이 다가오고 있는 것이다.

이런 상황에서 국정원의 정보 역량 강화는 이유 설명이 필요 없는 당위다. 국가안보는 정보로부터 시작된다. 정보 없이 국가안보는 지켜지지 않는다. 하지만 국정원의 정보 역량 강화를 위한 특별한 조치가 거의 없다. 국정원을 부실한 상태로 방치해서는 안 된다. 따라서 국정원의 정보 역량 강화를 위한 특단의 조치가 하루 속히 이루어져야 한다.

국정원의 강화는 우리나라의 국가안보 강화와 직결된다. 그러나 이는 하루아침에 이루어질 수 있는 사안이 아니다. 지금 시작해도 오랜 기간 숙성과 축적의 시간을 거쳐야 소기의 성과를 거둘 수 있다.

국가안보 중추 기관 위상의 복원

또한 차제에 국정원의 역할을 정보 수집의 차원을 넘어 국가안보 정책 수립의 중심체 역할을 할 수 있도록 하는 방안을 검토할 필요가 있다는 제안을 하고 싶다.

국정원은 오랫동안 국가안보의 중추 기관으로 불려 왔다. 중추 기관이란 글자 그대로 국가안보를 지탱하는 중심축이며 국가안보 브레인의 역할을 수행한다는 의미다. 국가안보의 브레인 역할이란 단순히 국가정보를 수집하고 이를 수동적으로 배포한다는 의미가 아니다. 국가안보 정책의 대안을 적극적으로 수립하고 참여하는, 국가 정책 프로세스의 중심체 역할을 한다는 의미다.

이런 국정원의 역할은 '정보와 정책의 분리'라는 오랜 정보 운영의 명제에 맞지 않는다는 주장이 있을 수 있다. 그러나 있는 그대로의 진실 추구라는 정보 운영의 원칙을 지키면서 정보기관이 정책 대안을 만들어 정책 결정자에게 제시하는 역할은 얼마든지 가능하다. 제시된 정책 대안을 검토해서 정책을 선택하고 결정하는 것은 정책 결정자의 몫이다. 이런 방식의 정책 결정 프로세스는 미국을 비롯해서 다른 선진국들도 대부분 다 채택하고 있다.

이처럼 정책 결정과 정보 운영 간의 경계가 사실상 모호해지고 있는 것이 최근 추세다. 최근 하마스에 억류되어 있는 인질 석방에 CIA 부장과 모사드 부장이 나선 것은 이런 추세의 반영이다.

우리나라의 외교·안보 정책은 대통령실 국가안보실장이 실질적으로 주도한다. 각종 정보를 취합하고 정책 대안을 모색하여 대통령을 보좌한다. 이런 정책 보좌 방식은 유능한 몇 명의 고위 담당 공직자의 개인 능력에 의존하는 방식이다. 이를 보다 시스템화해야 한다. 이를 위해서 국가안보 중추 기관으로서 국정원의 적극적인 역할이 필요하다.

우리 사회에는 유능한 외교·안보 전문가들이 많이 있다. 대학 연구소, 개인 연구소, 국책 연구소 같은 안보 문제 싱크탱크들이 산재해 있다. 이들은 대부분 개별적으로 연구를 진행한다. 그 연구 결과가 때때로 언론을 통해 공개되곤 하지만 전체적으로 이들의 연구 결과가 개별적 차원을 넘어 국가 정책으로 연결되지 않는다. 이를 국가 정책으로 흡수하는 창구(window)가 없다. 이들 전문가의 지혜가 사장(死藏)되지 않고 국가 정책에 연결되는 시스템이 조직화되어 있지 못하다. 이를 체계화하는 역할을 국정원이 맡도록 했으면 한다.

국정원은 국가의 비밀 정보를 다룬다. 국정원은 비밀 정보와 민간 부문의 공개 정보에 동시에 접근할 수 있는 유일한 조직이다. 자체적으로 안보 정세 판단 역량도 보유하고 있다. 국정원은 국정원의 자체 역량에 민간 부문의 연구 역량을 합쳐서 국가의 모든 정책 연구 역량을 유의미하게 극대화할 수 있다.

이를 위해 미국 정보 공동체가 운영하는 NIO(National Intelligence Officer) 제도를 벤치마킹할 필요가 있다. NIO는 과거에는 CIA 소속이었다. 현재는 9·11 테러 이후 신설된 DNI 소속이다. NIO는 국가 최고의 정세분석관이다. 10여 명 정도가 있고, 주요 안보 이슈별로 담당 분야가 있다. 러시아 담당도 있고 북한 핵 문제 전담 NIO도 있다. 이들은 대부분 정보기관에서 오래 근무한 정보 분석 베테랑 중에서 선발된다. 저명한 외교관 출신도 있다. 이들은 학계 및 민간 연구소와 지속적으로 교류하며 그들의 연구 결과를 흡수한다. NIO들은 수시로 정책 보고서를 쓴다. 중장기 정세 예측 보고서다. 이 예측을 참고하여 정부는 국가의 안보 정책 방향을 설정한다. 또한 이 예측은 필요한 안보 인프라 구축을 위한 투자 결정의 근거가 된다.

국정원이 미국 NIO 같은 역할을 맡아 안보실장을 포함한 정책 결정자들에 대한 정책보좌를 시스템화하면 우리나라의 국가안보 운영 방식도 한층 업그레이드될 것이고, 국가의 모든 안보 역량이 낭비 없이 통합되는 결과를 가져올 것이다.

정책 구상을 위한 상상력의 체계화

박근혜 전 대통령은 북한 내부에서 식량 폭동과 같은 특별한 소요 사태가 발생할 가능성에 주목하고 있었다. 당장 그럴 가능성이 있다는 차원에서의 관심이 아니었다. 우리 국가안보에 결정적 영향을 미칠 수 있는 비상사태 발생 가능성에 유의하고 이에 대해 국가가 당연히 준비해 두어야 한다는, 국가안보 최고 책임자이자 군 통수권자로서 책임 차원의 관심이었다.

　이런 박 대통령의 준비성을 감안하여 당시 국가안보실은 북한 내 비상사태 발생 가능성을 상시적으로 연구 검토했었다. 국정원이 그간 발전시켜 온 연구 내용이 국가안보실 연구의 바탕이 되었다. 이 문제에 관해 극소수 인원만 참석한 비공식 간담회도 있었고 나도 이 간담회에 참석했다.

　상상이 안 되는 것을 생각해 보는 'Think unthinkable' 식의 상상력은 정보 업무의 속성의 하나다. 도저히 설득되지 않을 사람을 스파이로 포섭하는 일에도 상상력이 동원된다. 정보 타깃의 깊숙이 감추어진 시설에 대한 해킹도 마찬가지다. 국정원은 상상력을 동원해 북한 내부 정세 변화의 숱한 시나리오를 상정해 보아야 한다. 북한의 레짐 체인지(regime change)는 언급 자체가 북한을 자극한다며 금기시되어 있지만, 국정원은 이를 포함한 모든 상황을 상정해서 미래를 예측하는 시나리오를 발전시킬 수 있다. 이런 시나리오가 중장기 안보 정책의 로드맵으로서 우리 대북 정책의 가이드라인이 될 수 있을 것이다.

　상상력은 미래 정책 구상의 핵심 요소다. 국정원이 이를 상시적으로 동원하여 정책을 점검해 나가는 중심 역할을 할 수 있다. 이것이 국정원의 위상을 국가의 중장기 안보 정책 대안을 모색하는 국가 시스템의 중심축으로 복원시켜야 하는 이유다.

역경과 시련을 넘어 새로운 도약을 위하여

　1990년대 초 오랜 기간 CIA에서 분석관을 지낸 칼 포드(Carl Ford)는 〈워싱턴 포스트〉 칼럼을 통해 "CIA가 망가졌다"고 한탄한 적이 있다.

당시는 CIA가 냉전 이후 무엇을 해야 할 것인가 하는 미래의 업무 방향을 놓고 논란에 휩싸이고 있었던 시기이다.

> CIA는 멍든 조직이다. 너무 오랜 기간 끊임없이 비판받아 왔다. 이런 상황에서 CIA에는 진정한 리더가 있어야 한다. 다그치기만 하는 엄격한 지도자로는 안 된다. CIA는 골병이 들었고 엉망이 되었다. 누구도 믿을 수 없을 정도로 엉망이다. CIA가 현재 지속되고 있는 국가 위험에 제대로 대처할 수 있을까? 이 질문에 대한 대답은 현시점에서는 'NO'이다. CIA는 정보와 아이디어가 가장 강력한 무기로 등장하는 향후 전개될 싸움에서 앞을 내다보는 능력을 상실하고 있다. 향후 전쟁에서 우리가 지고 이기는 것은 정보가 좌우한다.
>
> (CIA is bruised organization by so many years of public criticism and it needs leader, not a martinet. CIA is bruised and in ruins. It is broken. It is so broken that nobody wants to believe. Can CIA meet the ongoing threats? The answer at this moments is No. CIA found itself unable to see the way forward in a battle where information and ideas were the most powerful weapons. We will win or lose by virtue of our intelligence.)

오래전에 읽은 글이지만 나는 이러한 칼 포드의 탄식이 적폐 청산으로 망가진 국정원의 모습에 그대로 적용된다고 생각한다. 칼 포드는 향후 전개될 싸움에서 이기고 지는 것은 정보에 달렸다고 지적했다. 또한 망가진 정보기관은 국가안보에 필요한 정보를 생산할 수 없다고도 했다. 지극히 당연한 지적이다. 두말 할 필요 없이 국정원은 향후 우리의 국가 안위에 필수적인 국가정보를 생산할 수 있어야 한다. 그러나 칼 포드의 지적처럼 망가진 정보기관은 결코 좋은 정보를 생산하지 못한다.

현재 국정원의 업무 중 모험이 수반되지 않은 통상적인 일은 그런 대로 돌아간다. 그러나 그 이상의 돌파적 정보 업무를 추진하는 동력은 상실돼 있다. 국정원은 그저 그런 행정 관료 조직이 되었다. 세상에서 가장 정보기관답지 않은 정보기관의 모습으로 변했다. 이런 모습으로 국정원이 장차 우리가 직면한 국가안보 위기를 헤쳐 나갈 정보기관으로서 소임을 제대로 수행할 수 있을까? 대답은 안타깝게도 긍정적이 못 된다.

그 때문에 국정원이 하루빨리 정보기관다운 제 모습으로 돼야 한다. 국가 안위를 위해서 반드시 그래야만 한다. 한번 다친 마음과 심리의 치유는 쉽지 않다. 단기간에 이루어질 수도 없다. 또한 말로 되는 일이 아니다. 말로 아무리 애국심을 강조하고 심기일전하자고 외쳐도 한번 다친 심리와 무너진 조직에 대한 신뢰는 쉽게 돌아오지 않는다.

방법은 단 하나다. 정보 운영의 기본으로 돌아가 이를 국정원 운영에 적용하고 이를 정착시키는 축적의 시간을 기다리는 것이다.

정보 운영의 기본은 새로운 것이 아니고 누구나 다 아는 상식이다. 그것은 정보 업무가 아무나 할 수 없는 전문 영역, 즉 프로의 세계라는 것이다. 그간 이 뻔한 상식이 역대 대통령들의 국정원 인사에 제대로 반영되지 않았다. 역대 대통령은 국정원 인사에 자신의 측근을 주로 보임했다. 정보 전문성이 없어도 상관하지 않았다. 이제 대통령을 포함 그 누구도 국정원에 정치적 역할을 주문하지도 않고, 주문할 수도 없다. 국정원은 더 이상 권력 기관이 아니다. 국가안보를 위한 정보기관 본연의 활동에만 전념할 수 있는 순수 선진국형 전문 정보기관으로 변모를 요구받고 있다.

그렇다면 이제 국정원 지휘부는 정보 경력과 전문성을 갖춘 정보 프로 중에서 보임하는 것이 상식이다. 축구장에 야구 선수를 보낼 수는 없는 노릇이다. 국방부는 늘 군 업무에 밝은 군 출신 인사가 장관직을 수행한다. 경제 분야도 마찬가지다. 경제 전문가가 국가 경제 운영을 맡는다. 그런데 유독 국정원장직만은 정보 전문성이 외면되고 대통령 자신의 측근을 임명하는 것이 그간의 패턴이었다. 이제 바뀌어야 한다. 나는 앞으로 정보가 프로의 세계라는 정보 운영의 기본이 국정원 인사를 통해 복원되는 전통이 수립되었으면 한다. 국정원장을 대통령이 신뢰하는 인사로 보임하는 것은 있을 수 있다. 그러나 나머지 간부들은 국정원 출신으로만 구성하는 것이 맞는 상식이다. 국정원 출신 중에 훌륭한 인사가 많이 있다. 단지 정보 업무의 특성 때문에 외부에 알려져 있지 않을 뿐이다. 외부 인사는 뜨내기처럼 원장직을 수행할 수밖에 없다. 아무리 유능하더라도 국정원의 문화와 정서, 정보 업무를 깊이 이해하지 못한다. 무엇보다 국정원장직 수행을 최고의 천직으로 생각하고 국정원의 발전을 소명으로 생각하는 의식이 아무래도 약하다. 국정원 직원의 애환을 이해하고 이를 대변할 수 있어야 하는데, 한계가 있을 수밖에 없다.

그간 훌륭한 리더십을 갖춘 외부 출신 국정원장도 있었다. 또한 국정원 출신이 반드시 좋은 지휘관이 된다는 보장도 없다. 정보 업무 경력은 필요조건이지 충분조건은 아니다. 국정원 출신이라 하더라도 리더로서 자질이 없고 국정원 근무 시 평소 국정원 직원들로부터 신뢰를 받지 못했다면 이는 중대한 결격 사유가 된다. 미국의 경우 장관과 같은 중요 보직은 FBI가 철저히 인사 검증을 한다. 그 검증 자료에는 세평도 포함돼 있다. 국정원장 선임 시 국정원 직원 간 세평을 포함할 수 있을 것이다. 국정원장은 혼자 업무를 수행할 수 없다. 국정원 직원들의 역량을 최대한 결집하여 소기의 성과를 달성해야 하는 직책이다. 국정원 직원의 신뢰가 필수적인 것도 이 때문이다.

나는 윤석열 정부가 국정원의 정보 역량 강화를 위한 특단의 조치를 강구했으면 한다 이를 위해 TF를 설치, 국가 정보 역량 강화 방안을 깊이 논의하기를 바란다.국정원의 개혁은 정권이 바뀔 때마다 끊임없이 시도되어 왔다. 문재인 정부에서는 국회 차원에서 본격적인 개혁 시도가 있었다. 국정원법도 바꾸었다. 그러나 이 모든 노력은 국정원의 역량 강화를 위한 시도가 아니었다. 모두 정치 개입이나 인권 침해 방지를 명분으로 '국정원이 무엇을 해서는 안 된다'는 금기 사항 지정에 초점이 맞추어진 것이었다. 장차 국정원이 직면할 안보 환경은 어떻게 변할 것인지, 이런 상황 속에서 국정원은 무엇을 해야 하고 이를 위해 어떤 역량을 갖추어야 하는지에 대한 심도 있는 개혁 논의는 한 번도 없었다.

최근 세상은 급변하고 있다. 그 변화의 속도는 상상을 초월할 정도로 빠르다. 인공지능(AI), 챗GPT, 양자 컴퓨터, 드론 등 과학 기술의 발달로 안보 및 정보 환경이 급격히 변하고 있다. 정보기관의 미래는 새로운 과학 기술을 정보 업무에 어떻게 접목하느냐에 달렸다. 때문에 이러한 급변하는 정보 환경 변화를 종합적으로 검토해 국정원의 정보 역량을 획기적으로 개선하는 방안에 대한 연구가 시급하다. 그뿐만 아니라 국방부 등 정부 관련 부처를 모두 포함한 국가 전체의 정보 역량을 재점검하고 강화하는 방안도 종합적으로 검토할 때가 되었다. 이것이 국정원 혁신 TF를 조속히 출범시켜야 할 주된 이유다.

국정원 혁신 TF 다루어야 할 과제가 산적해 있지만, 중요한 몇 가지만 예시해 본다.

혁신과제 1. 국정원법 개정

2021년 10월 민주당 단독 표결로 개정된 현 국정원법은 정보활동 내용을 엄격히 제한하는 데 주안점을 둔 법이다. 국정원법은 국내외 정보 수집·작성·배포를 국정원의 주 업무라고 규정하고, 그 외의 직무 내용을 방첩, 국제 범죄, 대테러 등으로 한정하고 있다. 이 직무 내용은 국가 정보기관이면 법 규정이 없어도 당연히 하는 일들이다. 문제는 '이것만 하라'고 직무 내용을 한정시킨 것이다. 이를 어기면 적폐 청산 과정에서 보듯이 형사 처벌 대상이 된다. 또한 앞에서 지적한 대로 국가 정보기관의 핵심 기능의 하나인 비밀공작(covert action)에 관해서는 어떤 규정도 없다.

국정원법처럼 정보기관의 직무를 구체적으로 세분화해 규정하고 있는 경우는 세계적으로 유례가 드물다. 급변하는 안보 및 정보 환경에 제대로 대처할 수 있어야 하는 데다가, 정보기관이 국가안보를 지키기 위해 무엇을 어떻게 해야 하는지 역사를 통해 관행적으로 인식하고 있기 때문이다. 그런데 유독 우리나라만 이런 경직된 법을 갖게 된 것은 우리 정보기관이 과거 권력 기관 역할을 해 온 역사적 과정을 거쳤기 때문이다. 이 때문에 국정원의 임무와 기능을 구체적으로 특정할 필요가 있었던 데다, 특히 2021년 국정원법 개정 시 좌파 정치권이 국정원의 기능 약화를 위해 국정원을 '몹쓸 기관'으로 악마화하면서 국정원 규제에 초점을 두었기 때문이다.

그간 국정원에 대한 우려는 정치 개입과 인권 침해 두 가지였다. 국정원은 더 이상 권력 기관이 아니다. 더 이상 정치 개입 우려도 인권 침해 우려도 없다. MZ 세대 직원들이 그런 지시를 따르지도 않는다. 만약 위반 사례가 있을 경우 현행 형사 처벌 규정으로 다루면 된다. 선진국도 그렇게 한다.

현행 국정원의 직무에 관한 법 규정을 선진국 형으로 고칠 필요가 있다. 특히 국정원이 정보기관의 기본 임무 가운데 하나인 비밀공작 활동을 수행할 수 있는 규정을 두어야 한다. 국정원법의 전면 개정이 어렵다면 현행 직무 규정을 '예시로 한다'는 문구를 명시해 직무 범위에 융통성을 부여하는 방안도 있을 것이다.

앞에서 언급한 칼 포드의 지적처럼 향후 우리가 직면할 안보 정세 하에서는 정보와 아이디어가 승패를 좌우한다. 정보와 상상력에 의한 아이디어 생산은 국가 정보기관인 국정원이 감당해야 할 몫이다. 이를 위해 국정원의 직무 범위를 경직되게 묶어 놓은 현행 법 규정을 개정해야 한다.

혁신과제 2. 국내보안정보 기능의 복원

윤석열 대통령은 2023년 8·15 경축사에서 "우리 사회에는 대한민국 번영을 훼방하는 반국가 세력이 있다"고 강하게 지적했다. 야당을 포함, 좌파 세력이 이를 냉전 시대 사고일 뿐이라고 폄하하고 있지만, 이 세력의 존재는 엄연한 현실이다. 튼튼한 둑도 개미굴에 의해 무너진다는 경고처럼 이 세력은 가볍게 보아서는 안 될, 우리 안보에 심각한 위협이다. 윤석열 대통령은 이들 세력들이 민주주의 운동가, 인권운동가, 진보주의 행동가로 위장하고 있다고 지적했다. 보이지 않는 암(癌)처럼 암약하고 있음을 지적한 것이다. 이런 보이지 않는 위협 세력으로부터 국가를 보호하는 책무는 모든 다른 나라에서도 그렇듯이 국가 정보기관의 몫이다. 모든 나라가 국가공안(internal security) 기능, 즉 내부의 위협으로부터 나라 지키는 기능을 두고 있는 이유다.

윤석열 대통령의 지적은 문제 제기로 그쳐서는 안 된다. 이 위협에 실질적으로 대처하는 국가 인프라를 강화하는 후속 조치가 반드시 뒤따라야 한다. 그 후속 조치는 국정원의 국내보안정보 기능의 정상화를 의미한다.

간첩을 잡는 일은 환부를 도려내는 외과 수술과 같다. 그러나 국가공안 기능은 외과 수술로만 제 기능을 다할 수 없다. 병든 환부를 끊임없이 진단하고 처방하는 내과적 접근도 필수다. 이를 감당할 수 있는 국정원의 국내정보 기능 복원과 강화는 좌파 세력들의 격렬한 반대에 부딪치게 될 것이다. 그들은 늘 그래 왔듯이 민주주의와 인권을 명분으로 내세울 것이다. 그러나 '자유는 공짜로 얻어지는 것이 아니다(Freedom is not free)'라는 금언이 시사하듯이 사회의 안녕과 안전은 그냥 지켜지지 않는다. 공동체 구성원들은 자발적인 기본권 행사의 자제와 양보 및 희생이라는 대가를 지불해야 한다. 또한 공공 안녕의 신장은 바로 공동체 구성원의 실질적 인권 신장과 직결된다. 이 때문에 우리 국가와 사회의 안녕과 번영을 가로막는 세력들의 준동을 막는다는 결연한 사회적 이성이 반국가 세력의 선동을 더 이상 허용하지 않도록 해야 한다. 아울러 국민도 국내공안 기능의 중요성을 인식하고 국정원을 신뢰하고 성원하게 되기를 바란다.

6·25 전쟁 당시 김일성과 박헌영은 스탈린에게 북한군의 남침 시 남한 국민 20만 명이 호응할 것이라고 장담했다. 그 장담이 6·25 남침을 부추긴 전쟁 논리의 하나였다. 한국 내 반국가 세력의 존재는 그 세력이 크든 작든 6·25 전쟁과 같은 오판을 불러일으킬 수 있다. 우리 사회가 반국가 세력의 준동을 발본색원하여 북한의 오판 가능성을 원천 봉쇄하는 단단한 자유 민주주의 사회가 되어야 하는 이유다. 6·25 전쟁이 준 살아 있는 교훈이다.

국내보안정보의 필요성을 외면하고 있는 현행 외눈박이 국정원을 온전한 국정원으로 만들어야 한다. 국정원 혁신의 핵심 과제다.

혁신과제 3. 첨단 과학 기술 활용을 통한 정보 역량 고도화 방안 강구

국정원은 그간 첨단 과학 기술을 정보 업무에 지속적으로 활용해 왔고 관련 연구도 계속 진행해 왔다. 그 성과의 하나로 북한의 해킹을 탐지하고 방어하는 기술 수준이 세계 최고가 되었다.

그러나 안주해서는 안 된다. 최근 첨단 기술의 진화는 상상을 초월할 정도로 빠르며, 안보 환경의 새로운 영역을 구축할 정도의 변수로 떠오르고 있다. 인공지능과 드론, 우주 공간의 활용은 정보 전쟁의 새로운 게임 체인저로 등장하고 있다. 이에 따라 정보 업무의 패러다임도 빠르게 변하고 있다. 첨단 기술의 활용은 향후 정보기관의 미래를 결정짓는 사활적 요소가 되고 있다.

국정원도 그 필요성을 절감하고 계속 관련 연구를 진행하고 있을 것으로 생각된다. 그러나 국정원이 자체적으로 관련 연구를 진행시키는 데는 구조적 한계가 있다. 국정원 직원들은 항상 당면 업무에 몰두할 수밖에 없다. 직원들의 수도 한정돼 있어 새로운 분야에 대한 연구에 몰두할 여력이 없다. 더구나 이런 분야는 새로운 고도의 전문 기술 분야다. 공무원보수규정 때문에 최고의 전문가를 활용하기가 어렵다. 나도 국정원장 재직 시 사이버 최고 전문가 영입을 검토했으나 여러 가지 제약 때문에 포기해야 했다.

따라서 특단의 대책이 필요하다. 국정원의 외곽 조직으로 연구단을 설치하는 방안도 있을 것이다. 이 연구단은 기본적으로 첨단 기술을 정보 업무에 어떻게 활용하느냐를 연구할 것이다. 다른 국내 유수의 첨단 기술 연구소와 연계하여 새로운 안보 및 정보 플랫폼을 만들고 업데이트하는 연구 센터가 될 수 있을 것이다. 연구단의 연구 결과는 정보 업무뿐 아니라 첨단 무기 체계 등 다른 안보 영역에도 활용되어 국가 전체의 안보 역량 강화에 기여할 수 있을 것이다.

1990년대 미국에서 근무할 때 〈뉴욕 타임스〉지에 게재된 기사 하나를 읽은 적이 있다. 그 기사는 CIA가 매년 내부 행사로 올해의 과학상(Annual Award of Science)을 시상하는데 그해 수상자로 특별한 장애를 지닌 요원이 선정되었다는 기사였다. 그 직원은 MIT를 나온 직원으로 미국 전역에 산재한 과학 연구소를 순회하며 정보 업무에 활용할 수 있는 기술을 조사하는 일을 맡았다. 순회 중 로스앤젤레스에서 서핑을 하다가 목이 부러지는 중상을 입어 하반신이 마비되었다. 그는 입에 문 연필로 컴퓨터를 작동하면서 30년 이상 마이크로웨이브 분야를 연구했고, 그 공로로 올해의 과학상을 수상했다는 기사였다.

이 기사가 시사하듯이 미 정보기관이 첨단 기술을 정보에 활용한 역사는 오래됐다. 냉전 기간 소련 영공을 가로지르면서 사진 촬영을 한 세계 최초의 고공 감시 자산인 U-2기의 개발은 MIT 출신으로 CIA 소속인 비셀 공작차장보가 주도했다. 그 U-2기가 오늘날 지구 전체를 실시간으로 들여다보고 있는 미국 정찰위성의 효시이다. 현대 컴퓨터의 발달도 국가안보국(NSA)의 암호 해독 능력 제고에 크게 기여했다. 현재도 미 정보기관은 연구개발(R&D)에 막대한 투자를 하고 있다.

이제 우리도 이 부문에 특단의 조치를 취할 때가 되었다. 이 조치는 미래 국가정보 요구를 효율적으로 충족시키기 위한 국가안보 기반 구축 작업이다. 이를 위한 과감한 투자가 이루어져야 한다. 구체적인 추진 방안은 국정원 혁신 TF가 국정원과 협의해 마련할 수 있을 것이다.

혁신과제 4. 정보 분야별 베테랑 양성을 위한 인사 운영 제도 정비

어떤 정보기관이 일류인가 그렇지 않은가는 무엇보다 직원들의 자질에 좌우된다. 모든 정보기관이 직면하고 있는 최대의 과제는 어떻게 하면 우수한 직원을 뽑아 최고의 정보 전문가로 만드느냐이다.

좋은 정보요원은 제너럴리스트(generalist)인 동시에 스페셜리스트(specialist)가 되어야 한다. 정보요원의 제너럴리스트적 자질은 군인 못지않은 투철한 애국심과 헌신, 용기, 그리고 외교관 못지않은 해박한 국제 관계 지식, 기자 못지않은 집요함과 순발력, 학자 못지않은 학문적 안목과 통찰력 같은 덕목을 의미한다. 스페셜리스트 자질이란 정보 업무 각 장르별로 최고의 정보 기술 전문가로서의 실력과 역량을 갖추어야 한다는 의미다. 이런 자질을 갖춘 정보 베테랑이 많을수록 그 정보기관은 유능한 정보기관이 된다.

다른 분야에서도 그렇듯이 훌륭한 정보 베테랑은 하루아침에 만들어지지 않는다. 한 분야에서 오랜 기간 숙련의 과정을 거쳐야 한다. 그러려면 인사 운영 시스템이 안정적이어야 한다. 직원들이 자신이 담당한 직책에서 경력 사다리(career ladder)를 예측할 수 있어야 한다.

그간 국정원의 인사 시스템은 안정적이지 못했다. 정권에 따라 인사 운영의 부침이 심했다. 특히 좌파 정권이 집권하면서 원칙 없는 자의적 인사 전횡 현상이 심해졌다. 정치권의 간섭도 있었고 지역주의도 영향을 미쳤다. 순환 보직을 한다고 국내 요원을 해외에, 해외 요원을 국내 분야에 보직한 경우도 있었다. 이런 불안정한 인사 운영 방식으로는 국정원이 결코 좋은 정보기관이 될 수 없다.

좋은 인사 운영 시스템의 기본은 시스템에 의한 공정한 인사다. 또한 좋은 인사 운영 시스템은 직원들이 장기적으로 자신의 경력을 계획하고 이에 따른 전문 지식과 경력을 쌓을 수 있는, 직원 모두가 공유하는 예측 가능한 시스템을 의미한다. 국정원장들이 이런 인사 운영 시스템을 지켜 함부로 바꿀 수 없는 전통으로 정착되면 국정원이 필요로 하는 정보 베테랑은 자연히 육성된다.

나는 국정원 직원들이 자신의 커리어의 정점이 차장까지는 할 수 있다고 예측하는 것이 바람직하다고 생각한다. 물론 차장은 정무직이다. 정무직 인사는 대통령의 권한에 속한다. 그러나 대통령들이 차장을 국정원 커리어 출신 중에서 임명하는 것을 전통으로 정착시키면 국정원 인사는 안정적 운영의 궤도에 진입하게 될 것이다. 앞에서 지적했듯이 국정원장도 가급적 커리어 출신 중에서 임명하는 것이 바람직하겠지만, 대통령의 국정원 운영 방향, 의지 및 판단에 따라 커리어 출신이 아닌 인사를 보임할 수도 있을 것이다. 그러나 차장까지는 커리어 출신에서 보임하는 것이 흔들리지 않는 전통으로 자리 잡게 되면 국정원 직원들의 사기와 자부심 그리고 활력이 상승할 것이며, 이는 바로 국정원의 정보 역량이 크게 제고되는 요인이 될 것이다.

공채되는 국정원 직원의 초임 직급은 7급으로부터 시작되는 것이 일반적이다. 또 직급별로 일정한 복무연한, 즉 계급 정년을 두고 있다. 그 연한을 지난 후 다음 직급으로 진급하지 못하면 퇴직해야 한다. 이 제도는 물론 인사의 신진대사를 위해서 필요하다. 문제는 국정원의 정원이 한정된 상황에서 신입 직원 수와 퇴직 직원 수의 불균형으로 인해 40대 후반이나 50대 초반에 퇴직하는 직원이 많이 생기고 있다는 점이다. 50대 초반은 한창 일할 나이다. 그런 직원들이 국정원을 떠나게 되는 것은 국정원의 정보 경쟁력 약화를 의미하며 직원 사기에도 큰 영향을 미친다. 선진국 정보기관에서는 30년 이상 한 분야에서 근무한 베테랑을 쉽게 볼 수 있다. 나도 원장 시절 이 문제 해결을 위해 많은 고심을 했으나 뾰족한 해결책을 찾지 못했다. 우수한 일부 퇴직 직원들을 자문역으로 임명하는 등 미봉책을 운영했을 뿐이다.

정보 업무는 임무(mission) 중심으로 전개된다. 오사마 빈 라덴을 추적한 CIA 팀은 10년을 같은 임무에 매달렸다. 국정원도 마찬가지다. 공작원을 포섭하는 과정은 물론 철저히 보안을 지키면서 생산적으로 공작원을 운영하는 데는 고도의 정보 기술이 필요하다. 공작원과 공작관(Case Officer) 사이에는 인간적 신뢰가 유지돼야 하므로 담당 공작관을 자주 바꿀 수는 없다. 정보 분석 분야도 마찬가지다. 국정원에는 북한 정보 분석 분야에서만 수십 년 근무한 베테랑들이 많다. 따라서 국정원 인사는 일반 정부 부처와 달리 잦은 순환 보직을 하지 않는 것이 바람직하다. 한 분야에 오래 근무토록 해 그 분야에 정통하게 만드는 인사 운영 방식이 필요하다.

현재 국정원 직원은 일반 정부 부처 공무원과 동일한 직급 구조를 가지고 있다. 그러나 엄격한 계급 정년 제도를 가지고 있다는 점과 국 단위 부서의 규모(직원 수)가 매우 크다는 점에서 일반 행정 부처와는 다르다. 이 때문에 다른 정부 부처에 비해 고위 직급이 많다. 또 담당 업무가 매우 광범위하고 오랜 숙련의 과정이 필요하다는 업무 특성도 많은 고위 직급이 필요한 요인이 되고 있다.

국정원은 보안을 위한 차단의 원칙 때문에 타 부서와의 긴밀한 업무 협의가 제한되어, 각기 특화된 업무를 독립적으로 수행하는 다수의 실무국들이 있다. 이 실무국을 지휘하는 국장은 군의 사단장과 같은 역할을 수행하는 지휘관이다. 국장의 직급은 대부분 1급이다. 국정원 창설 이래 유지해 온 직급 구조이다. 국정원의 업무와 역사를 모르면 국정원 직급이 다른 정부 부처와 비교해 형평이 맞지 않는다고 쉽게 생각할 수 있다. 이런 현상이 윤석열 정부의 국정원 운영에서 그대로 나타나, 일부 국장 직급이 2급으로 낮추어진 것으로 알려졌다. 이렇게 되면 많은 유능한 직원들이 계급 정년에 걸려 젊은 나이에 국정원을 떠나야 한다.

국정원 혁신 TF가 계급 정년제를 포함하여 직급 구조, 우수 인적 자원의 선발과 교육, 경력 관리와 국내 연수 및 해외 유학 등 국정원 인사 운영 시스템을 전반적으로 재점검하여 최적의 방안을 마련하기를 바란다. 직원 모두가 수긍하는 공정한 인사 운영 시스템의 구축은 문재인 정부가 남겨 놓은 국정원의 상처를 치유하는 필수적 처방이다. 국정원 직원들의 사기가 회복될 것이며 국정원 재도약의 발판이 될 수 있을 것이다.

현재의 순환 보직 방식도 개선이 필요하다. 과거 안기부의 해외 부문은 지역 언어에 능통한 지역 전문가를 다수 보유하고 있었다. 외교부는 보통 한 지역에서 2~3년 근무 후 다른 지역으로 순환 보직한다. 그러나 과거 안기부는 4년 이상을 기준으로 순환 보직을 했고, 같은 지역에 또다시 파견하는 인사 방식을 운영했다.

일본 지역을 예로 들어 보면, 일본 지역 파견관은 현지와 국내 데스크에서 일본 관련 업무만 담당토록 해 일본 전문가를 양성했다. 그 결과 당시 안기부의 일본팀은 최상의 일본어 능력과 일본 내 광범위한 인적 네트워크를 가진 베테랑들로 구성됐다. 일본의 최고위층 인사와 오래전부터 인연을 맺어 그가 총리가 된 후에도 상호 연락을 주고받는 직원이 있을 정도로 인적 네트워크가 탄탄했다. 미국 업무도 마찬가지다.

미국 내 안기부 책임자는 미국 근무 경험자 중에서 발탁하여 보임하곤 했다. 또한 당시 안기부는 아프리카어, 동유럽어, 러시아어와 같은 특수 언어 분야에서도 국내 최고 수준의 어학 요원을 확보하고 있었다. 안기부가 오랫동안 공들여 양성한 결과이다.

이들의 지역 전문성은 안기부의 중요한 정보 자산일 뿐만 아니라 국가적 외교 자산이기도 했다. 이들 파견관은 당시 지역별 교역 확대에도 기여하는 등 국익이 걸려 있는 여러 분야에서 전방위적으로 활동했다. 현지 대사들도 국정원 파견관의 어학 능력과 지역 전문성에 의존한 바가 컸다. 지금은 특수 언어를 구사하는 인적 자원이 많지만, 당시에는 그 수가 제한적이었기 때문이다.

안기부 시절의 이와 같은 해외 부문의 사례는 향후 국정원 인사의 중요 교훈이 될 것이다. 국정원은 고만고만한 제너럴리스트보다는 한 분야에서 최고가 되는 스페셜리스트의 양성에 인사 운영의 초점을 맞추어야 한다. 현 국정원이 최고의 대공 수사 역량을 갖추고 있는 것은 오랫동안 수사 업무에만 천착한 베테랑을 많이 보유하고 있기 때문이다.

국정원 직원들이 현장에서 어떻게 순발력과 기지로 부여된 임무를 수행했는가를 보여 주는 에피소드를 소개한다.

지금도 종종 발생하지만 우리 사회에서 범죄를 저지르고 북한으로 도피하는 국민이 가끔 있다. 이런 국민의 방북을 방치하는 것은 개인의 불행이기도 하지만 북한에게 좋은 심리전 소재가 된다. 해외로 탈출하려는 이들이 국제공항을 통해 방북하는 것을 저지하는 것은 참으로 어려운 일이다. 여행의 자유가 허용되는 국제공항에서 이들의 방북을 저지하는 것은 자칫 외교적 문제를 일으키기 쉽다. 물리력 동원이 불가능하므로 결국 설득을 하는 수밖에 없다. 이 임무를 부여받은 직원은 고독하다. 나는 2건의 사례를 알고 있다.

사례 하나는 유럽의 한 공항에서 일어난 일이다. 가장 어려운 부분은 잔뜩 경계심을 지닌 상대에게 어떻게 접근하여 말문을 트느냐이다. 대상자는 군 장교 출신이고 가족을 동반했다. 국정원 파견관은 박씨 성을 가진 그에게 "김 선생 아니시냐?"라고 물었다. 박 씨는 아니라고 부인했고 그 과정에서 자연히 말문이 트였다. 파견관은 "아이들의 장래를 생각하라"고 방북을 말렸고, 대상자는 설득돼 귀국했다.

또 다른 사례는 동남아에서 발생한 사건이다. 파견관은 주재국 경찰로 가장했다. 영어로 대상자에게 조사할 것이 있다고 통보했다. 주재국 경찰과 협력해 방을 하나 빌려 설득했고, 대상자는 방북을 포기했다.

아무것도 아닌 사건들이라고 가볍게 볼 수도 있다. 그러나 이런 사례들이 미연에 방지되지 않았으면 어떤 방향으로 전개됐을지 아무도 모른다. 그렇게 국정원 직원들은 아무도 알아주지 않는 헌신을 통해 잘못에 빠지는 국민을 구하고 안보를 지키는 최일선에서 활동한다.

맺는 말

국정원은 국제 기준에서 보면 큰 정보기관이 아니다. 다른 나라 정보기관에 비해 직원 수도 예산도 모두 적다. 그렇지만 국가안보의 최일선에서 국가안보를 지키는 국가의 제일 방어선의 소임을 잘 감당하고 있다. 국정원은 오직 국가 수호를 사명으로 여기고 노심초사하는 특수 조직이다. 직원들은 어느 정부 부처 공무원보다 투철한 애국심과 강한 소명 의식으로 뭉쳐 있다.

그러나 국정원에 대한 우리 사회의 인식은 대체로 이런 점들을 간과한다. 그리고 국정원을 여전히 과거 중정 시절의 인식에 묶어 놓고 있다. 언론은 아직도 국정원을 5대 권력 기관의 하나라고 묘사하곤 한다. 오해와 편견이다. 나는 국정원장으로서 내가 권력자라고 한 번도 생각해 본 적이 없고 권력을 누려 본 적도 없다. 이제 국정원에 대한 인식을 제 자리, 진실의 자리로 돌려놓아야 한다.

그간 여러 가지 논란이 있었지만, 이제까지 국정원은 국가안보에 필수적인 핵심 기능을 성공적으로 수행해 왔고 앞으로도 그럴 것이라 생각된다. 이것이 국정원에 대한 진실이다. 이에 대해 국민들이 국정원에 대해 더욱 깊은 신뢰와 격려를 보내 주기를 기대한다. 우리 앞에 놓여 있는 엄중한 안보 현실은 국정원이 최고의 정보기관이 되어야 할 것을 요구하고 있다. 하지만 이 목표는 국정원이 홀로 달성할 수 없다. 국민적 성원이 반드시 뒷받침되어야 한다.

이스라엘 대외 정보기관 모사드의 모토는 "지략이 없으면 백성이 망하여도 지략이 많으면 평안을 누리느니라"라는, 성경 「잠언」 11장에 나오는 구절이다. 이 성경 구절이 지적한 대로 국가 정보기관은 국가안보를 위한 파수꾼이며 길잡이이고 지략의 센터다. 국제 정세와 안보 상황의 불확실성이 어느 때보다 증가하고 있다. 지략 센터로서 국정원의 역할이 더 긴요해지는 상황이 전개되고 있다. 국정원은 최고 수준의 강한(Strong) 정보기관이 되어야 한다. 동시에 그 직무 수행이 현명하고(Smart) 날카로워야(Sharp) 한다. 그렇게 되어야 튼튼한 국가안보를 담보할 수 있다.

우크라이나 전쟁과 최근 발생한 중동 전쟁은 국정원의 강화를 시대적 소명으로 주문하고 있다. 나는 윤석열 대통령이 이러한 국정원의 역할과 기능에 대한 깊은 이해와 성찰을 하게 되기를 바란다. 국정원을 최고 정보기관으로 만드는 일은 오직 대통령만이 할 수 있다. 국정원을 신뢰하고 강한 기관으로 만들려는 대통령의 의지는 국정원 직원들의 사기와 자부심의 원천이 되고 국정원의 자체 역량 강화 노력을 촉진하게 된다. 반대로 대통령의 관심이 없으면 국정원은 그저 그런 허접한 정보기관에 머물게 된다.

윤석열 대통령은 국가 외교와 안보의 틀을 획기적으로 바꾸어 놓았다. 튼튼한 안보를 위해 외교 안보 기반을 더욱 튼튼하게 다져 가고 있다. 국정원의 진정한 개혁도 그에 못지않은 국가안보 강화 조치의 일환이다. 나는 윤석열 대통령이 국정원을 최고의 정보기관을 만들기 위해 특단의 리더십을 발휘하기를 기대한다. 그래서 국정원이 그동안 겪은 시련, 상처, 불행을 딛고 일류 정보기관으로 도약할 수 있는 발판을 마련한 진정한 국가안보 지도자라는 역사적 평가를 받게 되기를 소망한다.

좌파정권은
왜
국정원을
무력화 시켰을까

VIII. 감옥에서 찾은
하나님

서울구치소에 수감되다

〈광야를 지나면서〉라는 찬양곡은 이렇게 시작된다.

> 왜 나를 깊은 어둠 속에 홀로 두시는지
> 어두운 밤은 왜 그리 길었는지
> 세상에 어디에도 기댈 곳이 없게 하셨네
> 광야 광야에 서 있네.
> 주님만 내 도움이 되시는
> 주님만 내 빛이 되시는 광야
> 주님만이 내 친구 되시는 광야
> 주님의 손을 놓고는 하루도 살 수 없는 곳
> 광야 광야에 서 있네.

나는 2018년 6월 15일 깊은 어둠의 광야에 홀로 서게 됐다. 1심 재판은 불구속 상태에서 받았다. 검찰의 구속영장이 기각된 까닭이다. 그러나 1심 재판에서 유죄 선고를 받고 법정 구속되었다. 수갑을 차고 서울구치소로 끌려갔다. 입소 절차에 따라 3092번의 수감 번호를 부여받고 2평 남짓한 독방에 갇혔다. 기가 막혔다. 악몽을 꾸는 것 같았다.

다음날 문신을 잔뜩 새긴 젊은 수용자들과 함께 줄을 서서 신체검사장으로 이동했다. "담화 금지, 줄 똑바로 맞추어 걸으라"며 호송 교도관이 큰소리로 외쳤다. 참담했다. 국가정보를 책임졌던 내가, 그런 막중한 책임을 졌던 내가, 나라를 지키기 위해 밤낮으로 노심초사한 내가 어쩌다 잡범 수준으로 전락하는 신세가 되었는지, 자괴감과 모멸감이 가슴을 쳤다. 깊은 어둠의 광야에 나 홀로 서 있는 절박한 고독과 무기력이 엄습해 왔다.

갇힌 자의 삶은 짐승 같은 삶이다. 좁은 우리에 갇혀서 초원을 꿈꾸며 신음하는 상처 난 짐승 신세와 다를 바 없다. 우리에 갇힌 짐승이 때가 되면 먹이를 받아먹듯이 나도 맨 방바닥에 앉아 있다가 식사 시간이 되면 조그맣게 뚫린 배식구를 통해 들어온 밥그릇을 받았다. 배식과 식사, 빨래, 용변 등 하루에 수십 번씩 맨바닥에서 앉았다 일어났다 해야 한다. 몸의 경직도가 심해진 고령 나이에는 참기 어려운 육체적 고통이다.

그러나 이보다 더 어렵고 큰 고통은 정신적인 것이다. 억울함과 분노를 품은 채 무한대로 주어진 시간을 보내야 하는 기막힌 상황은 정신 건강을 위협한다. 우울증의 경계선 상에서 매일 신음할 수밖에 없었다.

매일 아침 6시경 기상한다. 일어나서부터 취침하는 저녁 9시 30분까지 무심히 벽만 바라보며 하루 종일 시간을 보내야 한다. 하루 한 시간의 운동 시간, 그리고 변호사 접견과 일반면회(접견이라고 부른다) 시간에만 감방 문이 열린다. 꽉 막혔던 숨통이 잠시 뚫리는 시간이다.

운동은 세로 15미터, 가로 4미터 정도의 좁은 운동장에서 하루 1시간 정도 이루어진다. 그러나 휴일에는 이런 운동 시간조차 없다. 그래서 일요일과 추석이나 설과 같은 긴 연휴 날들은 수용자에겐 끔찍한 날들이다. 운동도 면회도 없이 하루 종일 감방에 갇혀 벽만 쳐다보고 있어야 하기 때문이다. 책을 읽어도 집중력이 온전할 리 없다. 책 내용이 눈에 들어오지 않는다.

2018년 여름은 불볕더위가 기승을 부린 역사상 가장 더운 여름의 하나였다. 콘크리트 덩어리인 구치소 건물은 이글거리는 태양에 하루 종일 달구어졌다. 방에 설치된 조그마한 선풍기는 오히려 뜨거운 열기를 내뿜었다. 숨이 턱턱 막힌다. 밤은 고문처럼 여겨졌다. 더운 밤의 열기 때문만이 아니다. 울분이 해일처럼 밤이면 나를 삼켰다. 잠을 잘 수가 없었다.

내가 감옥에 있는 이유는 한마디로 박근혜 정부에서 국정원장을 지냈기 때문이다. 아무리 생각해도 기가 막혔다. 사냥꾼의 올무에 걸려 옴짝달싹 못 하는 짐승처럼 무력감에 머리가 짓눌리고 있었다. 깊은 어둠이었다. 출구가 안 보이는 캄캄한 깊은 어둠이었다. 마음을 다잡기 위해 성경을 읽었다. 통독을 했다. 그러나 머리에 들어오지 않았다. 말씀을 묵상해야 하는데 묵상하면 머리에는 억울함과 재판 생각만 가득 찼다. 이 울분이 구속 초기에 나를 못 견디게 힘들게 했다. "나를 치는 그들의 모든 생각은 사악이라"라는 「시편」 56편 5절의 말씀이 현실감 있게 다가왔다.

검찰의 태도가 그랬다. 내 주장은 외면되었고 나를 잡아넣기 위한 사악한 의도로 곡해되고 있었다. 나는 사냥꾼의 올무에 걸렸다. 유죄 판결의 결론은 이미 내려져 있었고 어떤 주장을 하든 아무런 의미가 없었다. 이런 상황에서 내가 할 수 있는 일은 없었다. 하나님께 매달릴 수밖에 없었다. 하나님께 부르짖을 수밖에 없었다. 기도밖에는 다른 방법이 없었다. 그렇게 하나님은 내게 다가오셨다.

루마니아 공산 치하에서 기독교인으로 14년 감옥 생활을 한 리챠드 범브란트(Richard Wurmbrand, 리하르트 부름브란트) 목사는 『하나님의 지하운동』이라는 자서전을 썼다. 잠실교회 림형천 목사께서 보내 주신 책이다. 공산 치하 루마니아 감옥은 고문과 생명의 위협이 일상화되어 있는 지옥과 같은 곳이었다. 그곳에서 흔들리지 않은 신앙을 지킨 범브란트 목사의 투쟁기는 감동이었다. 그는 나름대로 자신만의 일상을 만들어 하루하루를 견디었다.

> 나는 하루의 일과를 짜서 이를 꼭 지켰다. 나는 온 밤을 자지 않고 새웠다. 밤 열 시에 취침 벨이 울리면 나는 나의 프로그램을 시작했다. 우선 기도로 시작했는데 감사의 눈물을 흘리지 않는 날이 드물었다. 그다음 나는 교회에서처럼 "사랑하는 형제들이여"로 시작해서 아멘으로 끝나는 설교를 했다. 이 일과를 실행하는 데는 밤이 짧았다.

이 자서전은 믿음의 힘을 감동적으로 전하고 있다. 믿음은 지옥 같은 감옥 생활을 견디어 내는 위대한 인내를, 그리고 한 걸음 더 나아가 감사하는 마음까지 창출해 낸 것이다. 그러나 그 책을 읽을 당시에는 내겐 감동적인 책이었을 뿐 내가 겪고 있는 고통에 대한 큰 위로는 되지 못했다. 범브란트 목사와 같은 강한 믿음을 갖지 못한 나에게는 그저 수많은 다른 간증 얘기처럼 감동적 얘기일 뿐 큰 위로로 다가오지 못했다. 범브란트 목사도 끊임없이 자문했다.

> 하나님은 왜 나에게 이렇게 불공평하신가? 예수님은 어디 계신가? 나를 구

원하시기 위해 오시고는 계신가? 이 고난의 의미는 무엇인가?

같은 질문을 나도 수없이 반복했다. 이 고통을 어떻게 받아들여야 하는지. 그 답은 누구도 가르쳐 주지 않았다. 결국 나 스스로 찾아야 한다고 느끼기 시작했다. 나도 범브란트 목사처럼 일상을 만들었다. 그리고 그 스케줄에 따라 생활하기 시작했다. 기상하면 기도로 하루를 시작했다. 그리고 간략한 예배를 보았다. 기독교인인 한 교도관이 어느 날 내게 '하루양식'이라는 제목의, 매일 예배드리는 순서와 간단한 여러 목사님의 설교가 압축되어 실려 있는 예배 인도서를 전해 주었다. 나는 그 인도서에 따라 찬송을 조용히 부르고 성경 말씀을 읽고 그 말씀에 기초한 목사님들의 간략한 설교 말씀을 읽었다. 그다음에는 성경 필사를 했다. 독실한 크리스천인 엄상익 변호사가 어느 날 내게 「시편」 23편을 천 번 써 보라고 권유했기 때문이다. 항소심 선고일이 다가오고 있었다. 불안했다. 그 불안을 달래는 데 「시편」 23편 필사가 도움이 될 것이라는 엄 변호사의 권유였다.

여호와는 나의 목자시니 내게 부족함이 없으리로다.

그가 나를 푸른 풀밭에 누이시며 쉴 만한 물가로 인도하시는도다.

내 영혼을 소생시키시고 자기 이름을 위하여 의의 길로 인도하시는도다.

내가 사망의 음침한 골짜기로 다닐지라도 해를 두려워하지 않을 것은 주께서 나와 함께 하심이라 주의 지팡이와 막대기가 나를 안위하시나이다.

주께서 내 원수의 목전에서 내게 상을 차려 주시고 기름을 내 머리에 부으셨으니 내 잔이 넘치나이다.

내 평생에 선하심과 인자하심이 반드시 나를 따르리니 내가 여호와의 집에 영원히 살리로다.

이 글을 매일 40번씩 썼다. 1시간 정도 소요되었다. 영어로도 썼다. 쓰는 과정은 엄 변호사의 권유대로 큰 위로였다. 쓰는 데 집중하면 불안감이 스며들지 않았다. 특히 "사망의 음침한 골짜기에 있지만 주가 나와 함께 계신다"는 구절은 감옥에서 신음하고 있는 내게 개인적으로 주고 계신 말씀으로 다가왔다. 2018년 12월 11일 항소심 선고일까지 1,200번 정도 썼다.

항소심에서는 1심 판결과 달리 국정원장은 회계 직원이 아니라고 하고, 대신 제3자횡령 범죄를 저질렀다고 판결하여 2년 6개월의 실형을 선고받았다. 재판은 대법원으로 넘어갔다.

항소심이 끝난 후에는 내가 설정한 일상에서 「시편」 23편뿐 아니라 다른 성경 구절도 필사하기 시작했다. 동기생 신영철 박사가 『밑글씨 매일 쓰기 성경』 4권을 넣어 주었다. 그중 신약을 먼저 쓰기 시작했다. 성경 필사가 끝나면 신앙 서적을 읽었다. 김장환 목사, 이찬수 목사, 이재철 목사, 곽선희 목사님들의 설교집, 그리고 토마스 아 켐피스의 『그리스도를 본받아』, 팀 켈러의 『방탕한 선지자』 등 신앙 서적을 읽었다. 매일 아침 2시간 정도 소요되는 일상이었다.

오후 1시부터 2시까지 운동 시간이었다. 15미터, 4미터 고립된 운동장을 속보로 1시간 걸었다. 걸으면서 아침에 읽은 성경 구절과 신앙 서적에서 읽은 내용을 상고하면서 집중적으로 기도를 했다. 하나님께 내가 직면한 고난의 의미를 끊임없이 물었다. 성령께서 내게 이 고난의 의미와 답을 알려주시기를 간구했다. 성령의 뜨거운 체험도 주시기를 간절히 바랐다.

그러나 성령은 내 바람대로 뜨거운 체험으로 오진 않았다. 대신 조용한 깨달음으로 내게 다가오셨다. 내가 매일 구치소에서 경험한 여러 가지 사건을 그냥 지나치지 않고 감사함으로 바라보는 마음의 변화를 통해 오셨다. 성령은 조용히 내 생각에 스며들어 고난에 대한 마음가짐을 변화시켰다.

나는 토마스 아 켐피스의 책에서 찾은 기도문을 운동장을 돌면서 매일 암송했다.

주님, 주님의 이름을 영원히 찬양합니다. 주께서 제게 이 시련과 고난을 주셨습니다. 저는 이것으로부터 도망칠 수가 없습니다. 그래서 주님을 피난처 삼아 날아오르려고 합니다. 그리하면 주께서 이 시련을 좋은 것으로 바꾸어 주실 것입니다. 주여, 저는 현재 고난 중에 있습니다. 마음이 무겁고 고통스럽습니다. 저를 이 고난에서 구해 주시옵소서. 제가 이런 고난을 당하는 한 가지 이유는 제가 주님에 의해 진정으로 겸손해지고 자유로워졌을 때 주님께서 영광을 받으실 수 있기 때문입니다.

주여, 저는 가련한 사람입니다. 저를 구원해 주소서. 주를 떠나서 제가 무엇을 할 수 있으며 어디로 갈 수 있겠습니까? 주님, 이런 때에 제게 인내를 주시옵소서. 도와주시옵소서. 어떤 고난이 닥쳐도 두려워하지 않을 것입니다. 주여, 시련 중에 있는 제가 무엇을 할 수 있겠습니까? 주님, 주님의 뜻이 이루어지게 하소서. 이 같은 괴로움이 닥친 것은 모두 제 탓입니다. 그러므로 폭풍우가 지나가고 날이 좋아질 때까지 인내하며 기다리겠습니다. 그러나 주님의 손길은 능력이 있으시고 전능하셔서 이 시련을 제게서 떠나가게 할 수 있으시며 이 시련이 주는 영향력을 적게 하실 수 있습니다. 그렇게 하시면 자비로운 하나님께서 지금까지 여러 번 제게 베푸신 것처럼 제가 완전히 넘어지지 않을 것입니다. 살아계신 주님, 저를 도와주시옵소서. 아멘.

이 기도문은 살아서 생동하는 감동으로 내게 다가왔다. 절절한 내 심정의 표현이었다. 내가 어떻게 이 시련과 고난을 이해해야 하는지를 압축적으로 계시하고 있었다.

하나님께서 마련한 도망칠 수 없는 연단의 장이다. 그런 의미의 고난이다. 그러니 끝까지 참고 견디어라. 겸손해져서 궁극적으로는 하나님께 영광을 돌려라. 가련한 내 입장을 하나님께 아뢰고 구원해 달라고, 도와달라고 기도하라.

이 기도문을 수없이 암송하면서 가슴으로 그 내용을 받아들였고 느끼기 시작했다. 성경에는 수많은 같은 맥락의 구절이 있다. 아니, 성경 전체를 통해 하나님은 말씀하고 계신다.

"두려워 말라. 내가 네 하나님이다. 너는 내 것이다. 내가 너를 도우리라. 너는 내게 소망을 두라. 모든 것은 지나간다. 너는 잠잠히 서서 내가 행하는 구원을 보라."

범브란트 목사는 성경에는 '두려워 말라'라는 구절이 366번 나온다고 썼다. 성경은 하나님의 마음라고도 한다. 하나님은 인간이 늘 두려움에 처해 있을 수밖에 없음을 아시고 우리 인간에게 "모든 것은 내가 주관하니 두려워 말라"라는 메시지를 매일처럼 전하고 계신 것이다. 그러나 그 구절은 실체적 두려움에 처해 있지 않으면 결코 절절하게 느끼지 못한다. 나도 그랬다. 그러나 이젠 이 메시지가 살아 있는 위로로 내게 다가오고 있었다.

그렇게 성령은 조용히 깨달음으로 다가오고 있었다. 시련은 주께서 주신 것이라는 이 기도문 구절처럼 내가 구치소에서 보내는 모진 시간도 나를 단련시키기 위한 하나님의 섭리라고 느끼기 시작했다. "내가 가는 길을 그가 아시나니 그가 나를 단련하신 후에는 내가 순금같이 되어 나오리라"(「욥기」 23장 10절)라는 욥의 고백이 새로운 감동으로 느껴졌다.

> 네게 무엇이 유익한가 하는 것은 나보다 하나님이 더 잘 알고 계신다. 너는 태초부터 하나님이 선택한 존재다. 선택받은 자의 운명은 선택하신 분이 결정한다. 그 선택의 동기는 나를 위한 하나님의 사랑이다. 내 앞에 전개되고 있는 현실도 선택된 사건이다. 우연은 없다. 하나님의 경륜과 높은 섭리 속에서 이루어지고 있는 것이다. 하나님께서는 오묘하게 모든 것을 합동하여 선을 이루어 나가신다. 그 과정은 물을 필요 없다. 우리는 조용히 따라갈 뿐이다.

곽선희 목사 설교집에서 읽은 구절이다. 구치소에 갇힌 처지가 아니었다면 그냥 좋은 구절 정도로 지나쳤을 것이다. 그러나 절박한 처지에 있는 내겐 큰 위로와 울림으로 공감을 일으켰다. 정말 그랬다. 내 인생은 내가 잘나서 원장이라는 높은 위치까지 올라간 것이 아니었다. 하나님의 인도였고 은혜였다. 오늘의 나 됨은 하나님의 은혜였다고 절절하게 느끼지 않을 수 없었다.

구속되어 있는 이 현실은 내가 바꿀 수 없다. 그러나 내가 이 현실을 바라보는 태도와 마음가짐은 나에게 달려 있는 것이다. 기도를 하면서 성경을 읽고 신앙 서적을 읽으면서 기막힌 내 현실에 대한 내 인식이 바뀌기 시작했다. 마음이 편해지기 시작했다. 그 결과 잠을 제대로 잘 수 있었다. "여호와께서 그의 사랑하시는 자에게는 잠을 주시는도다"라는 「시편」 127편 2절의 말씀이 나에게 일어난 것이다.

수감된 사람에게 잠은 가장 중요한 건강 요소다. 잠을 못 자고 분노와 한에 몸과 마음이 지치면 건강은 당연히 나빠진다. 우울증으로 건강을 지킬 수도, 정상적인 생활을 할 수도 없다. 그런데 감사하게도 나는 잠을 쉽게 잘 수 있게 되었고 씩씩하고 당당한 수용자 생활을 할 수 있게 됐다. 하나님은 내게 그렇게 찾아오신 것이다. 뜨거운 성령 체험으로 내게 오신 것은 아니었지만, 조용히 마음의 평온을 주심으로 오신 것이다.

내게 위로가 된 수많은 성경 구절이 있지만 다음과 같은 구절들은 내가 노트에 적어 놓고 수시로 읽고 암기한 구절들이다.

내가 여호와를 기다리고 기다렸더니 귀를 기울이사 나의 부르짖음을 들으셨도다.

나를 기가 막힐 웅덩이와 수렁에서 끌어올리시고 내 발을 반석 위에 두

사 내 걸음을 견고하게 하셨도다. (「시편」 40편 1~2절)

집사람이 편지를 통해 내게 전해 준 말씀이다. 성경을 통독했을 때 이 구절도 읽었었다. 그렇지만 당시는 그냥 지나쳤다. 그런데 집사람이 이 구절을 꼭 집어 내게 전해올 때는 큰 울림을 주었다. 집사람도 기도 하면서 여호와를 얼마나 기다리고 기다릴까, 또 부르짖을까 하는 생각에 마음이 먹먹해지면서 새로운 감격이 일었다. 이 말씀처럼 내 신세가 기가 막힌 수렁과 웅덩이다. 그런데 하나님께서는 나를 이 수렁으로부터 결국 건지실 것이라는 믿음이 일었다.

이 믿음이 내가 감옥에서 찾은 하나님이다. 믿음은 소망이다. 누구든 소망이 있는 한 절망의 나락으로 떨어지지 않는다. 그렇게 나는 하나님에 대한 소망을 붙들고 하루하루를 견디었다.

대법원의 판결이 늦어지면서 서울구치소에 수감된 지 1년 만인 2018년 8월 14일 구속 만기로 풀려났다.

남부교도소에 재수감

대법원은 2019년 8월 국정원장 케이스를 파기 환송했다. 국정원장을 회계 직원으로 볼 수 없다는 항소심 판결이 잘못되었고, 대신 1심과 항소심에서 모두 문제 삼지 않았던, 박근혜 대통령에게 별도로 지원한 2억 원을 뇌물로 판단해야 한다는 취지로 파기 환송했다. 악의적인 판결이었다. 이런 판결을 내린 대법관은 모두 좌파 성향 대법관들이었다. 대법원 판결의 부당성에 대해서는 이미 앞에서 상세히 지적한 바 있다.

파기환송심 재판은 2021년 4월에 판결이 선고되었다. 1심 판결과 같이 3년 6개월 실형이었다. 파기환송심은 대법원의 파기환송 취지에 기속된다고 한다. 때문에 열심히 법리로 다투었지만 파기환송심은 대법원의 파기 환송 취지에 맞추어 사실상 양형만 결정하는 재판이 되었다. 여전히 파기환송심 재판부도 용기가 없었고 비겁했다.

대법원에 재상고했고, 대법원은 3개월 만인 2021년 7월 귀찮은 듯이 재상고를 기각했다. 나는 2021년 7월 12일 동부구치소에 재수감되어 3주 있다가 기결수가 수감되는 남부교도소로 이감되었다. 코로나가 한창일 때였다.

재수감은 심리적으로 더 힘들다. 코로나 때문에 수감 생활에 대한 통제가 더 엄격했다. 그간 4년간 재판을 거치면서 몸도 마음도 지쳐 있었다. 만기는 2024년 1월이었다. 그때까지 견딜 힘이 없을 것 같았다.

동부구치소에 수감된 첫날 찬송가를 펼쳤다. 379장이 펼쳐졌다.

(1절) 내 갈길 멀고 밤은 깊은데, 빛 되신 주

저 본향 집을 찾아가는데 비추소서

내 가는 길 알지 못하나

한 걸음씩 주 인도하소서.

(3절) 이전에 나를 인도하신 주 장래에도

내 앞에 험산 준령 만날 때에 도우소서

밤 지나고 저 밝은 아침에

기쁨으로 내 주를 만나리.

절망의 벼랑 끝에 서 있는 나에게 이 찬송의 가사는 하나님께서 주신 위로로 여겨졌다. 수감되자마자 편 찬송가에서 어떻게 이 찬송이 수록된 페이지가 펼쳐졌는지, 나에겐 결코 우연이 아니었다. 가사는 나를 향하고 있었다.

"밤은 어둡지만 한 걸음씩 내가 인도할 것이다. 과거에 너를 인도해 오지 않았느냐. 어둠이 지나고 밝은 아침은 온다."

나는 이 찬송만을 1년 2개월의 교도소 수감 기간 내내 매일 아침 불렀다.

또한 내가 교도소에서 도움과 위로를 받은 새로운 발견은 「시편」 121편이다.

내가 산을 향하여 눈을 들리라. 나의 도움이 어디서 올까.

나의 도움은 천지를 지으신 여호와에게서로다.

여호와께서 너를 실족하지 아니하게 하시며 너를 지키시는 이가 졸지 아니하시리로다.

이스라엘을 지키시는 이는 졸지도 아니하시고 주무시지도 아니하시리로다.

여호와는 너를 지키시는 이시라 여호와께서 네 오른쪽에서 네 그늘이 되시나니

낮의 해가 너를 상하게 하지 아니하며 밤의 달도 너를 해치지 아니하리로다.

여호와께서 너를 지켜 모든 환난을 면하게 하시며 또 네 영혼을 지키시리로다.

여호와께서 너의 출입을 지금부터 영원까지 지키시리로다.

남부교도소는 광명시 근교 천왕산 아래 위치하고 있다. 남부교도소 운동 시간은 여름에는 9시부터 40분간이고 천왕산을 바라보면서 교도소 청사 주변 길을 걷는 것이었다. 나는 천왕산을 바라보면서 "나의 도움이 어디서올까"로 시작되는 「시편」 121편을 속으로 외우면서 걸었다. "천지를 만드신 여호와가 내 도움"이라는 구절은 진화론자들에게는 비과학적인 구절에 불과할 것이다. 나도 진화론을 읽었다. 그러나 우주는 진화론이나 과학으로 설명할 수 없는 신비로 가득 차 있다. 교도소 담 너머로 훔쳐보는 천왕산 꼭대기 나무들이 철 따라 변화하는 모습은 내게 천지를 만드신 하나님의 세계라는 신비를 가르쳐 주고 있었다.

나무는 뿌리가 땅속의 물을 빨아들이고 이파리가 햇빛을 받아 성장하며, 겨울을 준비하기 위해 가을이면 단풍이 들고 급기야 낙엽을 떨어뜨린다. 나무의 생태적, 기계적 순환이다. 그러나 나는 천왕산을 쳐다보면서 진화론을 떠올리지 않았다. 대신 나는 매일 나무가 내게 던져주는, 「시편」 121편에 수록된 소망의 메시지를 들었다. 하나님의 위로를 느꼈다. 이제 나는 천왕산 나무로부터 얻은 위로와 깨달음이 천지를 만드시고 천지를 운행하시는 이가 하나님이시라는 증거라고 간증한다. 그렇게 나는 하나님을 생각하면서, 하나님을 의지하면서 이 고난을 참고 참았다. 결국 내게도 밝은 아침이 왔다.

가석방, 사면, 복권

2022년 5월 9일 윤석열 정부가 출범했다. 새로운 희망이 생겼다.

그에 앞서 문재인 정부 때 이미 나의 석방을 위한 탄원 노력은 국정원 직원 1,500여 명의 자발적 모임으로 시작됐다. 전직들의 공식 모임인 '양지회'가 나설 경우 양지회가 큰 박해를 받을 가능성이 있어 그렇게 시작한 것이라 들었다. 그 후 양지회 주관으로도 서명 운동이 시작돼, 비록 코로나 상황이었지만 1개월 만에 2,200명이 서명에 동참했다. 이 탄원서가 문재인 청와대에 전달됐으나 예상대로 문재인 정부는 이를 무시했다.

윤석열 정부 출범 후 다시 양지회원들이 석방 운동에 나서 가석방 결정이 났다. 드디어 2022년 9월 30일 가석방됐다.

가석방 전날 허리 디스크가 파열됐다. 그래서 휠체어를 타고 교도소 문을 나섰다. 국정원 전 직원들, 육사 19기 동기생들, 기타 지인 등 100여 명이 교도소 앞까지 와서 출소를 환영해 주었다. 출소 환영 현수막도 걸려 있었다. 나의 출소를 반겨 준 지인들의 따뜻한 우정을 평생 잊지 못할 것이다.

2022년 12월 말 윤석열 대통령은 연말 사면 복권 조치를 단행했다. 나와 남재준·이병기 전 원장, 그리고 소위 적폐 청산으로 억울하게 형을 받은 전 국정원 직원 40여 명도 포함됐다. 2017년 11월 1일부터 시작되었던 6년에 걸친 지옥 같은 긴 고난의 여정이 드디어 끝이 났다.

수감 후유증은 컸다. 디스크 파열 후유증으로 1년 가까이 고생을 했다. 연금이 반으로 깎였다. 특히 이해할 수 없는 것은 앞에서도 지적했듯 월남전 참전 시 전투 참여로 수여받은 무공훈장으로 획득한 국가유공자 자격이 박탈당했다는 점이다.

사법부의 판단은 존중받아야 한다. 이것이 자유 민주주의 체제의 작동 원리다. 이 원리가 지켜지지 않으면 민주주의 체제는 무너진다. 이해할 만한 주장이다. 그러나 진정한 자유 민주주의는 3권 분립이라는 형식적 절차나 체제를 무비판적으로 존중한다고 지켜지지 않는다. 법을 만드는 국회, 그리고 판결을 내리는 사법부가 모두 정치적으로 오염되고 얼마든지 잘못을 저지를 수 있다. 그 사례를 우리 사회는 문재인 정부 하에서 충분히 목격했다. 잘못된 판결과 법 운영이 눈에 뻔히 보여도 이를 방치하는, 그래서 정의와 상식의 실현이 지체되는 사회는 참된 민주주의 원리가 제대로 작동하는 건강한 사회가 아니다. 우리 사회에 잘못된 것을 스스로 고쳐 가는 자정의 능력이 살아 있기를 바라고, 그 과정에서 내가 경험하고 있는 부당한 일들도 조속히 해결되기를 바란다.

모든 것이 은혜였다

베드로 사도는 "부당하게 고난을 받아도 하나님을 생각함으로 슬픔을 참으면 이는 아름답다(commendable)"라고 「베드로전서」 2장에 썼다. 나는 이 말씀에 따라 내게 닥친 부당한 고난의 시간을 견디어 내려고 노력했다. 시냇물을 찾아 헤매는 목마른 사슴처럼 고난을 견딜 위로와 힘을 갈급했다. 기도했고, 성경 말씀을 찾았다. 하루하루가 영적 투쟁의 현장이었다.

제2차 세계대전 당시 히틀러 암살 사건에 연루돼 처형당한 본회퍼(Dietrich Bonhoeffer)목사는 감옥에서 「나는 누구인가(Who am I?)」라는 시를 썼다. 이 시는 잠실교회 림형천 목사님께서 보내 주셨다.

나는 누구인가? 그들은 종종 내게 말한다

내가 감방에서 나올 때의 모습은

마치 거대한 성에서 나오는 성주처럼

의연하고 유쾌하며 당당했다고.

나는 누구인가? 그들은 종종 말한다

내가 나를 지키는 간수들과 애기할 때의 모습은

마치 사령관이나 되는 것처럼

자유롭고 유쾌하며 확고했다고. (중략)

정말 나는 그들이 말하는 바로 그 사람인가

아니면 나는 내 스스로가 알고 있는 바로 그 사람에 불과한가?

마치 새장에 갇힌 새처럼 불안하고 갈망하며 병든 나

마치 누군가가 내 목을 조르는 것처럼 숨을 쉬지 못해 안간힘을 쓰는 나

빛깔, 꽃, 새들의 노래에 굶주리고

친절한 말과 인간적 친밀함에 목마르고

변덕스러운 폭정과 아주 사소한 비방에 분노하며 치를 떨고 근심에 눌리고

결코 일어날 것 같지 않은 엄청난 사건을 기다리고

두려움에 사로잡혀 아무것도 못 하고 먼 곳에 있는 친구들을 걱정하고

지치고 허탈한 채 기도하고 생각하며 행동하고

연약하여, 이런 것들 모두를 포기할 준비가 된 나?

나는 누구인가? 이런 사람인가 저런 사람인가 (중략)

다른 삶 앞에서는 대단하지만

혼자 있을 때는 애처롭게 우는 비열한 심약자? (중략)

오, 하나님, 내가 누구이든 당신은 나를 아십니다. 당신이 아시듯 나는 당신의 것입니다.

이 시를 읽을 때 가슴이 먹먹했다. 이 시는 처형을 앞둔 본회퍼의 절절한 고뇌가 녹아 있는, 하나님을 향한 부르짖음의 기도문이다. 어떤 모습이 진짜 나인가? 모든 것을 하나님께 맡긴다고 하면서 어떤 모습이 진짜 나인지 갈등하는 지극히 인간적인 영적 투쟁의 고뇌가 나에게도 절절히 다가왔다. 크리스천은 모두 하나님에 대한 믿음 위에 굳게 선 자신의 모습을 간구한다. 어떤 역경 속에서도 하나님을 믿고 꿋꿋한 자신의 모습을 그린다. 그러나 인간은 태생적으로 그럴 수 없는 연약한 존재일 뿐이다.

예수님께서도 겟세마네 동산에서 피땀 흘리는 간구를 하셨다. 할 수만 있다면 잔을 비켜가게 해 달라고 하셨다. 〈지저스 크라이스트 슈퍼스타〉 뮤지컬에서 주인공은 "왜 내가 죽어야 하는지 나는 알아야 하겠다(I have to know)"를 처절하게 노래한다. 그 외침 후에 "내 뜻대로 마시고 아버지의 뜻대로 하소서" 하면서 "나는 죽겠다(I will die)"고 선언하시고 십자가의 고난을 받으셨다. 하나님의 뜻에 대한 전적인 순종(total acceptance)이었다. 곽선희 목사께서는 예수님의 기도를 이렇게 해석했다.

예수님의 겟세마네 기도로 십자가의 처형이라는 상황과 현실이 바뀐 것은 아니다. 대신 이 참담한 현실에 임하시는 예수님이 변하신 것이다. 기도는 하나님과 나와의 관계를 정한다. 기도를 통해 자신을 변화시키는 것이다.

매일 성경을 읽고 기도해도 불안과 절망감, 우울한 마음에서 벗어날 수 없었던 나에게 본회퍼의 고백은 연약한 마음은 누구에게나 있음을 새삼 상기시켜 주었다. 그리고 그럼에도 불구하고 기도에 매달려 고난에 대한 나 자신의 태도를 바꾸어 나가야겠다는 다짐을 갖게 했다. 그렇게 나는 매일 '나는 누구인가?'라는 본회퍼의 갈등을 경험하면서 하나님을 생각하며 고난을 참아 나갔다.

이제 공원이 내려다보이는 내 서재에서 지난 6년을 되돌아본다. "내가 나 됨은 모두 하나님의 은혜"라는 찬양곡에 나오는 가사처럼 내가 지나온 모든 시간이 은혜였음을 실감한다.

나는 세상의 눈으로 보면 출세한 인생을 살았다. 대사직도 역임했고 국정원장이라는 중책도 맡았다. 대학에서 강의도 했다. 그러나 하나님의 시각은 달랐다. 하나님께서는 내게 물으셨다.

"살아오면서 너는 나를 애타게 찾은 적이 있었느냐? 내게 전적으로 의지하고 나를 향해 부르짖으면서 기도한 적 있었느냐?"

내 고난의 의미는 이 물음에 있었다. 육신의 삶이 아닌 내 영혼을 단련할 수 있는 기회, 그것이 내가 감옥이라는 광야를 거쳐야 하는 이유였다.

마르셀 프루스트는 "진정한 발견의 항해는 새로운 땅을 갖는 것이 아니라 새로운 눈을 갖는 것"이라고 말했다고 한다. 나에게 감옥이란 새로운 눈으로 내 삶을 되돌아본 진정한 발견의 광야였다. 은혜와 감사를 발견한 연단(鍊鍛)의 시간이었다. 내 삶 속에서 당연한 것은 하나도 없었다. 내 능력으로 이룩한 것은 하나도 없었다. 모든 은혜가 내 삶 속에서 역사(役事)하여 오늘날의 나 됨이 만들어진 것이다. 사형 집행 5분 전에 극적으로 사면된 바 있는 도스토옙스키는 "내가 가장 두려워하는 것은 내 고통이 가치 없는 것이 되는 것"이라고 썼다고 한다. 나는 이렇게 술회한 도스토옙스키의 심정을 이해한다. 동시에 나는 이제 감히 이렇게 쓸 수 있다. 지난 6년간의 내 고난은 무의미하지 않았다고, 나는 하나님의 은혜를 발견한 소중한 연단의 시기를 보냈다고.

하나님은 감당할 수 없는 시험을 주지 않는다

성경은 "하나님께서는 사람이 감당치 못할 시험은 주시지 않는다. 반드시 피할 길을 주신다"(「고린도전서」 10장 13절)라고 말씀하고 있다. 이 말씀처럼 교도소 삶에서 하나님께서 끊임없이 피할 길로 인도하셨음을 새삼 깨닫는다. 우울해져 있을 때는 반드시 피할 수 있는 사건이 발생했다. 생각지도 않은 전직 직원이 쓴 위로 편지가 때맞춰 왔다. 생면부지의 교도관이 찾아와 사탕 하나를 건네며 "원장님 처지를 잘 알고 있다"는 위로의 말을 건네는 일도 있었다. 코로나로 면회가 어려울 때 김장환 목사께서 특별면회를 와 주시기도 했다. 옆방에 있던 생면부지의 수용자가 과일을 깎아 건네는 일도 있었다. 이런 사소한 일들이 끊임없이 발생하고 내게 위로를 건넸다.

그중에서 하나님께서 내게 허락한 가장 큰 피할 길은 김재훈 변호사를 중심으로 한 훌륭한 변호사 팀을 나에게 보내주신 것이다.

사람을 통해 역사하시는 하나님

나는 불구속 상태에서 1심 재판을 받았다. 1심 재판은 법률회사인 대륙아주가 변호를 맡았다. 1심 재판에서 3년 6개월의 실형을 받고 법정 구속되었다.

서울구치소에 수감되자마자 김재훈 변호사가 찾아왔다. 김재훈 변호사의 도래는 나에겐 신의 한 수였다. 하나님께서는 사람을 들어 역사하신다는 말씀의 현시였다.

김재훈 변호사는 차장검사 출신이다. 내가 원장 재직 시 2년간 원장 법률보좌관으로 재직했었다. 김 변호사는 탁월한 사람이다. 유능하고 소신이 뚜렷한 성품을 지녔다. 검찰 야구부 주장을 맡을 정도로 검찰 내부에서도 존재감이 뚜렷한 검사였다. 적폐 청산이 한창일 때 수사를 받는 국정원 직원들이 법률적으로 자문을 구했고 이 자문에 응할 정도로 의협심도 강하다. 이 일로 인해 검찰의 조사를 받았고 이를 계기로 사표를 내고 법률사무소를 차렸다. 변호사 개업을 하자마자 김재훈 변호사는 서울구치소로 나를 찾아와 변호를 맡겠다고 자발적으로 나섰다. 당시 김 변호사는 주변 사람들로부터 적폐 청산 대상자의 변호를 맡는 것이 신상에 좋지 않다는 조언을 받았다. 그러나 김 변호사는 흔들리지 않았다. 옳은 일을 하는 데 타협하지 않고 살아왔다는 것이 자신의 소신이라고 밝혔다고 내게 말했다.

김재훈 변호사와 나와의 관계는 변호사와 의뢰인과의 관계가 아니었다. 계약으로 맺어진 관계가 아니었다. 김 변호사는 부당한 사법적 곤경에 처해 있는 나를 구해 내야겠다는 정의감과 소명 의식을 지니고 있었다. 나에게 도움을 주는 그의 역할은 법률적 도움의 차원을 훨씬 넘었다. 시간이 허락하는 한 면회를 자주 왔다. 당시 유행하는 20권짜리 만화를 구입해서 반입해 주기까지 했다.

김재훈 변호사 팀에 김동원 변호사와 백승희 여성 변호사가 있었다. 김동원 변호사는 화우에서 10여 년 근무하다 김재훈 변호사 팀에 합류한 유능한 베테랑 변호사였다. 백승희 변호사는 로스쿨을 나온 MZ 세대의 따뜻한 심성의 예의바른 변호사였다. 이분들은 재판 초기에 내가 경험한 대륙아주 법률회사의 변호사들과는 차원이 다르게 유능했고 열성적이었다.

무엇보다 김재훈 변호사는 나를 잘 알았고 국정원의 업무를 잘 이해하고 있었다. 김동원 변호사와 백승희 변호사도 내 처지가 부당함을 깊이 인식하고 있었다. 이들은 돌아가면서 거의 매일같이 서울구치소에 면회를 왔다.

김재훈 변호사 팀이 재판 과정에서 제시한 변호의 논리는 단단했다. 항소심 재판부에 낸 최종 변론서는 명문이었다. 항소심 재판부가 국정원장이 회계 직원이 아니라고 판결한 것은 김재훈 변호사 팀의 공로다. 대법원 상고이유서도 명문이다. 내가 법률 전문가는 아니지만 상고이유서가 얼마나 잘 쓴 글인가는 분별할 수 있다.

엄상익·강형주 변호사, 변호팀에 합류

서울구치소에 수감된 지 얼마 되지 않은 때였다. 엄상익 변호사가 찾아와서 무료 변호를 해 주겠다고 자청했다.

엄상익 변호사는 1980년 초에 아파트 내 옆집에 살았다. 그때 엄 변호사는 군법무관을 마치고 진로를 고민하고 있었을 때였다. 나는 엄 변호사에게 안기부에서 세상을 경험해 보는 것도 좋을 것이라고 조언한 적이 있고, 엄 변호사는 이 조언에 따라 안기부에서 약 5년간 근무한 바 있다. 그는 독실한 크리스천이고 변호사로서의 재능을 어려운 사람을 위해 사용하는 진정한 의미의 인권 변호사다. 그리고 작가다. 소설을 포함 20권 넘는 책을 썼다. 인생을 관조하는 깊이 있는 글이 게재된 그의 블로그를 읽는 애독자가 많고 카톡으로도 널리 전파되고 있다. 엄 변호사도 자주 면회를 왔다. 「시편」 23편을 천 번 써 보라고 권유한 것도 바로 엄 변호사다.

엄 변호사는 수감 중이던 박근혜 대통령에게 장문의 편지를 썼다. 이병호 원장을 위해 진술해 달라고 요청하는 편지였다. 이 요청에 따라 박근혜 전 대통령은 나를 변호하는 진술서를 항소심 재판부에 제출했다. 내용은 간곡했다. 박근혜 대통령은 옥중에서 직접 자필로 쓴 진술서에서 "모든 것은 자신의 책임이며 국정원장은 자신의 지시에 따랐을 뿐이고 자신을 포함 누구도 당시 청와대 자금 지원이 불법인 줄 몰랐다"고 썼다. 또한 이병호 원장은 자신의 부름을 받아 고령임에도 불구하고 국정원장직을 맡았으며 청렴결백한 사람임을 강조하면서 선처를 당부한다고 썼다.

어차피 답정너의 재판이었다. 아무리 훌륭한 변론도, 박근혜 전 대통령의 진실을 담은 간곡한 진술서도 아무런 소용이 없었다. 김명수 대법원은 국정원장이 회계 직원이 아니라는 항소심의 판결을 단 3장짜리의 판결문으로 뒤집고 서울고법으로 돌려보냈다. 도저히 우리나라 최고 법원의 판결문으로 볼 수 없는 부실한 판결문이었다.

서울고법 파기환송심부터 강형주 변호사가 합류했다. 강형주 변호사는 서울중앙지방법원 법원장을 역임한 분으로 대법관의 물망에 오를 정도로 법원 내에서 매우 신망이 높은 분이다. 법치 농단으로 검찰의 조사를 받은 바 있다. 김재훈 변호사의 부탁으로 흔쾌히 합류를 결정했다.

그렇게 변호팀이 최강의 팀으로 강화되었다. 그러나 이 또한 아무 소용이 없었다. 정치는 그렇게 무서운 것이다. 정치 권력은 정의와 진실을 얼마든지 자의적으로 왜곡할 수 있고, 법을 빌려 개인의 자유를 억압하고 인권을 유린하는 폭력을 행사할 수 있다. 정치 권력이 사람 사냥에 나서면 방법이 없다. 문재인 정부의 적폐 청산은 정치 권력이 어떻게 진실과 정의를 약탈할 수 있는지를 보여 주는 전형적 사건으로 역사가 기록할 것이다.

(나는 파기환송심 최종 공판에서 50분간에 걸친 최후 진술을 했다. 대법원 판결의 부당성을 낱낱이 지적했다. 내 진술이 진행되는 동안 법정 안은 숙연했다. 최후 진술 직후 그 내용은 김문수 씨가 '김문수 TV'를 통해 직접 읽었다. 조갑제 씨는 자신의 유튜브 방송을 통해 5회에 걸쳐 해설을 곁들여 내용을 소개했다. 두 분 모두 옳고 그름에 대한 분별력을 지닌, 자타가 공인하는 탁월한 지적 능력의 소유자들이다. 이 두 분이 자발적으로 나서 내 진술 내용을 소개한 것은 내가 최후 진술에서 지적한 내용이 억지가 아니고 순리적이며 상식적인 호소력을 지녔음을 상징한다.)

나는 김재훈 변호사 팀을 통해 대한민국에서 최고 변호의 도움을 받았다고 평가한다. 이들 모두 풍부한 법률적 지식과 예리한 논리력을 갖추었을 뿐만 아니라 의뢰인의 어려운 처지를 공감하는 따뜻한 마음을 지녔다. 나는 이분들을 통해 이상적인 변호사 상을 느꼈다.

나는 김재훈 변호사와 많은 대화를 나누었다. 검사의 역할에 대한 그의 시각에 공감하는 부분이 많았다. 그 시각의 일부를 소개한다.

> 검찰에 거악(巨惡)이란 말이 회자되고 있다. 거악은 권력자의 힘을 이용한 악을 말한다. 악의 본질은 똑같다. 피해자 처지에서는 거악이든 작은 악이든 악의 고통은 다 똑같은 것이다. 때문에 검사는 자신의 케이스를 최선을 다해 신중하게 다루어야 한다. 피해자의 입장에서 가해 내용을 살펴야 한다.
>
> 검사는 국민의 인권보호관이다. 검사는 범법자와 피해자를 인권 보호 관점에서 관찰하고 관련 증거를 수집해야 한다. 수사와 기소는 분리되는 것이 맞다. 오랫동안 그런 소신을 가지고 있었다. 검사가 수사와 기소를 동시에 진행하면 사건의 실체적 진실의 추구가 장애를 받을 가능성이 있다. 검사는 자신이 맡는 사건 수사가 기소에 이르러야 유능하다는 평가를 받는 분위기에 휩쓸리기 쉽다. 지나친 수사가 이루어질 수 있다. 후배 검사들의 지나친 수사에 제동을 건 적이 여러 번 있었다.
>
> 모든 범죄의 수사 기준, 특히 공무원 범죄 수사의 기준은 피해자가 있느냐의 여부와 범죄의 피해가 어떤 것인가를 살피는 것이어야 한다. 물론 공무원 범죄인 경우도 횡령과 같은 개인적인 사악한 의도로 법규를 어겼는지 여부를 당연히 잘 살펴야 한다. 그러나 공무원이 공무를 집행하다가 잘 몰라서, 또 상명하복의 공무원 구조 속에서 어쩔 수 없이 법을 어긴 경우가 있을 것이다. 피해자가 없다면 이런 경우는 그 위법이 일어난 경위와 배경을 잘 살펴야 한다.
>
> 원장님 케이스가 대표적 사건이다. 피해자도 없다. 국정원 예산을 대통령이

전용한 것은 국가재정법의 규정을 어겼다고는 볼 수는 있다. 그러나 이 예산이 대통령에 의해 국정 운영에 사용되었다는 점에서 국고 손실 범죄가 될 수 없다. 더구나 국정 운영의 오랜 관행이었다. 이런 사건을 형사 사건화하다니 불공정한 법 적용의 전형이다.

이러한 김 변호사의 견해는 검찰 업무에 대한 매우 건강하고 상식적인 견해다. 검찰권은 국민의 인권 보호의 최종 수단이라는 그의 말은 법치의 요체를 정확하게 지적한다. 김 변호사가 내 변호를 맡은 것은 국정원장 법률보좌관으로 나와 맺은 개인적인 인연 때문이다. 그러나 위에서 지적한 그의 평소 정의감과 소신이 나를 돕기 위해 자발적으로 나선 배경이기도 하다. 김 변호사 팀은 나에겐 더할 나위 없는 행운이었다. 곤궁한 처지에 있는 나를 위해 하나님께서 마련해 주신 피할 길이라고 받아들인다. 김 변호사 팀이 아니었다면 나는 훨씬 힘든 수난의 길을 걸었을 것이다.

이 또한 지나가리라

'이 또한 지나가리라.'

솔로몬 왕이 했다는 유명한 경구다. 구치소에 수감되었을 때 면회 온 지인들이 위로 차 이 말을 자주 했다. 그러나 그때는 전혀 위로가 되지 못했다. 한가한 소리로 들렸다.

그러나 세월의 힘은 강하다. 이 말의 참뜻을 깨닫게 해 준다. 정말로 지나갈 것 같지 않았던 험악한 시간도 결국 지나간다. 그러나 되돌아보면 지나가는 것은 고난의 세월만은 아니다. 뛸 듯이 기뻐했던 영광의 시간도 다 지나간다. 그래서 솔로몬은 이 시간들을 그가 쓴 「전도서」에서 "헛되고 헛되도다(vanitas vanitatum)"라고 썼다. 짙은 염세가 느껴지는 술회다.

그러나 나는 이 탄식에 공감하지 않는다. 그 시간 속에는 사람들이 있었다. 많은 사람을 만났다. 그들에 대한 기억이 내가 지나온 세월을 구성한다. 그 기억들은 모두 아름답다. 그 기억 속에는 사랑하는 가족이 있다. 육군사관학교 시절의 친구, 베트남 전쟁터에서 만난 순진무구한 병사들, 특히 국정원에서 만난 수많은 선배, 동료, 후배, 부하 직원들, 대사 시절에 만난 외교관들, 감옥에서 스쳐간 인연들, 이들에 대한 기억이 나의 삶을 만들었다. 모든 분들에게 감사할 수밖에 없다.

주름살 많은 두 손을 모은 유명한 〈기도하는 손〉 그림을 떠올린다. 그 손에는 솔로몬이 말하는 헛됨이 없다. 하나님의 은총에 감사하는 경건함만이 배어 있다. 사망의 음침한 골짜기를 지나도 모든 것을 합하여 선을 이루시는 분의 섭리가 나를 늘 평안히 쉴 만한 물가로 인도했다. 루이 암스트롱의 〈What a Wonderful World〉는 80을 넘어 산 내 생애의 소회이며 간증이다.

첨부

헌법재판소 제출 탄원서

존경하는 헌법재판소 재판관님,

전 국정원장 이병호입니다. 저는 2020년 대법원의 확정 판결로 3년 6개월의 실형 선고를 받고 2년 2개월간 복역했습니다. 2022년 12월 28일 사면, 복권되었습니다. 저는 82세의 고령의 나이입니다. 이 탄원서를 쓰는 것이 한심하다는 생각도 듭니다. 사면, 복권되어 자유로운 몸이니 수감 생활을 악몽으로 치고 건강이나 돌보며 지내면 되는데 탄원서를 쓰다니 부질없다는 생각도 듭니다. 그러나 진실은 외면당해서는 안 될 것입니다. 잘못된 것을 알면 방치해서는 안 될 것입니다. 이런 생각에서 이 글을 썼습니다. 제 개인의 문제가 아닌 나라의 법 정의를 바로 세우는 일이기도 하다는 생각입니다. 제 케이스가 왜 법률 위헌심판 대상인지의 법적 논리는 변호인단이 이미 제출한 청구 서류에 상세히 나와 있습니다.

이 글은 왜 법률 위헌심판 청구를 하게 되었는지, 적폐 청산 수난자의 한사람으로서 그 배경을 말씀드리고자 썼습니다. 또한 이 글은 잘못된 재판에 의해 험난한 고통을 받은 자의 상식과 경험에 입각한 탄원의 글입니다.

신체의 자유는 헌법이 보장하는 가장 중요한 국민의 기본권일 것입니다. 이 기본권을 제한하는 형사 처벌은 그래서 신중하고 신중해야 하며 명확한 증거에 입각하지 않으면 불가능하다고 헌법은 보장하고 있습니다. 범죄는 나쁜 짓을 하겠다는 범죄의 고의성이 핵심일 것입니다. 또한 판결은 누가 보아도 한 점 의혹이 없어야 하며 헌법 정신에도 맞고 상식에도 부합한 판결이어야 할 것입니다. 합리적 의심이 드는 증거는 형사 처벌의 증거로 쓸 수 없다고 쓴 헌법학자의 글을 읽은 적도 있습니다. 그리고 그 글에는 증거가 애매모호하면 반드시 피고인에게 유리하게 판결해야 한다는 점도 지적되어 있었습니다. 이런 명확성의 원칙이 지켜지지 않으면, 그런 증거에 입각한 형사 처벌은 국가 폭력이며 헌법 정신의 유린일 것입니다.

저는 저 자신을 국가 폭력의 희생자라고 생각합니다. 저는 저를 감옥에 보낸, 그래서 저의 국민적 권리를 침해한 대법원의 판결을 이해할 수도 납득할 수도 없습니다. 모든 범죄자는 자신의 무죄를 주장한다는 아전인수식의 얘기가 아닙니다. 저의 이런 주장과 입장은 우리 사회의 보편적 양식이며 많은 사람들이 공유하는 인식이라고 확신합니다. 제가 왜 그렇게 생각하는지 그 이유를 말씀드리고자 합니다. 재판 과정에서 느낀 소회이기도 합니다.

저도 법원 판결은 누구도 이의를 제기할 수 없는 법원의 배타적 영역임을 압니다. 재판관의 자유심증주의는 존중받는 것이 사법 제도의 근간임도 압니다. 그러나 판사 출신 한 민주당 국회의원이 말했듯이 판사는 신이 아닐 것입니다. 자유심증주의도 판사의 양심이라는 내재적 한계 속에서 작동해야 하는데 그 한계를 자의적으로 허무는 일도 발생하는 것이 우리 사법 제도 내 현실임을 누구도 부정할 수 없습니다. 적폐 청산의 정치적 환경에서는 이런 현상이 두드러지게 나타났습니다.

저는 제 재판에서 그런 현실을 절절하게 경험했습니다. 법은 상식일 것입니다. 누구나 옳고 그름을 쉽게 알 수 있는 상식을 초월한 판결은 아무리 현란한 법리와 판례를 들어 내린 것이라도 억지임을 면치 못할 것입니다.

존경하는 재판관님,

우리가 모두 아는 대로 문재인 정부는 집권하자마자 적폐 청산을 추진했습니다. 문재인 정부는 촛불혁명으로 탄생한 정의로운 정권이라고 했습니다. 역사상 모든 혁명은 집권을 하고 나면 다음 수순으로 정의를 내세우면서 정적을 숙청하는 것이 통례입니다. 문재인 정부도 그 수순을 따라 적폐 청산 작업에 나섰습니다. 정부 각 부처마다 적폐청산위원회를 만들고 범죄자를 찾아 나섰습니다. 어떤 분은 이를 사람 사냥이라고 했습니다. 조선 시대의 기축사화라고 비유한 칼럼도 있었습니다. 적폐 청산은 박근혜 정부는 부패하고 반면 문재인 정부는 정의로운 정부임을 과시하기 위한 인위적 작업이었습니다.

국정원장의 국고 손실 범죄도 이 사나운 적폐 청산을 배경으로 탄생했습니다. 검찰은 이 사건을 처음부터 국정원장 특활비 상납 사건이라고 불렀습니다. 참으로 악의적인 작명입니다. 국정원장이 대통령에게 돈을 상납하다니, 대한민국이 그렇게 엉터리 나라가 아닙니다. 사건의 본질을 악의적으로 왜곡해서 대통령과 국정원장들의 명예뿐만 아니라 대한민국의 명예를 실추시켰습니다. 공명정대해야 할 문재인 정부의 검찰이 한 일입니다.

존경하는 재판관님,

이 사건의 본질은 국정원 예산이 대통령 지시로 청와대로 전용되어 청와대가 사용한 사건입니다. 이것이 사건의 실체입니다. 누구도 부인할 수 없는 사건의 실체입니다. 예산의 전용 사건은 정부 내에서 수시로 일어납니다. 유명한 김명수 대법원장의 공관 리모델링을 위한 예산 전용 사건이 있습니다. 법무부가 검찰의 수사·정보비를 전용해서 사용해 온 것은 수십 년 된 관행입니다. 이는 검찰, 법무부 관계자 누구나 다 아는 주지의 사실입니다. 조선일보도 "국정원장 특활비 전용 사건이 대법원장의 예산 전용 사건이나 법무부 예산 전용 사건과 무엇이 다른가?"라고 사설을 통해 지적한 바도 있었습니다. 누구나 알 수 있는 상식이기 때문에 조선일보 사설도 그렇게 지적한 것입니다.

예산 전용 사건은 국가재정법에 의해 관계 공무원이 견책, 감봉 또는 파면과 같은 징계로 처벌을 받을 사건입니다. 형사 처벌 대상은 아닐 것입니다. 그런데 적폐 청산은 이 통례적이며 상식적인 법 적용을 배제했습니다. 그리고 형사 범죄로 만들었습니다. '애매모호하면 피고인에게 유리하게'라는 법 적용 상식을 배척했습니다. 제가 대법원 판결을 납득할 수 없는 이유입니다.

존경하는 재판관님,

범죄에는 고의성이 범죄의 핵심 요건임을 잘 알고 있습니다. 법률 위헌심판 청구 서류에 이 점이 법리적으로 잘 지적되어 있습니다만 저는 상식적으로 저의 소견을 더 설명드리고자 합니다.

박근혜 전 대통령은 취임하자마자 한 경제 관료로부터 브리핑을 받았습니다. 청와대 예산이 부족하면 국정원 예산을 지원받아 쓰시면 된다는 브리핑이었습니다. 갓 부임한 대통령은 당연히 그래도 괜찮은 것으로 알았을 것입니다. 그래서 남재준 초대 국정원장에게 예산 지원을 지시했던 것입니다. 그 당시 이 지원이 형사적 위법 사안이라고 여긴 사람은 대한민국에서 아무도 없었을 것입니다. 박 전 대통령도 몰랐고 국정원장 누구도 몰랐을 것입니다. 더구나 저는 국정원장 부임 시 관계 직원으로부터 매달 1억씩 지난 2년간 청와대에 정기적으로 지원되고 있다는 브리핑을 받았습니다. 이런 상황에서 제가 어떻게 이 지원을 위법이라고 생각했겠습니까? 저는 법정에서 제가 아닌 다른 사람이 국정원장이 되었다면 그분이 내 대신 감옥에 갔을 것이라고 말했습니다. 국정원장이 되면 누구나 범죄자가 되는 것이라면, 이 사안은 개인의 비리가 아닌 구조적인 문제라고 지적했습니다. 지금도 저는 틀린 말이 아니라고 생각합니다.

결론적으로 이 사안에는 범죄의 요건인 고의성이 근본적으로 결여되어 있었습니다. 대법원이 결코 외면해서는 안 될 진실입니다. 그런데 이 명백한 진실이 대법원에서 철저히 외면되었습니다. 이 점도 제가 대법원 판결을 받아들일 수 없는 이유입니다.

존경하는 재판관님,

국정원은 대통령 소속입니다. 정부조직법에도 다른 정부 부처와 달리 국정원은 대통령 난에 기술되어 있습니다. 국정원법은 "국정원장은 대통령의 지시를 받는다"라고 규정되어 있습니다. 이 법률에 의해 대통령은 국정원을 자신의 소속 기관으로 지휘하고 있습니다. 인사를 포함 국정원 운영 전반을 세밀하게 지휘하고 있습니다. 대통령이 국정원을 지휘함에 있어 예산에 대한 지휘는 안 된다는 규정은 어디에도 없습니다. 대통령이 국정원 예산을 전용해 온 것은 오랜 관행이었습니다. 대통령이 요구하면 국정원장은 그 요구에 순응해 왔습니다. 대통령의 지시를 받아야 하는 법적 의무를 지고 있는 국정원장에게는 자연스러운 일일 수밖에 없습니다. 국정원장이 대통령의 지시에 일일이 위법한지 여부를 따진다는 것은 법적으로도 상식적으로도 있을 수 없는 일입니다.

그런데도 검찰과 법원은 국정원장들이 대통령의 예산 지휘를 위법하다고 문제 제기치 않고 순응했기 때문에 국고 손실이라고 단죄했습니다. 문명국 어느 나라에서도 찾아볼 수 없는 전대미문의 판결입니다. 더구나 대통령의 지휘를 받아 청와대에 지원된 자금의 금원은 국정원장 특별사업비였습니다. 이 국정원장 특별사업비는 여타 정부 부처에 있는 장관 특활비와는 그 성격이 다릅니다. 우선 이 예산은 정보 예산입니다. 정보 예산은 국가 기밀입니다. 또한 이 예산은 언제 어떻게 무슨 일이 일어날지 예측하기 어려운 정보 운영의 불가측성에 대비한 예산입니다. 이 예산 사용은 관행적으로 국정원 업무에만 한정되지 않았습니다. 국정원장 특별사업비는 국가안보 전체를 대상으로 한 예비비적 성격을 띠고 있습니다. 이 국가예비비적 성격의 국정원 예산을 국가안보의 책임자인 대통령이 사용했습니다. 이것이 어떻게 범죄가 되었는지 납득할 수 없습니다.

대통령은 국가안보의 헌법적 책무를 지고 있습니다. 나라의 유일한 국가안보의 궁극적 책임자입니다. 대통령이 이 책무를 수행함에 있어

두 가지 장치를 가지고 있습니다. 즉, 군 통수권과 국가 정보기관이라는 장치입니다. 세계 모든 국가가 공통적으로 운영하는 국가안보 운영 체계입니다. 대통령은 군 통수권을 행사하듯이 국정원을 지휘 운영합니다. 국정원에 대한 대통령의 지휘권은 대통령이 행사하는 총체적 국가안보 지휘권의 일환입니다. 국정원 예산 지휘를 불법이라고 판결하는 것은 대통령의 국가안보 지휘권을 제한하는 판결입니다. 법원이 헌법에 도전한 셈입니다.

또한 대통령은 국가안보를 위해 모든 것을 동원할 수 있어야 합니다. 그런데 국정원 예산은 안 된다는 판결은 헌법이 부여한 대통령의 권한을 제한하는 도전인 것입니다. 저는 재판 과정에서 이 사안이 지닌 헌법적 의미를 위의 논리로 지적했습니다. 그래서 이 사안의 판결은 재판부가 신중해야 한다고 말했습니다. 그런데 재판부는 별 고민 없이 판결을 내렸다고 저는 생각합니다. 헌법적 의미를 도외시하다니 저로서는 놀라운 판결이었습니다.

"박근혜 전 대통령의 국정원 예산 지원 요청은 국가안보와 무관하다. 그것이 국가안보와 무슨 상관이냐?"라고 반론할 수 있습니다. 그렇다면 검찰과 법원이 어떤 사안이 국가안보 업무인가를 결정하는 권한을 지닌 것일까? 그건 아닐 것입니다. 대통령은 대체 불가능한 국가안보의 유일한 책임자입니다. 대통령만이 무엇이 국가 업무인가를 판단하는 배타적 권한을 지녔습니다. 대통령 자신이 바로 국가안보입니다. 대통령의 건강이 국가 기밀인 이유입니다. 국가안보는 유동적입니다. 지금은 안보와 무관해 보이는 일도 나중에는 중대한 안보 사안으로 변할 수 있습니다. 대통령만이 이를 결정할 수 있습니다.

박근혜 전 대통령은 국정원 예산을 지원받았습니다. 그 금원은 국가 안보 예비비적 성격의 정보 예산이었습니다. 박 전 대통령은 사적 용도로 이 예산 전용 지시를 하지 않았을 것입니다. 국가안보는 국정 운영의 전반과 연계되어 작동합니다. 경제 운영이 잘되어서 튼튼해지면 국가안보도 튼튼해집니다. 공무원의 사기가 올라가면 국가안보도 튼튼해집니다. 이 때문에 대통령의 행위는 모두 국가안보와 연계되어 있다고 할 수 있습니다. 박 전 대통령의 국정원 정보 예산 사용은 국가안보와 무관하며 대통령이 해서는 안 되는 불법행위라고 단죄한 것은 대통령의 국가안보 책무에 대한 이해 결핍에서 기인한 것으로 저는 생각합니다. 이러한 저의 견해와 주장은 국정원장직을 수행해 본 경험에서 유래한 것입니다. 특히 저는 왜 대법원이 "국정원장은 대통령의 지시를 받아야 한다"라는 명백한 법률을 외면했는지 이해할 수가 없습니다. 제가 대법원의 판결을 받아들일 수 없는 또 다른 이유입니다.

존경하는 재판관님,

국정원장들이 국고 손실 범죄의 유죄 판결을 받은 법리는 국정원장이 회계 직원이라는 법리입니다. 대법원이 회계 직원이라고 하면 아무나 회계 직원이 되는 것일까요? 복잡한 법리를 떠나서, 이것이 상식에 맞는 판결일까요? 저는 한 번도 제가 회계 업무를 담당했다고 생각해 본 일이 없고 지금도 그렇습니다. 저는 국정원 전체 직원 및 공무원 전체를 포함, 양식을 가진 국민은 모두가 국정원장이 회계 직원이라고 생각하지 않는다고 단언합니다. 대법원은 국정원장 특별사업비는 국정원장에게 배당된 예산이고 국정원장이 그 사용처를 결정하고 따라서 실질적으로 지출 행위도 한다고 보아야하기 때문에 국정원장을 기타 회계 관계 직원에 해당된다고 판결했습니다. 대법원 판결에는 "그렇게 본다"라고 했지 상세한 법리 제시는 없었습니다. 대법관 4명이 그렇다고 하면 그것이 법이 되고 진실이 되는 것이 정당한 것일까요? 저는 우리나라 최고 법원인 대법원이 이런 부실한 판결을 내리다니 도저히 믿기 어려운 황당한 느낌을 받았습니다. '어떻게 이렇게 비상식적인 판결을 세상에 내놓을 수 있을까' 놀라웠습니다.

이 판결은 국정원장 특수사업비의 예산 집행 절차와 현실을 무시한 판결입니다.

국정원장은 국정원장 특별사업비의 집행자이고 사용자입니다. 국정원장이 그 사용처를 결정한다 하더라도 회계 절차는 전문가인 회계 직원에 의해 행정 처리됩니다. 국정원의 예산 처리는 전자 결재로 처리되는 특별한 시스템을 가지고 있습니다. 특별사업비도 이 회계 처리 시스템에 의해 결재되고 관리됩니다. 저는 지금도 회계 절차를 모릅니다. 돈을 직접 관리하는 회계 관리자와 예산 사용자는 분리 운영되는 것이 국고 운영의 기본일 것입니다. 대법원이 이를 모를 리 없을 것입니다. 회계 관리자는 모두 법률에 의거 국가재정보증에 가입되어 있습니다. 국정원장은 회계 직원으로 분류되어 있지도 재정보증에 가입되어 있지도 않습니다. 이것이 국정원 회계 관리의 현실입니다.

대법원은 이 판결로 예산 사용자인 기관장은 모두 회계 직원이란 새로운 법률을 만들었습니다. 대법원장을 포함해 모든 기관장, 심지어 대통령도 특활비를 가지고 있습니다. 특활비는 기관장이 사용처를 결정합니다. 대법원의 판결로 대통령, 대법원장, 헌법재판소장도 회계 직원이 되었습니다. 우리나라 회계 관련 법 질서를 모두 헝클어 놓은 이상한 판결을 내린 것입니다. 제가 대법원의 판결을 받아들일 수 없는 또다른 이유입니다.

존경하는 헌법재판관님,

전 세계 모든 국가정보 책임자는 모두 자신의 판단에 의해 사용하는 비밀 자금을 가지고 있습니다. 국가정보 책임자를 회계 직원이라고 여기는 나라는 세상에 없습니다. 정보 책임자가 관장하는 정보 예산 사용과 관련하여 감옥에 간 사례는 세계 정보 역사상 전무합니다. 대한민국 정보 책임자인 국정원장만 예외가 되었습니다. 국정원장은 물론 초법적 존재는 아닙니다. 불법을 저질렀으면 당연히 처벌받아야 합니다. 그러나 왜 유독 대한민국의 국정원장만은 다른 나라 정보 책임자와 달리 정보 예산을 잘못 사용했다는 혐의로 감옥에 가야만 했을까요? 글로벌 스탠더드를 도외시한 나홀로 판결이 법치 모범국으로서 대한민국의 국격을 높였을까요?

저는 21세기 대한민국의 정치범이었습니다. 민주 공화국인 21세기 대한민국에서 정치범이라니 참으로 부끄러운 일입니다. 이런 제 생각과 주장이 과연 아전인수의 주장에 불과할까요? 문재인 정부의 적폐 청산은 광풍이었습니다. 문재인 정부는 촛불혁명의 정의 실현을 위해 나라의 사법 체계를 동원했습니다. 그런 상황 속에서 독립적이어야 할 사법 정의도 문재인 정부가 내세우는 촛불혁명의 정치적 정의에 순응했습니다. 위에서 지적한 대법원 판결의 부당성이 그 증거들입니다. 저는 40년간 공직에 있었습니다. 육사를 졸업했고, 월남전에도 참전했습니다. 국정원에서 30년간 일했고, 말레이시아 대사직 3년, 대학에서 10년간 강의를 했습니다. 보통 정도의 양식과 옳고 그름의 분별력은 지니고 있다고 생각하고 있습니다. 제가 정치범이었다는 주장은 이런 저의 경험과 양식에 바탕을 둔 합리적인 주장이지 무분별한 억지 주장은 아닙니다.

존경하는 재판관님,

헌법재판소는 미국의 대법원(Supreme Court)과 같은 대한민국의 최종적, 최고 권위의 법적 장치임을 압니다. 대법원의 위헌적 판결을 바로잡을 수 있는 유일한 곳임을 압니다. 국정원장이 회계 직원이 아니라는 법률 위헌심판 청구를 잘 살펴 주시기를 탄원합니다. 그래서 적폐 청산의 정치 논리에 의해 헝클어진 법 정의가 바로 세워지기를 소망합니다. 정치범을 만든 부끄러운 판결도 바로 잡혀지기를 바랍니다.

2023년 1월 26일
이병호

좌파정권은
왜
국정원을
무력화 시켰을까

초판 1쇄 발행 | 2024년 3월 4일
초판 5쇄 인쇄 | 2024년 10월 25일

지은이 | 이병호
펴낸이 | 안병훈

펴낸곳 | 도서출판 기파랑
등 록 | 2004. 12. 27 제300-2004-204호
주 소 | 서울시 종로구 대학로8가길 56 동숭빌딩 301호   우편번호 03086
전 화 | 02-763-8996 편집부 02-3288-0077 영업마케팅부
팩 스 | 02-763-8936

이메일 | guiparang_b@naver.com
홈페이지 | www.guiparang.com

ISBN 978-89-6523-500-2   03300